U0516753

唐尚書省郎官石柱題名考補考

張忱石 撰

中華書局

圖書在版編目(CIP)數據

唐尚書省郎官石柱題名考補考/張忱石撰. —北京:中華書局,2018.10
ISBN 978-7-101-13236-6

Ⅰ.唐… Ⅱ.張… Ⅲ.尚書-考證-中國-唐代
Ⅳ.①K820.42②D691.42

中國版本圖書館 CIP 數據核字(2018)第 104940 號

責任編輯:俞國林 白愛虎

唐尚書省郎官石柱題名考補考
張忱石 撰
*
中華書局出版發行
(北京市豐臺區太平橋西里 38 號 100073)
http://www.zhbc.com.cn
E-mail:zhbc@zhbc.com.cn
北京瑞古冠中印刷廠印刷
*
850×1168 毫米 1/32 · 10⅞印張 · 2 插頁 · 180 千字
2018 年 10 月北京第 1 版 2018 年 10 月北京第 1 次印刷
印數:1-2000 冊 定價:48.00 元

ISBN 978-7-101-13236-6

目録

前言

唐尚書省郎官石柱題名考（簡稱郎考）〔一〕，清人勞格、趙鉞撰，凡二十六卷，爲清代史學名著，是查考唐人生平的重要工具書，該書實由郎官石柱演繹而來。郎官石柱有二：一柱記左司及吏、户、禮三部郎官，一柱記右司及兵、刑、工三部郎官。郎官指唐代尚書省六部諸曹的郎中和員外郎。石柱刻録郎官題名，始創於唐開元二十九年（七四一），序由朝散大夫、行右司員外郎陳九言撰，吴郡張旭書，是以石刻形式保存下來的唐代職官檔案，可惜右司石柱已經亡佚，僅存左司。清代學者錢大昕云：「此柱雖有殘闕，亦僅十之一二，合之御史臺題名，一代清流姓名略備，未必非考史之一助也。」〔二〕但在宋元明三代，未予重視，凡言及石柱，大多贊譽唐人書法，其史料價值，未置一辭。至清代，方爲學者重視。清康熙四十七年（一七〇八），學者朱彝尊購得石柱拓片三紙，適其學生桐城方世舉自京城來浙江秀水（今浙江嘉興市），在曝書亭裏，鎮以界尺，逐個審視郎官姓名。由於柱石風化剥落，殘缺模糊，朱氏稱「字已漫漶，眼昏莫辨」，「姓名可識察者三千一百餘人，别録諸格紙」。〔三〕這一經過他倒是記録下來了，但謄録的郎官姓名資料，未能付諸棗梨，公諸於世。來年因朱彝尊的病逝，因此佚失了。

至乾隆間，金石學家趙魏重複朱彝尊的工作，他嫌工人拓本往往遺漏不全，爲此，趙氏學有拓録技藝，親至西安，傳拓石柱，「手摹其文而一字不遺」，所得人名比朱氏「多十三四」。趙魏將郎官石柱與御史臺精舍碑辨認所得人名，一併刊入讀畫齋叢書己集，這是第一次將郎官石柱題名刊印成書，爲後人研究石柱題名提供了方便。

金石學家王昶與趙魏同時，他是江蘇青浦（今屬上海市）人，官至刑部侍郎。王昶官做得大，亦富有財力，致仕後，邀集門人撰寫了金石萃編一百六十卷，可稱爲金石學巨著。王昶與門人對郎官石柱認真辨識，得三千一百九十二人，略超過朱趙二人。王昶還做了另外一件事，他將郎官題名與兩唐書有列傳者、新唐書宰相世系表及全唐詩作者核查，撰成考一卷，其結論爲「凡有可考者，得五百七十六人，餘一千六百廿四人則無考矣」（金石萃編卷一一五、一一六）。王昶是詞家和金石學家，而不是唐史學者，他的考做得過於簡單，「掛一漏百，誤謬宏多」。但王昶首創之功，又應予肯定。

王昶不成功的做法，引起了學者趙鉞的注意。他是浙江錢塘人，做過知縣、知州，退休後即着手輯録郎官事跡。可以想象，那個年代尚無索引之類典籍，尋找史料，只有逐書逐頁翻閲，或者自己下功夫，編製自用的工具書，費時費力，故趙鉞屬稿未半，年老力衰，自度難以完稿，便將此事囑付於同鄉勞格。勞格字季言，錢塘諸生，生於唐史世家，其父勞經原撰有唐折衝府考。勞格精勤唐史，長於考核，「尤熟於唐代典故，錢少詹（大昕）以後一人而已」（清人丁寶書讀書雜識序）。他比趙鉞年輕四十餘歲，自接手此稿後，一諾無辭，悉力考核，以期毋負故人之諄屬。咸豐末，遇戰亂，他流離轉輾於雙溪、吴江等地，猶手寫不輟。不久，憂傷致疾而逝，年僅四十五歲。〔四〕臨終以手稿囑託友人丁寶書。十餘年後，繕寫清本，編定成書，名唐尚書省郎官石柱題名考二十六卷和唐御史臺精舍題名考三卷（簡稱御考）。〔五〕與勞格其他著作一併刊入月河精舍叢鈔。郎考一書雖非勞格最後自身勘定，但當是接近完成，此書滲透勞氏畢生精力，其著録尚書省左司郎官等三千二百餘人，另外補遺六百三十四人，在人數上大大超出前人；在輯録史料上，勞氏「廣搜事實，詳加考證，以視王氏金石萃編增多十數倍」，採摭繁富，蔚爲巨觀。丁寶書序云：「其見於舊、新兩書者，足以校史傳之異同；其不見於新、舊兩書者，足以羽翼史傳之未備。」〔六〕郎考使絶大多數郎官史實，皆可稽考，可謂居功至偉。唐史大家岑仲勉先生稱「其書得爲清代名著，非徒然矣」。

二十世紀，岑仲勉先生在繼承清代學者的成果基礎上，又有了新的成就，先後撰著郎官石柱題名新著録（簡稱新著録）和郎官石柱題名新考訂（簡稱新考訂）。〔七〕新著録是「證實原題名之順序，各歸其本」；新考訂是「訂正各司名下任官事跡」（新考訂陳達超引言）。岑氏徵引出土唐人墓誌，「多發前人之所未發，創獲甚豐」。因岑氏病逝，未能終卷，遺稿由其門人陳達超整理出版。大概陳先生手頭未備郎考一書，光憑岑氏遺稿謄録，未與郎考核對，岑先生摘抄了郎考中的一些史料，可能是爲撰寫新考訂參考之用，陳達超誤認爲是岑氏要輯入之史料，全部抄録入新考訂，造成與勞格所録重複，頗有蛇足之嫌，多此一舉。因本書主要是訂補勞趙之書，對新考訂存在的瑕疵，不在此作具體評述。岑氏於二十世紀六十年代初謝世，已踰半個世紀，唐人碑版，日出不窮，故繼岑氏再作補考。

筆者在二十世紀八十年代初，參與編撰唐五代人物傳記資料綜合索引之時，即萌發爲郎考作補考之遐想。九十年代，中華書局點校本唐尚書省郎官石柱題名考出版之際，又囑筆者編製人名索引，以便檢查，筆者有意將岑氏以上兩書人名一併編入，以期對後人研究郎官有所裨益。筆者凡見唐人碑版，即與勞趙之書核查之，有可補之史料，隨即批録書眉及字裏行間，日積月累，竟得數百餘條，由此撰寫拙稿，寫作過半，知已有學者發表了同類論著：胡可先郎官石柱題名考（左司郎中、員外郎）補正（文教資料一九九七年第三期），胡可先郎官石柱題名考（司封郎中、員外郎）補正（淮陰師范學院學報二〇〇〇年第一期），胡可先郎官石柱題名考（金部郎官）補正（漳州師院學報一九九八年第一期）。（以上三文簡稱胡補），吴浩唐尚書省郎官石柱題名考增補（揚州教育學院學報二〇〇三年第四期）（簡稱吴補），王宏生唐尚書省郎官石柱題名考續補（二〇〇四年古典文獻研究）（簡稱王補）。他們的辛勤勞動，取得了可喜的成績，從不同角度，訂補郎考一書的缺失。但是有的文章存在一些問題，既名「補正」，應當廣泛收集史料，作全面負責之訂補，如學者傅斯年所言：「上窮碧落下黄泉，動手動脚找東西。」而不是僅找少許史料，倉促爲文。又如對訂補所引史籍，應當瞭解其根本源流，尤其不應當引用全唐文小傳去訂補郎考，須知此小傳實取之於石柱題名也。本書是補考郎考一書，不是訂補這些論文，故具體問題不作論述了。

筆者主要是利用唐人碑誌對唐尚書省郎官石柱題名考作一較爲全面之補考，凡岑仲勉先生已言及者，因有專書，不再重複，並遵守以下原則：

（一）勞格列爲「無考」以及其輯録史料與郎官無關者，列爲補考之首選。

（二）一人歷任多曹郎官，今在某曹處詳加輯録，其餘諸曹只摘引有關内容，文字盡量從簡，以防重複。

（三）雖然筆者收集史料在前，而以上諸位論文卻早於筆者，凡與他們史料雷同者，注明他們文章，尊重他們的勞動。凡他們言及未盡者，則再補充其他史料。

（四）增設「新補遺」一欄，專收郎官石柱未見者。

（五）以出土碑誌爲主，用二重證據法，如王國維古史新證所言「幸於紙上之材料外，更得地下之新材料」，「徵前代之事實」，「匡史文之訛謬」，以達到證史、補史之目的。

本文共補考郎官七八〇人次，其中包括勞氏確定的「無考」者五十三人次、新補遺三〇一人次。這類問題，半個世紀前岑仲勉解決了一些，筆者亦嘗試解決一些。我們相信，隨着唐人碑誌的不斷發現，學者的不停努力，昔日湮没已久的歷史陳跡，逐漸得以復現和揭示。

本書排校中聞洛陽碑誌學者趙君平、趙文成已編就秦晉豫新出墓誌蒐佚三編，其中唐誌達七百餘方，筆者很希望能將這一最新出土文獻成果在本書中有所體現，承趙君平和國家圖書館出版社慨允，同意引用。拙稿原交文史雜誌，因字數較多，中華書局歷史編輯室主任李静與文史編輯楊禕認爲不如改爲單行本刊印，更利於保存與查檢。他們的想法很是周全，筆者欣然同意。趙鉞、勞格的另一部同類著作唐御史臺精舍題名考（簡稱御考），筆者亦撰有補考，是在二〇一一年「唐長孺先生百年誕辰紀念國際學術研討會暨中國唐史學會第十一届年會」提交的論文，因發表有年，今將所見新近史料作了補充，附於本書之後。郎考、御考是姐妹篇，作爲兩書的補考亦一併印制，有利於讀者參考。最後，我要向爲我慷慨提供史料的赵君平及國家圖書館出版社、爲本書的出版付出辛勞的中華書局編輯李勉俞國林白愛虎、爲本書題簽的中華書局總經理徐俊等同志，一併致以深切的谢意。

二〇一六年十月記於北京西南六里橋草堂

參考文獻

〔一〕清勞格、趙鉞撰，徐敏霞、汪桂珍點校唐尚書省郎官石柱題名考，中華書局，一九九二年。
〔二〕清錢大昕撰潛研堂金石跋尾卷九。
〔三〕清朱彝尊撰曝書亭金石文字跋尾卷四。
〔四〕清閔爾昌碑傳集補卷五〇唐樓勞氏三君傳。
〔五〕清趙鉞、勞格撰，張忱石點校唐御史臺精舍題名考，中華書局，一九九七年。
〔六〕月河精舍叢鈔勞格讀書雜識丁寶書序。
〔七〕岑仲勉金石論叢郎官石柱題名新著録，上海古籍出版社，一九八一年。
岑仲勉郎官石柱題名新考訂，上海古籍出版社，一九八四年。

卷一　左司郎中

薛□（薛述四頁，指中華書局點校本郎考頁碼，下同）　趙鉞案：「疑是薛述，見吏中、勳中。」河洛墓刻拾零（簡稱河洛）〔一〕上册二四四頁唐故兖州金鄉縣丞薛君（釗）墓誌銘并序：「君諱釗，字釗，河東汾陰郡人也。……祖述，皇朝兵部度支員外、司勳左右司郎中、吏部郎中、雍州司馬、汾陰縣男。」薛釗卒於開元九年（七二一）五月十七日，春秋五十有八。　秦晉豫新出墓誌蒐佚（簡稱蒐佚）〔二〕三册六七一頁唐前鄴郡成安縣令史公故夫人河東薛氏墓誌：「夫人諱字，河東汾陰人也。……曾祖述，皇兵部度支員外、左司吏部郎中、雍州治中、汾陰縣開國男。」　同書同册六九六頁賈彥璋唐故朝議郎相州成安縣令京兆史府君（瓘）墓誌銘并序：「公諱瓘，姓史氏，……夫人河東薛氏，先公而即世，春秋五十六。……夫人即左司郎中、雍州司馬述之曾孫。」史瓘卒於天寶六載（七四七）九月，春秋七十。據以上三方墓誌，趙鉞疑薛述，是也。

裴方産（四頁）　全唐文補遺（簡稱補遺）〔三〕第五輯二四二頁大周故正議大夫行夫子左諭德裴公（咸）墓誌銘并序：「公諱咸，字思容，河東聞喜人也。……考方産，唐侍御史、尚書比部左司二郎中、雍州長安縣令。高才貴仕，盛矣國朝。」裴咸春秋六十三，聖曆元年（六九八）八月卒。胡補已收。

李守約（五頁）注云「無考」。蒐佚三册六三八頁李琚撰大唐故中大夫寧州諸軍事守寧州刺史李府君（孟德）墓銘并序：「公諱孟德，字伯夏，魏郡頓丘人也。……父守約，大理少卿、户部侍郎。」李孟德「以長安四年（七〇四）九月十九日，遇疾終于寧州官舍，春秋六十有四」。

李守敬（六頁）注云「無考」。唐代墓誌彙編（簡稱彙編）下册〔四〕一三七八頁大唐登仕郎行河南府洛陽縣録事吕君故夫人李氏墓誌銘并序：「夫人姓李，隴西燉煌人也。皇朝徵事郎、前行京兆府萬年縣録事守敬之子。」夫人春秋卅有一，以開元十九年（七三一）正月卒。胡補已收。

房昶（七頁）　河洛上册一五三頁大周故朝議大夫行汴州司馬上柱國崔府君（無固）墓誌銘并序，署「中散大夫、行文昌左司郎中護軍房昶撰」。崔無固葬於聖曆三年（七〇〇）三月五日。

張敬輿（張敬與一〇頁）　秦晉豫新出墓誌蒐佚續編（簡稱蒐佚續編）〔五〕三册七四〇頁席豫撰大唐故義王傅南陽張府君（敬輿）墓誌銘并序：「公諱敬輿，字敬輿，南陽西鄂人也。……孝廉擢第，解褐判登甲科，授丹陽郡曲阿主簿，四載昇進，改魏郡昌樂尉。……遷殿中侍御史兼東京留臺，鐵冠埋輪，則豺狼當路；繡衣持斧，則朝廷側目。遷户部員外、本司郎中，遂委公董逋逃，勿隱没，能聲甚著，遷左司郎中。皇上以神州務殷，赤縣難理，親擇茂宰，遂遷洛陽令。」天寶三載（七四四）九月十一日卒，春秋七十有九。　今按：岑仲勉新考訂八六頁云「『二本同，勞訛輿』。」又云「二本作『興』，勞作『輿』，按左中『敬輿』，户中『敬與』，此處石刻實作『與』」。岑説作「與」誤，當從勞説，今墓誌作「輿」可證。

劉彦回（一一頁）　蒐佚二册四六四頁唐故偃師縣令上柱國劉公（彦參）墓誌：「公諱彦參，字孝伯，徐州新城人也。……烈考諱守敬，嘉隆洺湖等州刺史。垂訓以詩禮，遺範以清白。公即先君之嫡嗣也。」劉彦參卒於開元七年（七一九）正月二十九日，同年三月八日葬。誌署「弟彦回撰序，姪日正銘」。

張具瞻（一二頁）注云「無考」。　彙編下册一八二〇頁張士源撰唐故郴州刺史贈持節都督洪州諸軍事洪州刺史張府君（翃）墓誌銘并序：「公諱翃，字逸翰，安定人也。……皇考具瞻，兵部郎中，貂蟬相承，曆踐清要。」　同書同册一八二一頁獨孤良弼撰大唐故朝議郎行殿中侍御史賜緋魚袋安定張府君（翔）墓誌銘并序：「公諱翔，字子翼，安定人也。……皇朝議大夫、兵部郎中具瞻之子。」　蒐佚三册六八五頁張翊撰唐故兵部郎中張公（具瞻）墓誌銘并序：「維天寶七載（七四八）歲次戊子二月四日朝議大夫、兵部郎中張公殁於西京長興里之私第，春秋□十四，嗣子翊等泣血茹哀，奉先人靈櫬，以其載五月庚午朔三日壬申祔於東京邙山先塋之次，成舊志也。……公諱具瞻，安定人也。……時席吏部以公名聞郎官狀舉，制授尚書職方員外郎，……轉兵部員外郎，加朱紱，遷庫部郎中，歷左司郎中，又遷兵部郎中。」　同册七六五頁程晧撰大唐故兵部郎中張府君（具瞻）夫人華原縣君韋氏誌銘亦可參閲。胡補已收，今據張翊、張翔兩墓誌，故再作補充。

崔譚（一二頁）　蒐佚三册八二九頁李周南撰夫人博陵崔氏墓誌銘并叙：「夫人姓崔，博陵人也。大父譚，德烈官明，羽儀當代，終唐倉部左司二郎中。父正，文學進身，早著名譽，仕歷畿甸，終監察御史，夫人即侍御之第三女也。」「乙亥歲（貞元十一年）四月二旬有七日以累疾終於陝服官舍，春秋廿有二。……以其年五月四日自陝還葬於洛東張方原。」

張齊明（一四頁）注云「無考」。　蒐佚三册七七八頁唐銀青光禄大夫行尚書工部侍郎崔公夫人隴西郡君李氏墓誌銘并序：「皇唐工部侍郎崔公夫人李氏，則襄邑王之後，乃曾乃祖，列於史諜。父皇寧州司倉參軍遐之長女也。」李氏「春秋卅有九，以大曆十一年（七七六）二月廿六日歸葬」。誌署「尚書屯田郎中張齊明撰，前進士崔恒書」。

奚陟（一六頁）　秦晉豫新出墓誌蒐佚三編（簡稱蒐佚三編）〔六〕三册八一九頁陳京撰唐故朝議郎守尚書吏部侍郎柱國賜緋魚袋贈禮部尚書譙郡奚公（陟）墓誌銘并叙（貞元十五年十二月廿八日）：「公諱陟，字殷衡，京兆萬年人也。……擢起居郎、翰林學士，病不時就改太子司議，慶緐追勝，遡游是來，拜金部、吏部員外，左司郎中。德積名偕，摶風惟遠。遷中書舍人、刑部吏部侍郎。」

殷台（二一頁）　彙編下册二一九六頁唐故桂州員外司户滎陽鄭府君（當）墓誌銘并叙：「府君諱當，字膺吉，世爲滎陽人。……外族殷氏，故大理司直諱□即父也，故給事中諱台，即親舅也。」

豆盧署（二二頁）　唐代墓誌彙編續集（簡稱彙編續集）〔七〕九〇四頁「（上泐）邕

州本管經略招（下泐）」邕州刺史兼御史大夫贈左散騎常侍張公（遵）墓誌（下泐）故夫人南陽郡君河南豆盧氏墓誌同叙：「公諱遵，字脩本，其先南陽人也。後因官家於陝，今爲陝之平陸人。……婚故御史中丞忻王傅豆盧公諱靖女。……敬以大和五年（八三一）二月三日，歸祔於河南縣金治鄉泉源里，侍先塋，禮也。一子未冠，亦象賢而脩明。署即夫人從祖先也。」誌署「朝請大夫守河南（下泐）豆盧署撰」。

鄭居中（二二三頁）　補遺千唐誌齋新藏專輯（簡稱新千唐專輯）〔八〕三三七頁唐故右金吾衛録事參軍滎陽鄭府君夫人隴西李氏墓誌銘并序（長慶二年七月八日），誌署「堂姪、淮南觀察推官、朝散郎、試大理評事、攝監察御史居中撰」。補遺第八輯一五六頁高鍇撰唐故朝散大夫守中書舍人贈禮部侍郎上柱國賜紫金魚袋滎陽鄭府君（居中）墓誌銘并序：「公諱居中，字貞位，滎陽人。……弱冠，博涉群書，舉進士第。……轉起居舍人，改左司員外。……與公宗從之中，素分甚厚，乃請公知御史臺雜事，拜左司郎中以兼之。事無細大，皆委於公。承上撫下，一臺爲理。」鄭居中開成二年（八三七）四月六日卒，享年五十四。

李師稷（二二四頁）　彙編下册一九二二頁唐故朝散大夫試大理司直兼曹州考城縣令

都府君（均）靈表，葬於貞元六年（七九〇）冬十月，誌署「外孫江夏李師稷述」。胡補已收。

崔復本（二四頁）注云「無考」。彙編下册二〇三五頁唐故檢校少府少監駙馬都尉贈衛尉卿范陽張府君（怙）墓誌銘，葬於元和十三年（八一八）十月廿三日，誌署「商州防禦判官、將仕郎、試右常寺協律郎崔復本撰」。胡補已收。「蒐佚三編三册九三一頁唐故舒州刺史王府君（永）墓誌銘并序（寶曆元年十一月十五日），從表生、宣歙池等州都團練判官、將仕郎、監察御史裹行崔復本撰」。

路綰（二六頁）注云「無考」。蒐佚三編四册一一二四頁唐故商州豐陽縣令唐府君夫人路氏墓誌銘（乾符三年八月廿九日）：「夫人路氏陽平人。……考綰，尚書左司郎中、史館修撰。」

韋博（二六頁）蒐佚三編三册九五六頁唐故侍御史内供奉鹽鐵埇橋院趙府君（纂）墓誌銘，葬於大和五年（八三一）十月十二日，誌署「攝河中節度巡官、前鄉貢進士韋博撰」。

韋應物（三二頁）「韋」字原缺。蒐佚三册八三六頁丘丹撰唐故尚書左司郎中蘇州刺史京兆韋君（應物）墓誌銘并序：「君諱應物，字義博，京兆杜陵人也。……以蔭補右千牛，改左羽林倉曹，授高陵尉。廷評洛陽丞、河南兵曹、京兆功曹。朝廷以京畿爲四方政本，精選令長。除鄠縣、櫟陽二縣令，遷比部郎。……領滁州刺史。負戴如歸，加朝散大夫，尋遷江州刺史。……徵拜左司郎中。總轄六官，循舉載魏之法，尋領蘇州刺史。」

李懋道（三六頁）　補遺第九輯三六〇頁韋子金撰唐故朝散大夫漢州長史上柱國博陵崔公（安儼）墓誌銘并序（開元廿六年三月五日）：「公諱安儼，字安儼，博陵安平人也。……公舅左司郎中趙郡李懋道，雅識之士也。知公於總角，竟錫以嘉姻。」

馬光淑（三八頁）　彙編下册一三七〇頁大唐故柏府君（虔玉）墓誌銘并序，葬於開元十八年（七三〇）十月十六日，誌署「河南府士曹參軍馬光淑撰」。同書同册一五二五頁唐故中散大夫行汾州長史沈府君（浩豐）墓誌銘并序：「公諱浩豐，字寬饒，吴興武康人也。……除蘇州司法，……君不挾讎，持平以德。……巡察使馬光淑奏君撫字爲本道之甲。」　蒐佚三册六八五頁張翃撰唐故兵部郎中張公墓誌銘并序：「公諱具瞻，安定人也。……自調選判入高等，授絳州録事參軍。……本道按察使御史馬光淑、郭庭倩繼踵而來，聞風相得，或以課最舉，或以清白昇。」張具瞻卒於天寶七載（七四八）二月四日。今按：本條所引三條史料，胡考已用前兩條，第三條爲新近出土者。

李喬年（三九頁）　蒐佚續編三册八一三頁鄭叔則撰有唐太子司議郎李君故夫人范陽郡君盧氏墓誌銘并序：「維唐天寶十一載（七五二）龍集壬辰十二月旬有四日丙戌范陽郡君盧氏終於大梁寬政里第。……夫人即今司議郎、趙郡平鄉縣開國伯李喬年之室。」

鄭令璡（三九頁）　補遺新千唐專輯二五三頁唐故榮陽鄭夫人墓誌銘并序：「嗚呼！太子司議郎兼潤州長史范陽盧公故夫人榮陽鄭氏，以上元元年（七六〇）七月十六日，遘疾終於金州開元寺之東北院，春秋卅有一。卜歸未叶，旅殯于峴山。以大曆四年（七六九）歲次己酉十月廿七日，遷窆於東周北邙山之原，禮也。……夫人則皇密亳二州刺史仁愷之曾孫，皇豪州刺史、贈秘書監慈明之孫，皇國子祭酒令璡之女。」

孫簡（四七頁）　彙編續集一一〇頁（又見同書八七六頁）令狐綯撰唐故銀青光禄大夫檢校司空兼太子少師分司東都上柱國樂安縣開國侯食邑一千户贈太師孫公（簡）墓誌銘并序：「公諱簡，字樞中，其先有嬀之後，齊太公田和其裔也。和孫書爲齊大夫，以伐樂安之功，遂封於樂安，因賜姓孫氏，吴將軍武，書之孫也。……寶曆元年（八二五），以司勳員外郎判吏部，廢置，轉禮部郎中，又罹裴太夫人之禍，殆不勝喪。及出，除左司郎中，加朝散階，轉吏部郎中，又加朝散大夫。」

【新補遺】

袁仁敬 洛陽新獲七朝墓誌〔九〕二一〇七頁大唐故大理卿上柱國袁府君（仁敬）墓誌銘并序：「公諱仁敬，字道周，陳郡陽夏人也。……轉司直丞，以持法不撓，朝廷嘉寬裕之，大拜倉部、司勳二員外，刑部、左司、兵、吏部四郎中，大理少卿，杭州刺史。」享年七十一，開元廿一年（七三三）七月卅日卒。

張履冰 蒐佚三册七三〇頁陶翰撰唐故雲麾將軍右金吾將軍上柱國鄧國公張府君（履冰）墓誌銘并序：「府君諱履冰，字微言，南陽人也。……國之所以昇降哉，府君之智保家之所以全盛哉！尋遷水部、刑部、左司三郎中，登會府凝庶績，績無訛訓，除河南縣令，操利器制京邑，邑無敗政，改將作少監。」張履冰卒於天寶十二載（七五三）正月，春秋六十二。

劉濬

補遺第六輯一八四頁劉異撰唐故朝請大夫守衛尉卿柱國分司東都賜紫金魚袋劉公（略）墓誌銘并序：「公諱略，字野夫，河間樂成人也。……五代祖仁軌，生於隋季。皇唐建義之際，游涉兵間，因撰劉氏行年記，叙涇隋聖唐之事，卒相高宗、天后，陪葬乾陵。生子左司郎中濬。左司生京兆少尹，名犯文宗皇帝廟諱。京兆生江陵府户曹、贈太子少師諱子芝。少師生我先公尚書諱元鼎。」劉略於「咸通九年（八六八）十月十八日，薨於永通門外别墅，享年六十有九」。彙編下册一三六五頁大唐故十學士太子中舍人上柱國河間縣開國男贈率更令劉府君（濬）墓誌：「公諱濬，字德深，汴州尉氏人也。……累遷右太子通事舍人、宫門郎、著作佐郎、祕書郎、尚書郎、祕書丞。」開元十七年（七二九）六月卒，年七十九。吴補已收。

王衮

彙編下册二一三四頁李珏撰唐故朝散大夫守尚書吏部郎中兼侍御史知雜事上柱國臨沂縣開國男食邑三百户瑯琊王府君（衮）墓誌銘并序：「公諱衮，字景山，本名高，工部公之長子。……宇文公長南臺，奏知雜事，改左司郎中兼侍御史。」王衮卒於大和六年（八三二），年五十二。吴補已收。

卷二　左司員外郎

鄭從簡（五七頁）　補遺第六輯六四頁盧僎撰唐故（盧君妻）滎陽郡夫人鄭氏墓誌銘并敍：夫人「姓鄭氏，諱，字，號德權，則隋中書侍郎道念之五代孫，皇朝祠部郎中從簡之仲子也」。夫人享齡六十，開元廿八年（七四〇）九月卒。

柳澤（六〇頁）　河洛上册二九一頁唐故右庶子鄭州刺史贈兵部侍郎河東柳府君（澤）墓誌并序：「公諱澤，字賡成，今爲河東人也。……解褐，補恒州參軍，未赴職，丁家艱，服除，授内率府鎧曹參軍。……因上封皆叙當代要務，蒙公入，一拜監察御史，朝廷偉之。……尋擢殿中侍御史，屢陳將兵皆合聖旨，遷尚書左司員外郎，轉吏部員外、工部郎中。頃之，後丁内憂去職，毁瘠過禮，祀聽不衰。哀而難繼，扶而杖起，免哀，授陵州刺史，歷代州都督、仙州刺史。」柳澤春秋六十四，卒於開元二年（七一四）秋八月。

宋宣遠（六〇頁）　補遺新千唐專輯一九〇頁唐故餘杭郡於潛縣尉宋君（裕）墓誌

銘并序：「君諱裕，字幼寬，廣平經城人也。……父宣遠，皇朝進士擢第，歷侍御史、左司員外郎、京兆少尹、絳州刺史。」宋裕卒於天寶二年（七四三）十月五日，春秋三十七　同書一九八頁有大唐故絳郡太守宋府君夫人滎陽郡君鄭氏墓誌銘并序，宋府君即宋宣遠，此爲其妻鄭氏墓誌，可參閲。

張説（六〇頁）　蒐佚三册六二〇頁趙良玉撰大唐故太中大夫使持節同州諸軍事守同州刺史上柱國張府君（説）墓誌銘并序：「公諱説，字尚潔，魏郡人也。……年十八，以崇文生高第，丁相國府君憂，泣血三年，未嘗見齒，服闋，調補遂州司兵參軍，河清主簿。……萬年縣尉。……遷侍御史。……因拜左司、吏部員外郎，……轉考功、吏部郎中。」張説卒於開元二十八年（七四〇）五月，春秋六十六。

劉昂（六一頁）　彙編下册一三六五頁大唐故十學士太子中舍人上柱國河間縣開國男贈率更令劉府君（濬）墓誌：「公諱濬，字德深，汴州尉氏人也。……以開元十七年（七二九）六月三日薨於道政里之私第。……嗣子秘書少監晃，次子祠部郎中昂，昊天罔極，泣血過禮。」

李朝弼（六二頁）注云「無考」。　補遺新千唐專輯二七〇頁万俟署撰唐故壽州霍丘縣主簿崔府君（杲之）墓誌銘并序：「唐貞元三祀龍集丁卯建子月旬之十七日，故壽州霍丘縣主簿崔府君，自壽而葬於東都河南縣南山龍門之西原，禮也。公博陵人也。諱杲之，字某。……公夫人趙郡李氏，父皇恒王府崇正卿朝弼之女。」崔杲之卒於貞元三年（七八七）十一月，以此推溯，其岳父李朝弼約爲唐玄宗時人。蒐佚三編三册七一三頁李昂撰唐故銀青光禄大夫恒王傅上柱國隴西縣開國侯李公（朝弼）墓誌銘并序（上元二年十月十日）：「辛丑歲（七六一）七月己酉隴西李公薨，時難未已，公以疾自固，獲没於洛陽寧仁里之私第。……凡歷官廿有四，始於武德主簿，而廉使三以狀聞。洎涇陽長安，及遺闕之任，舉才者再以能進，據府寺宰新豐，四爲尚書郎，遷給事中。」

韋洽（六二頁）

蒐佚續編四册一一〇二頁唐故唐州團練推官盧府君夫人京兆韋氏墓誌銘并序：「夫人京兆韋氏，諫卿之從母也。曾祖崇先，皇廬州巢縣令。祖諱洽，先天中擢進士，仕至尚書左司員外、考功郎中。」

盧播（六七頁）

補遺第八輯一二一頁鄧同撰故唐朝議郎滑州酸棗縣令李公（宙）墓誌銘并序：「公諱宙，字季辰，隴西成紀人也。……夫人范陽盧氏……左司員外郎盧播之孫，魏縣令將明之女。」同書同頁唐故滑州酸棗縣令李府君（宙）夫人（盧氏）墓誌銘并序：「夫人姓盧氏，其先范陽方城人也。後魏儀曹尚書陽烏之裔孫。大王父友裕，冀州信都尉。王父播，左司員外郎。父將明，魏州魏縣令。並負令名，顯於姻族。……故夫人十五歸于李氏……以大和八年（八三三）八月十九日，終于汝州竹馬里之第，享年六十六。」

趙良弼（六七頁） 彙編上册一二二一頁唐故朝請大夫行晉州洪洞縣令敬公（守德）墓誌銘：「公諱守德，其先平陽人也。……至開元八年（七二〇）歲次庚辰正月戊子朔十二日己亥，終於河南□從善里。……公有一子洪奴，年甫齡齓，故喪事所給，皆在公之甥殿中侍御史趙良器之弟良弼。」 補遺第八輯八五頁大唐故盧君（構）夫人瑯琊王氏墓誌銘并序：「范陽盧公終於開元初。……洎大曆十年（七七五）七月十八日戊寅，移窆於河南之邙原。……以夫人王氏祔焉。……三女適浙東節度御史中丞襄武趙公弼。」胡補已收。

鄭寶（六九頁） 胡補已收，據引彙編下册鄭敬誌、鄭絪誌、鄭魯誌三墓誌，今再作補充。 補遺新千唐專輯三七九頁唐故滎陽鄭隗郎墓誌：「鄭子，滎陽人也。未有官名，小字隗郎。父繕，太子校書。祖魯，金吾衛冑曹參軍。曾祖寶，秘書省著作郎。子即校書長子也。年未弱冠，會昌首歲（八四一）遇沉痾，卒於岳州之私第。」 蒐佚續編四册一〇五七頁李正辭撰唐故朝散大夫尚書工部郎中滎陽鄭公（易）墓誌銘并序：「公諱易，字子莊，鄭氏滎陽人也。……父寶，皇祕書省著作郎，贈散騎常侍。」鄭易卒於元和十一年（八一六）五月二十一日。

趙匡（七一頁）　補遺第八輯九〇頁故蘇州司法參軍崔君（播）墓誌銘并序，葬於建中三年（七八二）正月，誌署「尚書左司員外郎趙匡撰」。

李直方（七二頁）　蒐佚續編四册九五五頁故膳部郎中皇甫府君（敖）墓誌銘并叙，貞元十年（七九四）二月十七日葬，誌署「外生、將仕郎、守監察御史李直方撰」。

補遺第九輯三八二頁柳宗元撰故秘書省校書郎獨孤君（申叔）墓誌：「君諱申叔，字子重，年廿二舉進士，又二年由博學宏詞爲校書郎，又三年居父喪，未練而没，蓋貞元十八年（八〇二）四月五日也。是年七月七日而葬萬年縣鳳栖原義善鄉。嗚呼！君之壽，廿有七，行道之日未久，故其道信於其友，而未信於天下。今記其知君者於墓：左司員外郎李君直方貞白，隴西人。韓泰，安平南陽人。李行純元固，其弟行敏中明，趙郡贊皇人。柳宗元子厚，河東解人。韓愈退之，昌黎人。王涯廣津，太原人。吕温和叔，東平人。劉禹錫夢得，中山人。李景儉致用，隴西人。韋詞默用，京兆杜陵人。」

李正辭（七四頁）　蒐佚續編四册一〇五七頁唐故朝散大夫尚書工部郎中滎陽鄭公

（易）墓誌銘并序，元和十一年（八一六）八月二十七日葬，誌署「外生、朝議郎、刑部郎中李正辭撰」。

李行修（**李行脩**七六頁）八瓊室金石補正卷六一浯溪李行脩等題名：「前廣州刺史李行脩、掌書記施肱、巡官李黨大中三年（八四九）四月十一日赴闕過此。」彙編下册二〇四二頁唐故歸州刺史盧公（璠）墓誌銘并序，葬於元和十三年（八一八）九月九日，誌署「荆南觀察判官試大理評事李行脩撰」。「修」「脩」，古人名字中常混用，當是同一人。胡補已收。

孔敏行（七六頁）彙編下册二〇二三頁唐故朝議大夫守國子祭酒致仕上騎都尉賜紫金魚袋贈右散騎常侍楊府君（寧）墓誌銘并序，葬於元和十二年（八一七）八月，誌署「朝散大夫、守太子右庶子、武騎尉吴興錢徽譔，前試太常寺協律郎孔敏行謹録上石」。胡補已收。

李道樞（七八頁）芒洛冢墓遺文四編卷六昆山縣令樂安孫公府君（嗣初）墓誌銘并序：「君諱嗣初，字必復……年十八，登明經第，釋褐授蘇州參軍。刺史李道樞性嚴執法，官吏不可犯。」孫嗣初年五十七，咸通七年（八六六）七月卒。彙編下册二五二六頁劉濬川撰唐魏國太夫人劉氏墓誌銘并序：「外族姑臧李氏，外祖操，皇任朝議郎行青州壽光縣令，親舅道樞，見任義昌軍節度副使、檢校尚書工部郎中、兼御史中丞、賜紫金魚袋。」胡補已收。

鄭居中（七九頁）　補遺第八輯一五六頁高鍇撰唐故朝散大夫守中書舍人贈禮部侍郎上柱國賜紫金魚袋滎陽鄭府君（居中）墓誌銘并序：「公諱居中，字貞位，滎陽人。……轉起居舍人，改左司員外。」開成二年（八三七）四月六日卒，享年五十四。　蒐佚三編三册九五六頁唐故潭州湘鄉縣令滎陽鄭府君墓誌銘并序，大和六年（八三二）七月十六日葬，「姪朝散大夫、行尚書左司員外郎、上柱國居中撰」。

裴夷直（八〇頁）　補遺新千唐專輯三九七頁李景讓撰唐故朝散大夫守左散騎常侍贈工部尚書裴公（夷直）墓銘并叙：「公諱夷直，字禮卿，河東人。……相國牛公僧孺鎮淮海，復奏爲節度判官、檢校職方郎中。俄入拜刑部員外，轉左司員外，遷刑部郎中。……開成五年（八四〇），出爲杭州刺史。」　大唐西市博物館藏墓誌（簡稱大唐西市）[一〇]下册八七一頁呂讓撰唐故銀青光祿大夫兼御史大夫嶺南節度觀察處置等使上柱國襄魏郡開國公食邑二千户贈工部尚書隴西李公（從易）墓誌銘并序，開成三年（八三八）四月十日葬，誌署「朝議郎、行尚書左司員外郎、上柱國、賜緋魚袋裴夷直書」。

蔣伸（八二頁）　大唐西市下册八八九頁唐故均王府功曹潘君（克儉）墓誌，會昌二年（八四二）十二月二十六日葬，誌署「尚書左司員外郎蔣伸撰」。

李當（八三頁）　蒐佚續編五册一三一二頁李昭撰唐故金紫光禄大夫刑部尚書上柱國隴西縣開國子食邑五百户贈尚書左僕射姑臧李公（當）墓誌銘并序：「公諱當，字子仁，世爲隴西狄道人。……大和二年擢進士第。明年丁文公憂，喪毁過禮……俄又丁繼太夫人艱，免喪除京兆府興平尉直弘父館，旋拜右拾遺，轉右補闕。……滿歲，轉尚書主客員外郎，從班列也。……會丞相崔公鄲自西蜀入拜左揆，以都坐綱領群司，宜重曹郎之選，因請命公爲左司員外郎，尋轉考功外郎兼集賢殿直學士。大中四年（八五〇），遷禮部郎中。」　同册一三〇三頁唐故范陽郡夫人盧氏（鉥）墓誌銘并序，乾符三年（八七六）五月二十日葬。誌署「夫金紫光禄大夫、檢校尚書右僕射、兼太常卿、上柱國、隴西縣開國子、食邑五百户李當撰」。

皇甫燠（八四頁）　補遺新千唐專輯四〇八頁劉允章撰唐故福建都團練觀察處置等使中大夫使持節福州諸軍事守福州刺史兼御史中丞柱國安定縣開國男食邑三百户

賜紫金魚袋贈左散騎常侍安定皇甫公（煥）墓誌銘并序：「公諱煥，字廣煦，安定人也。……大和六年（八三二），以文學登進士上第。未幾，從知於諸侯府。……服闋，拜刑部員外。……及崔公正位中台，首用公爲左司外郎。浹辰，轉長安令。」卒於咸通三年（八六二），享年五十九。

盧緘（八四頁）　補遺新千唐專輯四〇一頁李蔚撰唐故朝議郎守京兆少尹柱國賜緋魚袋范陽盧府君（緘）夫人清河崔氏合祔墓誌銘并序：「有唐咸通二年（八六一）夏六月甲子，京兆少尹盧公捐館於親仁里之私第，享年五十八。……公諱緘，字子晦，范陽人也。……初，命爲蘭臺正字。今吏部尚書崔公，出刺商於，表公爲防禦判官。轉太常寺協律郎。……轉侍御史，皆司東都臺事。風稜言言，無所屈撓。……入爲都官員外，仍佐邦計。……拜左司員外郎。」

孫瑝（八六頁）　彙編續集一一〇二頁李都撰唐故御史中丞汀州刺史孫公（瑝）墓誌并序：「吾友孫子澤於咸通十三年（八七二）六月三日歿於臨汀刺史之位。……公諱瑝，樂安人。……深爲本道節度徐公商獎異，入爲員外都官郎。蕭丞相寘始判民曹事，乃曰：吾欲以泉貨挽故人，可乎？因計貳職，從舊府也。俄轉左司外郎。」

鄭繁（八六頁）　彙編續集一〇三六頁唐故銀青光禄大夫檢校户部尚書使持節鄆州諸軍事守鄆州刺史充天平軍節度鄆曹濮等州觀察處置等使御史大夫上柱國弘農郡開國公食邑二千户弘農楊公（漢公）墓誌銘并序，誌署「將仕郎、監察御史裏行鄭繁書」，葬於咸通二年（八六一）十一月二十日。　補遺第七輯四六一頁鄭繁等曲阜題名：「兖海節度推官、試秘書省正字鄭繁，緱山處士張隱，大中八年（八五四）正月七日題。」

裴瓚（八六頁）　彙編下册二三四八頁唐故祕書郎兼河中府寶鼎縣令趙郡李府君夫人滎陽鄭氏墓誌銘并序，葬於大中十年（八五六）十一月廿七日，誌署「親外生、朝議郎、守京兆府好畤縣丞、上柱國裴瓚謹纂」。　胡補已收。

劉承雍（八六頁）　彙編下册二四九〇頁楊檢撰唐故嶺南節度使右常侍楊公女子書墓誌：「□□諱共，字子書，隋越國公素之裔。……子書之諸姊皆託華胄，如户部侍郎、翰林學士劉承雍五朝達，皆子書之姊壻。……會乾符五歲（八七八），京師癘疫，……以六月七日終於延福里第，春秋卅，十月廿八日，葬於長安縣南原姜允村」　胡補已收。

孫緯（八八頁）　彙編續集一一〇七頁唐知鹽鐵陳許院事侍御史内供奉賜緋魚袋孫

虬故室河東裴氏墓誌銘并序，葬於咸通十四年（八七三）二月二十五日，誌署「鹽鐵推官、殿中侍御史内供奉、賜緋魚袋孫緯撰」。

崔峻（八九頁）　彙編下册二〇七四頁程勉撰唐故監察御史賜緋魚袋隴西李府君亡妻渤海高夫人墓誌銘并序：夫人「父皇河南府密縣丞岳，妣博陵崔氏，公外祖齊州歷城縣丞峻。」高夫人以長慶三年（八二三）七月廿八殁，年五十四。胡補已收。

【新補遺】

張楚璡　蒐佚四册一〇四九頁張觀撰唐故居士河内張公（宗慶）墓誌銘并序：「從叔諱宗慶，其先河内人也。自軒轅暨於我唐冠冕相繼。曾祖諱楚璡，左司員外，贈左司郎中。」張宗慶卒於開成四年（八三九）五月，享年四十四。

鄭洎　蒐佚續編五册一二五七頁李黯撰唐故處士嶺南留後巡官試太子校書姚府君（源）墓誌銘并序：「姚先生諱源字養正，吳興人。……咸通六年（八六五）八月廿四日啓手足於上都永崇里。……諸嘗與游在京師者吏部郎高公、左司員外郎鄭公洎，戎曹貳卿，皆悲哀吊祭。」

裴筠

補遺第八輯二三五頁裴皞撰梁故朝散大夫權知給事中柱國河東裴公（筠）墓誌銘并序：「公諱筠，字東美，河東絳郡人。……唐室廣明年擢進士第，釋褐京兆參軍、集賢校理，給授藍田尉，依前集職。是時唐僖宗巡狩坤維，徐公彦若爲獨坐，首伏監察。中州喪亂，游衍江湖。洎襄帝即位，除曲臺，未至闕下，拜中諫，尋遷侍御史。彈奏得儀，時以爲稱職。改左司員外，復轉庫員，兼加朱紱。尋遇遷都雒陽，拜司勳郎中。恭事二帝，顯履三署。儒素之道，亦或庶幾。」裴筠於「開平四年（九一〇）二月二十五日，薨於東周，享壽五十六」。

卷三 吏部郎中

李廿規（李世規九八頁）注云「無考」。岑仲勉新考訂云「萃編一一六以爲即『世』字，是也」。蒐佚續編三册八七五頁唐故太原府兵曹參軍李府君墓誌：「府君諱仲珪，字獻，隴西成紀人也。……曾祖世規，皇選部郎中、諫議大夫。」李仲珪卒於天寶十三載（七五四），春秋五十三。蒐佚三編二册五七五頁故揚州海陵主簿李君（遂）墓誌文：「公諱遂，字遂，即绛郡公之玄孫，唐選部侍郎世規之曾胤。」

胡演（九九頁） 大唐西市上册七七頁唐故銀青光禄大夫汴州刺史胡使君（演）墓誌銘：「公諱演，字子忠，安定人也。……武德元年，除使持節，寧州諸軍事、寧州刺史。……貞觀元年，拜太中大夫、行大理少卿。……其年，轉刑部侍郎。……二年，坐公事免。俄授員外散騎侍郎、守鳳州刺史。……公使持節，申州諸軍事、申州刺史。十年，遷汴州諸軍事、汴州刺史。……奄以貞觀廿年（六四六）歲次景午七月辛卯朔一日辛卯，遘疾薨於懷德里第，春秋八十有一。」墓誌雖未載官吏部郎中，然時代相同，當是同人。

薛述（一〇〇頁）　河洛上册二四四頁唐故兖州金鄉縣丞薛君（釗）墓誌銘并序：「君諱釗，字釗，河東汾陰郡人也。……祖述，皇朝兵部度支員外、司勳左右司郎中、吏部郎中、雍州司馬、汾陰縣男。」　蒐佚三册六七一頁唐前鄴郡成安縣令史公故夫人河東薛氏墓誌：「夫人諱，字，河東汾陰人也。……曾祖述，皇兵部度支員外、左司吏部郎中、雍州治中、汾陰縣開國男。」可參左中。

劉祥道（一〇一頁）　彙編上册九二九頁大周故銀青光禄大夫使持節利州諸軍事行利州刺史上柱國清河縣開國子崔君（玄籍）墓誌銘并序：「君名玄籍，字嗣宗，清河東武城人也。……關内道大使、司刑大常伯劉祥道以君精於吏職，清畏人知，表奏天庭，揚其善政。」　同書一〇〇〇頁周故吉州長史劉君（齊賢）墓誌銘并序：「君諱齊賢，……父祥道，文昌左相、廣平公致仕，贈幽州都督。」

于立政（一〇一頁）　全唐文補編（上）卷三〇姚崇撰大唐故兖州都督于府君（知微）碑銘：「父立政，皇朝吏部郎中、國子司業、太子率更令、渠虢二州刺史、太僕少卿。」

獨孤元愷（一〇三頁）　彙編續集五〇四頁祠部郎中杜元志撰故洋州刺史獨孤府君（思行）墓誌：「君諱，字思行，河南郡人也。……父元愷，主客度支吏部郎中、給事中、大理少卿，昆岳之英，公輔之器也。」誌主卒於開元十三年（七二五）十一月二十六日，春秋七十二。

温無隱（一〇三頁）　彙編上册一〇八三頁大唐故太中大夫泗州刺史趙本質妻温氏晉陽郡君墓誌并序：温氏「父無隱，瀛州刺史。剖符千里，扇仁化於河間；播美百城，著清規於漳浦」。温氏卒於景龍二年（七〇八）十月廿六日。

裴皓（一〇三頁）　補遺第七輯二六六頁大唐故宫府大夫兼檢校司少卿裴君（皓）墓誌銘并序：「君諱皓，字圓照，河東聞喜人也。……永徽元年，以賢良應詔，除尚書兵部員外郎。尋遷守駕部郎中。文昌之府，建禮之闈。睠彼郎官，實惟英選。……俄遷兵部郎中，又轉吏部郎中。」卒於龍朔二年（六六二）四月十九日，春秋五十五。　彙編續集五七二頁有大唐故貝州宗城縣丞裴君（宥）墓誌銘并序：「君諱宥，河東聞喜人也。……則皇朝兵部吏部二郎中、太子家令、兼太僕少卿皓之曾孫。」裴宥卒於開元廿七年（七三九）九月十八日，春秋五十有一。

鄭玄毅（一〇三頁）注云「無考」。　彙編下册一五七六頁陽陵撰大唐故河南府偃師縣令王府君妻夫人滎陽鄭氏墓誌銘并序：「夫人諱□字□，滎陽人也。曾祖孝倫，皇朝官至霍王友。大父玄毅，衡陽郡臨蒸縣令。父胤，兖府倉曹，夫人倉曹之季女也。」鄭氏卒於天寶四載（七四五）六月廿日，春秋廿二。同書下册八七六頁大周故承議郎行隆州司功參軍鄭府君（宏）墓誌銘并序：「公諱宏，滎陽開封人也。……祖仁基，隋任通事舍人。父玄毅，唐任天官郎中、安北都護府司馬。並文雅縱横，風流籍甚。」鄭宏「以證聖元年（六九五）五月廿五日遘疾，終於私第，春秋六十一」。

李德穎（一〇三頁）

彙編下册一六四八頁杜鎮撰故濟南郡禹城令李府君（庭訓）墓誌銘并序：「公諱庭訓，字庭訓，隴西成紀人也。……曾祖諱德穎，皇濮、兖等州刺史。大父諱真實，皇朝散大夫、尚書工部員外郎、太子舍人。」誌主卒於開元二十一載（七三三）十一月二日，春秋五十。同頁有㮊成撰故隴西李府君（系）墓誌銘并序：「君諱系，……曾祖諱德穎，皇濮、兖等州刺史。」蒐佚三編一册二八六頁李嗣真撰唐故尚書比部員外郎盧君（昭道）墓誌銘并序（調露二年八月十八日）：「君諱昭道，字子直，范陽涿人也。……繼夫人李氏，隴西成紀人。……父德穎，前吏部郎中、司經大夫。」

王玄壽（一〇四頁）　彙編續集三四九頁韋承慶撰大周故納言博昌縣開國男韋府君夫人瑯耶郡君王氏（婉）墓誌銘：「夫人諱婉，字貞徽，瑯耶臨沂人。……年在髫丱，特爲伯父越州長史楷、叔父吏部郎中元壽所愛重。」王氏於萬歲通天元年（六九六）八月十二日卒，春秋七十有一。王玄壽，倉中作「王元壽」，同爲一人，避諱所改。

劉應道（一〇四頁）、長安新出墓誌（二）一一三頁唐故秘書少監劉府君（應道）墓誌銘并序：「□君諱應道，字玄壽，廣平易陽人。……府君膺其選，封冊高第。貞觀廿二年（六四八），擢授尚書户部員外郎。……顯慶二年（六五七），復入爲司勳員外郎，俄遷吏部員外郎。……總章初，選司甄拔淪滯，乃用府君爲雍州司功參軍事。……頃之，除尚書户部員外郎。自始入尚書省逮此廿二年，不進一階，還居舊座。……咸亨二年，遷司勳大夫，改爲司勳郎中。……明年，遷吏部郎中。廉直公方，無所阿撓。雖權貴請託，一切不行。」蒐佚續編四册一〇一六頁鄭絪撰唐故正議大夫守户部尚書贈太子太傅廣平劉公（從一）墓誌銘并序：「公諱從一，字從一，其先廣平人。曾祖應道，皇朝吏部郎中、秘書少監修國史。」

王友方（一〇五頁）　補遺新千唐專輯九三頁大周雍州司兵李氏妻王氏（姜嫄）墓

誌并序，長安四年（七〇四）四月十五日葬。「夫人諱姜嫄，字大願成。其先家於北海，中葉遷於涿郡。叔父天官郎中、合宫令友方，皇朝受封壽陽縣，更爲壽陽人焉。」郎考輯録新唐書宰相世系表元季子有方，官岷州判史，恐是另人。

高光復（一〇六頁）　補遺第六輯四八頁唐朝散大夫□□□□上柱國渤海高府君（慈）墓誌銘并序：「公諱慈，字□□，渤海蓨人也。……列考光復，吏部郎中、復州刺史。」高慈卒於太極元載（七一二）三月十四日，春秋五十有二。　彙編下册一三七七頁唐故銀青光禄大夫行光禄少卿上柱國渤海郡開國公高府君（徽）墓誌銘并序：「公諱徽，字玄肅，渤海蓨人也。……祖敬言，皇朝給事中、户部侍郎，果毅號許四州刺史。父光復，皇朝吏部員外、吏部郎中、檢校復州刺史。」高徽卒於開元十七年（七二九），春秋六十八。

李志遠（**李至遠**一〇八頁）　蒐佚一册二八四頁唐故朝請大夫行梓州飛烏縣令上護軍南陽郡公王君（九功）墓誌銘并序，葬於天授二年（六九一）二月十八日，署「文昌天官郎中趙郡李至遠撰」。　蒐佚三編二册三一六頁石抱忠撰大唐故朝散大夫梓州郪縣令李府君夫人鄭氏（童壽）墓誌銘并序（垂拱四年十二月六日）：「子天官員外郎至遠等以心罔極，至性過人。」同書李重墓誌同。

鄭納言（**鄭訥言**一一〇頁）注云「無考」。彙編續集六六〇頁裴儆撰大唐故尚書祠部員外郎裴公夫人滎陽鄭氏墓誌銘并序：「夫人姓鄭氏，……祖訥言，皇吏部郎中。」鄭氏卒於天寶十四載（七五五）三月，春秋五十二。蒐佚二冊四二五頁大唐故滎陽鄭夫人墓誌銘并序：「夫人諱馬兒，滎陽人也。……父訥言，吏部郎中、太子家令。親累貶齊州長史，並衣冠奕葉，朝廷羽儀。夫人即齊州長史第十一女也。……春秋二十四，開元二年（七一四）正月一十二日，終於崇業坊之里第也。」

今按：鄭納言，當從墓誌作「鄭訥言」。吴補已收，筆者再作補充。

蕭璿（一一〇頁）蒐佚續編二冊五二六頁馬懷素撰唐故河南尹上柱國鄚縣開國男蕭公（璿）墓誌銘：「公諱璿，字待價，南蘭陵人也。……神龍首歲，皇曆中興，制命惟新，舊資式叙，敕授少府監丞，遷起居郎。……服闋，拜朝散大夫、行尚書司勳員外郎，遷兵部郎中，授上柱國，轉吏部郎中，累居粉署，獨步丹省，伏奏起草，彌綸有聲。」開元五年（七一七）五月四日卒，享年六十六。

李問政（一一二頁）補遺新千唐專輯一三四頁大唐正議大夫行鄭州別駕李公（問政）墓誌銘并序：「公諱問政，字就列，隴西成紀人也。……年十有九，鄉貢進士對策上第。廿三，解褐扶溝尉，……承旨攝左臺監察御史，河北道按覆。獬冠驤首，鳳舉振翼。直繩明筆，激濁揚清。旋以奉使稱職，擢拜雍州司兵參軍事，尋遷奉天令。……績用斯洽，聲華愈遠。加朝議大夫，判考功員外郎。尋除起居舍人，轉司勳員外郎，遷吏部郎中。革奏南宮，記事西掖。……開元八年（七二〇）八月廿四日，終於新安縣之官舍，春秋六十有九。」

慕容珣（一一三頁） 補遺第六輯五二頁唐中散大夫守秘書監致仕上柱國慕容公（珣）墓誌銘并序：「公諱珣，昌黎棘城人也。……少以明經遊太學，從禮明堂。除同州參軍，遷左玉鈐衛兵曹參軍，轉永康陵令。……而休聲克著，朝廷欽焉，擢拜左御史臺監察御史。尋遷本臺殿中侍御史内供奉。……今上即位，誅殛群醜，甄揚正人，加朝散大夫，徵拜左御史臺御史。……轉主爵員外郎，仍兼侍御史。鐵冠餘雄，錦帳推□。尋遷主爵郎中，俄轉吏部郎中。審五等之封拜，清九□之秩序。遷長安令。……以開元廿四年（七三六）六月廿四日，終於東都殖業里第，春秋六十有八。」 彙編下册一六五四頁唐故慕容氏女神護師墓誌銘并序，慕容護師爲慕容珣之女，此墓誌亦可參閲。

鄭齊嬰（一一五頁） 蒐佚二册五二〇頁大唐故中大夫陝州别駕上柱國隴西李府君（延明）墓誌銘并序，開元十五年（七二七）六月二十四日葬，署「朝請大夫、度支郎中鄭齊嬰撰」。

褚璆（一一六頁）　彙編續集四七四頁大唐故原州太谷戍主彭城劉府君（行實）墓誌銘并序，葬於開元二年（七一四）二月十二日，春秋六十有五。署「吏部郎中褚璆撰」。

蕭識（蕭諴一一六頁）　郎考云：「或疑即蕭諴」，其説甚是，蕭諴又見本書卷十五金部郎中，則蕭諴先後官金中、吏中也。　蒐佚二册五七一頁蕭坦撰唐故商州刺史蕭府君（諴）墓誌銘并序：「有唐開元廿三年（七三五）正月十七日商州刺史蘭陵蕭府君終於官，春秋六十三。以其年二月廿八日葬我府君於河南縣之龍門西原舊塋，順也。君諱諴，字諴，梁貞陽侯淵明之來孫，湖州司馬憬之孫，贈詹事元禮之子。舉明法，陳留、陜縣、壽安三主簿，大理評事，監察御史，河南司録，司門、刑部二員外，金部、吏部二郎中，陵州刺史，益府司馬兼營田節度副使，恒、濮、虢、商四州刺史。」

袁仁敬（一一七頁）　洛陽新獲七朝墓誌二〇七頁大唐故大理卿上柱國袁府君（仁敬）墓誌銘并序：「公諱仁敬，字道周，陳郡陽夏人也。……天授年從國子進士，應養志丘園，科舉對策高第，解褐敕授相州湯陰縣尉，轉尉氏、福昌尉。以精果利斷、恢弘歷落，稱其名景其行者，率延頸願交矣。再舉大理評事，轉司直丞，以持法不撓，朝廷嘉寬裕之，大拜倉部、司勳二員外，刑部、左司、兵、吏部四郎中，大理少卿，杭州刺史。……享年七十一，以開元廿一年（七三三）七月卅日薨於京師宣陽里之私第。」

張說（一一八頁）　蒐佚三册六二〇頁趙良玉撰大唐故太中大夫使持節同州諸軍事守同州刺史上柱國張府君（說）墓誌銘并序：「公諱說，字尚潔，魏郡人也。……因拜左司、吏部員外郎。……轉考功、吏部郎中。」卒於開元二十八年（七四〇）五月。

皇甫翼（一二〇頁）　蒐佚三册六三二頁權寅獻撰唐故青州刺史贈滎陽太守皇甫君（翼）墓誌銘并序：「君諱翼，字孟友，安定朝那人也。……明經高第，補太子校書，調河陽主簿、河南尉。除監察御史裏行，尋即真遷殿中侍御史。鳳非棲棘，龍爲□池。果飛雲雨之天，更集梧桐之樹。拜都官、度支二員外，岐州長史，棣州刺史，未之任，授吏部郎中、河東道按察使，遷給事中。……開元廿九年（七四一）十一月十七日，薨於東萊郡館，享年五十六。」

李彭年（一二四頁）　洛陽新出土墓誌釋録〔一三〕（簡稱釋録）一三六頁李紓撰唐故中

散大夫給事中太子中允贊皇縣開國男趙郡李府君（收）墓誌銘并序：「公諱收，字仲舉，趙郡贊皇人也。……父兵吏二侍郎、同州刺史、趙郡公，贈太子少師諱彭年。」李收年五十六，卒於大曆十二年（七七七）八月二十四日。

徐惲（一二六頁）　補遺第八輯三九二頁唐通議大夫使持節陳留郡諸軍事守陳留郡太守河南採訪處置使上柱國徐公（惲）墓誌銘并序：「公諱惲，字輯，東海人也。……弱冠，明經，拜國子大成。進經，授寧陵丞。用能標映儒林，發揮風政。尋調鉅鹿司户參軍，轉河東録事參軍。……無何，以公事貶北海令，入遷太府丞。……次除尚書比部員外，轉吏部員外，出陳留長史，歷潁川别駕。……未幾，拜户部郎中，改吏部郎中。」卒於天寶四載（七四五）十月，春秋六十六。

王延昌（一四〇頁）　彙編下册一七三六頁大唐興唐寺净善和尚塔銘，葬於乾元元年（七五八）九月九日，誌署「監察御史王延昌製，蒲州刺史顏真卿書」。

劉從一（一四九頁）　蒐佚續編四册一〇一六頁鄭絪撰唐故正議大夫守户部尚書贈太子太傅廣平劉公（從一）墓誌銘并序：「公諱從一，字從一，其先廣平人。……特拜侍御史，轉刑部員外郎。及希烈叛命擾漢淮之間，普王以元帥受藩翰之寄，公以重望膺盛選。……其稱上意，拜吏部郎中兼御史中丞充元帥判官。」卒於貞元元年（七八五）二月二十四日，享年四十有四。

郭雄（一五〇頁）新中國出土墓誌河南叁千唐誌齋貳〔一四〕郭憺撰唐故吏部郎中贈同州刺史郭公（雄）墓誌銘并序：「公諱雄，字雄，太原人也。……解褐敕授家令寺、太府二主簿，遷監察御史、左補闕、河南司録、水部員外郎、比部駕部吏部三郎中。建中之末，亂賊暴興，皇輿遷播，公奉職以從。越在奉天而氛妖未清，輦駕不駐，甲徒叛潰，矢射縱横，蒼黄之中遇害而卒，時興元元年（七八四）二月廿六日也，享年六十。」

趙宗儒（一五二頁）蒐佚四册四三五頁鄭澣撰唐故金紫光禄大夫守司空致仕贈司徒相國趙公（宗儒）墓誌銘并序：「公諱宗儒，字秉，天水人也。……進士登第，從調判入殊等授弘文館校書郎，復以判第卓異，有司擬藍田尉。時少監府君分曹東夏，堅乞就養，遂授陸渾主簿，徵拜右拾遺，充翰林學士，改屯田員外郎，近職如故。腴潤皇猷，善閉清機。宥密之理，行之可久。俄丁少監府君艱，充窮疑慕，有激名教，其後薦居服紀，孝如前喪。歷司門、司動員外，兼領考功事。黜幽陟明，人用勸懼，績課之法行焉。遷考功、吏部郎中。既而奉詔，宣撫大鹵。承憂勤愷悌之委，恩禮益洽。錫銀印赤紱，以光原隰，復命稱旨。拜給事中，俄以本官同中書門下平章事。」趙宗儒於大和四年（八三〇）九月卒，春秋八十七。又同書同册九二二頁有其妻韋氏墓誌，可參閱。

崔溉（一五四頁）　蒐佚三册八三八頁唐故著作郎范陽盧公（克乂）墓誌銘并序，葬於貞元十三年（七九七）十二月三日，署「朝議郎、守洛陽縣令、雲騎尉、緋魚袋崔溉撰」。此條與郎考所輯石刻顧少連嵩嶽少林寺新造厨庫記所記相同，唯後者署「貞元十四年（七九八）」。

常仲儒（一五四頁）　蒐佚續編四册九七五頁常次儒撰大唐故豪州司馬常府君墓誌并序：「府君即補闕公（常無求）之第三子諱習，字習，河内温人。……以建中三年（七八二）三月二十日，即世於揚州之旅館，春秋四十有五。……迨貞元己卯（七九九），公之從子尚書吏部郎仲儒以文章振俗，以孝友承家，感補闕之未還，痛我公之早世，資以家財清俸，勖以哀詞。」新表「仲儒」作「仲孺」，岑仲勉新考訂云「吏外同，但所引四條均作孺，似作『孺』爲近於事實」。岑説非，新表亦誤，墓誌載無求子有伯儒、次儒、復儒，以「儒」字排行，當以墓誌爲準。

李鄘（一五五頁）　大唐西市下册七二三頁唐故衢州刺史河東裴公（鄾）墓銘并序，貞元二十年（八〇四）二月廿七日葬，誌署「朝議郎守尚書吏部郎中賜緋魚袋李鄘撰」。

張惟素（一五八頁）　補遺新千唐專輯三二四頁張惟素撰唐故諫議大夫清河崔府君（備）墓誌銘并序「公諱備，字順之，其先清河人也。……遷禮部員外郎，中臺極文章之選，時謂得人。轉工部、考功二郎中。……自南徐賓府後，余爲吏部郎，公遷考功；余除給事中，公改諫議。接武連臂，迨今卅年」。崔備葬於元和十一年（八一六）八月，誌署「張惟素時爲給事中」。由此可知，張惟素官吏部郎中在元和十一年之前。

盧士玫（一六二頁）　蒐佚續編四册一一〇五頁鄭涵撰唐故正議大夫守太子賓客上柱國賜紫金魚袋贈工部尚書范陽盧府君（士玫）墓誌銘并序：「公諱士玫，字子珣，范陽人也。……由是徵拜起居舍人，執筆記言，必先規諷，歷司勳、吏部員外郎。疇勳曹，覈流品，時論多之，而遷正郎。」卒於寶曆元年（八二五）七月二十二日，年六十四。

王衮（一六八頁）　彙編下册二一三四頁李珏撰唐故朝散大夫守尚書吏部郎中兼侍御史知雜事上柱國臨沂縣開國男食邑三百户瑯琊王府君（衮）墓誌銘并序：「維大和六年（八三二）夏六月哉生明，吏部郎中兼侍御史知雜事王公年五十二，卒。」

孫簡（一六九頁）　彙編續集一一一〇頁令狐綯撰唐故銀青光禄大夫檢校司空兼太子少師分司東都上柱國樂安縣開國侯食邑一千户贈太師孫公（簡）墓誌銘并序：「公諱簡，字樞中，……又罹裴太夫人之禍，殆不勝喪。及出，除左司郎中，加朝散階，轉吏部郎中，又加朝散大夫。」參左中。

薛膺（一七〇頁）　蒐佚三册八一二頁大唐故江南西道觀察推官宣德郎監察御史裏行驍騎尉河東薛府君（晤）墓誌銘并序，葬於貞元四年（七八八）八月三日，誌署「從祖弟河南府洛陽縣尉膺撰」。

趙真齡（一七〇頁）　蒐佚四册九七一頁周敬復撰唐尚書吏部郎中趙公亡妻范陽盧氏夫人墓誌銘并序：「夫人姓盧氏諱令儀，……貞元末，始年十三適天水趙公真齡。公字元賓，即故相國司空之塚嫡。開成三年（八三八）官爲尚書吏部郎中，而夫人没於私第，其地京兆，其里静恭。」

皇甫鉟（一七二頁）　補遺新千唐專輯四〇五頁鄭薰撰唐故中散大夫守給事中柱國賜紫金魚袋贈刑部侍郎皇甫公（鉟）墓誌銘并序：「睿文天子嗣位之年，紀號咸通之三祀太歲直壬午四月孟夏廿有一日，給事中皇甫公薨於位。……公諱鉟，字昭文。……大和四（八三〇）年秋，就鄉里之舉，考試官考第等級在二百人之上，名居其三。

明年春，禮部試，又出千人之上，名亦居其三，時論美之。楚州刺史鄭公，復請爲從事，署營田巡官，奏授太子校書。……今右僕射裴公鎮理湘東，聞而重之，辟爲觀察推官，表遷監察御史。數月，真拜歸臺。月滿，遷殿中侍御史。……公按劾具獄，斷之不疑。由是東人之奸猾者疊足屏氣。拜比部員外郎。……明年，徵拜右司員外郎。數月，兼史館修撰。褒貶詳直，謂之實録。尋轉司封員外郎，修史如故。又加集賢院修撰，續文選。官月滿，遷吏部員外郎。引拔寒素，揭發奸濫，時人稱其能。……詔旨爲江州刺史。……其年，拜吏部郎中，尋遷諫議大夫、又兼知匭使。」

穆仁裕（一七二頁） 蒐佚四册一〇五三頁楊埴撰唐故東川節度推官試太常寺協律郎隴西李府君（亞封）墓誌銘并序：「君諱亞封，字周啓，隴西人。……君娶弘農楊夫人，生一子，始九歲，子名元子。前一女配清河張洎。有穆氏甥、高氏甥，皆一時角立清德者，穆氏甥仁裕，爲尚書吏部郎中，高氏甥璩節制東川。」李亞封年六十八，咸通四年（八六三）十一月十一日卒。

王續（一七三頁） 彙編下册一三五七頁趙不爲撰唐故太中大夫使持節泗州諸軍事泗州刺史瑯瑘王公（同人）墓誌銘并序：「公諱同人，周太子晉之後……隨官從居，今爲京兆人也。曾祖續，皇吏部侍郎，贈魏州刺史。」　同書一五五三頁大唐故朝散大夫譙郡司馬瑯邪王府君（秦客）墓誌銘并序：「府君諱秦客，字元賓，……曾祖續，皇金紫光禄大夫、尚書吏部侍郎、開府儀同三司。」王補已收，誤作「王績」。

李綰（一七四頁）　補遺第八輯四六頁王利器撰唐故通議大夫使持節東陽郡諸軍事守東陽郡太守上柱國李府君（先）墓誌銘并序：「府君諱先，字開物，成紀人也。……父綰，殿中侍御史、户部員外郎、吏部郎中、長安縣令。」李先於天寶二年（七四三）九月卒，享年六十八。此李綰即是新表隴西李氏姑臧大房工部侍郎義琛子，郎考所列其餘諸李綰皆非，時代亦不合。　洛陽流散唐代墓誌彙編（簡稱洛陽流散）[一五]下册四〇九頁胡誦撰唐故朝議大夫贈宋州刺史上柱國李府君（惟）墓誌銘并序：「隴西李公諱惟，字成務。百代世家，百氏鼎冑，有晉涼武昭王十代孫也。曾祖諱玄成，濟北郡守。大父義琛，工部侍郎、岐州刺史。哲考綰，吏部郎中、長安令。濟上岐陽，綽有遺愛，天臺京縣，實多餘烈。公即長安之元子也。」李惟以開元廿九年（七四一）四月終於官舍，享年七十有六。大曆三年（七六八）十一月廿日合祔於萬安山舊墳。　蒐佚三編二册六一一頁王利器撰大唐故朝議大夫行豫州司馬上柱國李府君（惟）墓誌銘并序：「公諱惟，字成務，隴西狄道人也。……工部侍郎、雍州長史、岐州刺史義琛，琛生吏部郎中、長安縣令縚，至公凡七代矣。」縚於開元二十九年（七四一）四月七日終於官舍，春秋七十有六。天寶元年（七四二）十二月廿五日葬於萬安山之陽。

崔祐甫（一七九頁）　彙編下册一七六九頁唐魏州冠氏縣尉盧公夫人崔氏墓記：「夫人字嚴愛，博陵安平人也。……屬中夏不寧，奉家避亂於江表，弟祐甫爲吉州司馬。以乾元二年九月七日寢疾，終於吉州官舍，春秋卌有三。……頃以時難未平，權殯於吉州廬陵縣界内。今宇内大安，弟吏部郎中兼侍御史祐甫勒家人啓殯遷洛，以大曆四年（七六九）歲次乙酉十一月乙丑廿日甲申，窆於河南縣平樂鄉杜郭村之北原。」

盧懿（一八五頁）　蒐佚四册九九七頁唐故殿中侍御史内供奉清河崔府君滎陽鄭夫人墓誌銘并序，葬於大中三年（八四九）閏十一月四日，誌署「朝議大夫、守左諫議大夫、上柱國盧懿撰」。

夏侯淑（一九〇頁）　河洛下册六四三頁唐故夏侯氏河東裴夫人墓誌，葬於廣明元年（八八〇）七月，署「夫將仕郎、前守秘書省正字夏侯淑撰」。

姚勖（一九一頁）　補遺第七輯四六一頁姚勖等義興善卷洞題名：「姚勖、陸璠、李□文、王起□、崔□□、邵海翼、余秋、彭□、鄭瑶、鍾離權，大中四年（八五〇）二月四日遊此。」　蒐佚四册九八四頁唐故朝請大夫守秘書監贈禮部尚書吳興姚府君（合）墓銘并序，姚合葬於會昌三年（八四三）八月二十八日，誌署「族子、朝議郎、守尚書右司郎中、上柱國、賜紫金魚袋勖撰」。　蒐佚三編四册九八六頁唐故衢州須江縣令姚府君（倚）故夫人霍氏合祔墓誌開成五年（八四〇）八月十一日葬，「堂姪、朝議郎、守尚書水部郎中、上柱國、賜緋魚袋姚勖撰。」

【新補遺】

崔德穎　蒐佚三編一册二八六頁李嗣真撰唐故尚書比部員外郎盧君（昭道）墓誌銘并序：「君諱昭道，字子真，范陽涿人也。……夫人崔氏，博陵安平人。……父德穎，前吏部郎中、司經大夫。」盧昭道卒於調露二年（六八〇），春秋六十二。

王約　大唐西市上册一五一頁大唐故博州刺史王君（約）墓誌銘并序：「公諱約，字處儉，瑯邪臨沂人也。……貞觀四年（六三〇），引拜户部員外郎。……五年，以外艱去職。尋奪情禮，起爲太子舍人，又遷太子洗馬。……十二年，轉吏部郎中。……十六年，復授博州刺史。」龍朔三年（六六三）五月廿日卒，春秋七十三。珍稀墓誌百品（簡稱珍稀墓誌）〔二六〕大周故使持節都督洪袁等七州諸軍事洪州刺史輕車都尉臨沂縣開國男王府君（守真）墓誌銘并序（天授三年三月一日）：「公諱守真，字元政，琅邪臨沂人也。……父約，唐太子洗馬、尚書吏部郎中、博州刺史。」

申屠瑒 彙編上册九七七頁大周故中大夫行并州盂縣令崔府君（哲）墓誌銘并序，葬於久視元年（七〇〇）十月二十八日，署「天官郎中申屠瑒撰」。

李亶 蒐佚二册三五二頁崔融撰周故給事中太子中允李府君（亶）墓誌銘并序：「府君諱亶，字景信，隴西成紀人，涼武昭王之九代孫。……唐顯慶中以門調選千牛。……時年十六襲姑臧男，既而補雍州參軍，遷雍王府西閤祭酒、著作佐郎、秘書郎，與姚璹等同爲修書學士，撰古今內範一百卷，優制褒美，藏之秘閣，加朝散大夫行尚書職方員外。唐高宗之幸東都也，皇太子西京監國，宫坊寀寮，妙簡才地，擢授太子舍人，尋遷尚書禮部、吏部二郎中，進爵爲子，遷給事中。制敕宣行，多所駁正。方直之節，取憚當時。以公事免累，授巫溪二州司馬，混齊榮辱，夷然達觀。大周膺期，惟深舊德，擢授蘇州司馬加朝請大夫，遷鼎州長史，未之官，遷文昌考功郎中，以疾，固請優閑，遷太子中允，寢疾弥留，禱祠無感，以大足元年（七〇一）歲次辛丑六月壬寅朔廿四日乙丑終於洛州恭安里之私第，春秋六十。」

韓智　蒐佚三編三册七一〇頁權寅獻撰唐故亳州真源縣丞韓公（湜）墓誌銘并序：「公諱湜，字孝源，昌黎郡龍城人也。……曾大父苻，隋巫州刺史。大父智，皇朝吏部郎中。」韓湜葬於乾元二年（七五九）二月十二日。

崔翬　補遺第七輯三四頁李乂撰大唐故特進中書令博陵郡贈幽州刺史崔公（翬）墓誌銘并序：「公諱翬，字玄暐，博陵安平人也。……弱冠，明經擢第，解褐汾州孝義雍州涇陽縣尉、高陵渭南主簿、明堂縣尉、萬年縣丞、少府監丞。賢人無輔，久滯於諠卑；君子得朋，稍遷於望劇。尋判度支員外、庫部員外、天官郎中、鳳閣舍人。累遷三署，人譽莫先；獨掌四年，王言所綜。遷天官侍郎、尚書左丞，復爲天官侍郎。……以神龍中，死於白州之官舍，春秋六十有八。」

劉奇　蒐佚續編三册七五〇頁唐故東萊太守劉府君（同）墓誌銘并叙：「公諱同字和光，河南人也。……父奇考功員外、吏部郎中、吏部侍郎。覆才考能，清節特鏡，瑚璉之器即也。」

劉獻臣　蒐佚三編三册七二八頁劉從一撰大唐故通直郎試大理司直兼監察御史廣平劉府君（兼金）誌銘并序：「公諱兼金，字鍰，廣平易陽人。曾祖應道，皇祕書少監。祖獻臣，皇吏部郎中。父遵業，皇朝請大夫、太原府交城縣令。公即交城府君少子。」兼金卒於大曆六年（七七一）廿六日，春秋四十七。

鄭毅　補遺新千唐專輯一四一頁崔澄撰大唐故河南府壽安縣主簿鄭公（翰）墓誌銘并序：「唐故壽安主簿滎陽鄭翰，字子鸞，所爲吏隱者也。……曾祖隋通事舍人。祖毅，吏部郎中。」葬於開元十四年（七二六）正月卅日。

裴遵慶　吴補已有補正，其云中原文物一九九四年三期裴遵慶神道碑云「解褐以門蔭授興寧陵丞，參遷大理丞。……所全救三十□□□□□□□外□，轉司勳、吏部郎中掌前曹事」。並云「任司勳、吏部二郎中在天寶間」。筆者未見此碑，照録吴補，並從之。

崔翹　補遺第九輯三六八頁唐故銀青光禄大夫禮部尚書上柱國清河縣開國男贈江陵郡大都督謚曰成崔府君（翹）墓誌銘并序：「公諱翹，字明微，清河東武城人也。……十四明經高第，十六拔萃甲科，補太子右率府鎧曹參軍，從陳州司户參軍、右衛鎧曹參軍。丁文公憂……服闋，授協律郎、魏州録事參軍。……秩滿，徙太子舍人，加朝散大夫，遷尚書主爵員外郎，所在必有能政。先是公之元兄貞公禹錫爲禮部郎，及遷中書舍人，公乃繼入郎署，……歷水部、虞部、考功、吏部四郎中。」崔翹卒於天寶九載（七五〇）冬十二月三日。彙編下册一七二一頁陽浚撰唐故朝散大夫太子左贊善大夫隴西李府君（朏）墓誌銘并序及彙編續集一〇七四頁崔慎由自撰唐太子太保分司東都贈太尉清河崔府君（慎由）墓誌皆載崔翹官至禮部尚書、東都留守、贈太子太傅。補遺新千唐專輯二六七頁崔至撰唐故范陽郡夫人盧氏（西華）墓誌銘并序，皆可參閱。

王佃

蒐佚三册八〇二頁梁寧撰有唐故藍田縣尉王君（素）墓誌銘并序云「君諱素，字素，琅邪人也。同州長史崇古之孫，吏部郎中佃之子」。蒐佚續編四册九〇四頁劉復撰唐故太子贊善大夫賜緋魚袋琅邪王公（佃）墓誌銘并序：「維大曆十四年（七七九）太子左贊善大夫王公終於東都私第，春秋六十有六。……公諱佃，字敬祖，琅邪臨沂人也。……寶應初，大軍臨東都，思明子朝義將保河陽，決謀於公。公慮其憑險守固，矯陳利害，賊竟奔走而官軍整行。上聞名，至闕下，拜襄王友，又除侍御史。汾陽王表授尚書司門郎兼河東縣令，遷金部郎中，領河東少尹。莅官多能，詔居中朝，累升駕部、考功、吏部三郎中，佐于天官，肅其權衡。」

李渭 册府元龜（簡稱册府）卷五八〇。貞元四年（七八八）六月甲申「吏部郎中李渭」。吴補已收。今按：李渭生平無考，新唐卷七二上宰相世系二上趙郡李氏東祖有長洲主簿李暄子渭，歷官不詳，不知同一人否？

薛廷光 册府卷一六二「開成元年（八三六）二月庚寅，中書門下奏准赦文，諸道黜陟，便以給事中盧鈞、司農卿李玘、吏部郎中薛廷光、太常少卿盧貞、刑部郎中房直温分命之」。吴補已收。

徐文望 蒐佚三編四册九七三頁安國寺尼大德玄鑒尊勝陁羅尼幢記：「大德法號玄鑒，姓徐氏，盛於東漢，其後焯焯不絶。曾祖文望，皇吏部郎中。祖少逸，皇濮州司户。」開成二年（八三七）十月十九日薛巖賓記。

李朋 參見卷四吏外條。

李穜 蒐佚續編五册一二二三頁張道符撰唐故西川觀察推官監察御史裏行江夏李君（潛）墓誌銘并序：「李氏第二子諱潛，字德隱。父諱正卿，綿州牧。……綿州公嘗遺愛汜水有生祠堂，君既孤力新之，識者稱其孝。君之族兄吏部郎中穜以是期君，必永且顯，一旦相失號悲，語曰：而今吾知福善無求證矣。」李潛卒於大中九年（八五五）正月五日。

孔君晦　彙編續集一〇七四頁唐太子太保分司東都贈太尉清河崔府君（慎由）墓誌自撰：「慎由字敬止，代爲清河東武城人。……咸通九年（八六八）八月廿九日，終於河南府洛陽縣履道里，年六十五。……天子聞之，……命使者左散騎常侍崔公璙、使副吏部郎中孔君晦如洛陽，備禮册命焉。」吴補已收。

鄭光廷　補遺第六輯二一一頁盧價撰唐故中大夫守尚書吏部侍郎充弘文館學士判館事柱國賜紫金魚袋張公（文寶）權厝記并序：「公諱文寶，字敬玄，清河人也。……公娶滎陽鄭氏。外舅諱光廷，皇任吏部郎中。」誌主以長興四年（九三三）九月卒，年五十七。吴補已收，唯誤作「趙光廷」。其母姓趙，誤認「外舅諱光廷」爲趙家之人。外舅即妻父也，俗稱岳父，當姓鄭氏。

崔潔　蒐佚四册一〇八九頁崔騰撰唐故尚書工部侍郎博陵崔府君（潔）墓誌銘并序：「先考諱潔，字鑒之。……進士及第……判度支入奏充推官兼監察御史，黄巢犯闕，逃難東歸。先皇帝巡幸西川，除太常博士，遷膳部員外轉比部員外，大駕還京，詔除刑部郎中，轉駕部郎中，加朝散大夫。自趙州赴闕，今上登極，轉吏部郎中，除左諫議大夫，遷給事中，轉左散騎常侍賜金紫。」崔潔年六十六，乾寧三年（八九六）九月三十日卒。

盧光濟　補遺第一輯四三〇頁唐故清海軍節度掌書記太原王府君（涣）墓誌銘，葬於天祐三年（九〇六）三月廿六日，誌署「前嶺南東道觀察判官、朝議大夫、行尚書吏部郎中、兼御史中丞、上柱國、賜紫金魚袋盧光濟撰」。新唐書卷七三上宰相世系三上范陽盧氏晝子光濟字子垂，歷官不詳。疑是同一人。吴補已收。

卷四 吏部員外郎

裴玄本（一九九頁） 蒐佚二册三六七頁裴友直撰大唐故宣州當塗縣丞楊府君（元亨）墓誌銘并序：「公諱元亨，字復，弘農華陰人也。……夫人河東裴氏唐吏部郎中、揚州大都督府司馬、司農少卿裴玄本之第二女也。」夫人裴氏於永隆二年（六八一）十月三十日卒，春秋五十七。

韋叔謙（二〇〇頁） 長安新出墓誌一八一頁于休烈撰故新平郡三水縣主簿韋君（巽）墓誌銘并序：「韋君巽字紛若，京兆杜陵人也。……曾祖叔謙，皇朝吏部員外郎、考功郎中。昆弟位列三署，榮一時。」韋巽卒於天寶二年（七四三）二月九日，春秋卅有五。 長安高陽原新出隋唐墓誌（簡稱高陽原）五六頁[一七]崔日用撰大唐故銀青光禄大夫行右庶子上柱國南皮縣開國男韋公（維）墓誌銘并序：「公諱維，字文紀，京兆杜陵人也。……大父叔謙，皇朝吏部員外郎、考功郎中。」又見同書韋虛心墓誌、韋通理墓誌、韋虛受墓誌。

王德真（二〇二頁）　蒐佚續編二册五五五頁大唐故雲麾將軍右監門衛將軍上柱國樂平縣開國侯王公（泰）墓誌銘并序：「公諱泰，字玄通，京兆杜陵人也。……考德真自神堯皇帝挽郎，授密王府典籤、太子舍人、兵吏部員外郎郎中、乾封令、中書舍人、户部中書二侍郎、同中書門下三品、太常卿、金紫光禄大夫加侍中、上柱國、樂平縣開國男、贈尚書左僕射。」王泰卒於開元十年（七二二）七月五日，春秋七十。

李同福（二〇三、二〇四頁）注云「無考」。　蒐佚續編三册八七一頁唐故太原府兵曹參軍李府君（仲珪）墓誌：「府君諱仲珪，字獻，隴西成紀人也。……祖同福，中書舍人，中爲遂州長史。弘農楊炯述其德政，州因樹碑，備彰其族望。」李仲珪卒於天寶十三載（七五四），春秋五十有三。　蒐佚三編二册五七五頁故揚州海陵主簿李君（遂）墓誌文：「公諱遂，字遂，即絳郡公之玄孫，唐選部侍郎世規之曾胤。大父同福，中書舍人、弘農少卿。」李遂卒於開元廿六年（七三八）。

張詢古（張詢故二〇四頁）　蒐佚二册五六五頁唐故奉議郎行上黨郡上黨縣主簿張公墓誌銘并序：「公諱憕，字士南，清河東武城人。……大父諱詢古，皇朝工部侍郎知吏部選、陝州刺史。」　今按：郎考吏中作「張詢故」，墓誌作「古」，當從之。

韋志仁（二〇五頁）注「又主外」，卷二十六主外却注「無考」。　蒐佚三編二册五〇九頁故衛州刺史韋府君夫人范陽盧氏墓誌銘并序：「夫人諱，字，其先范陽涿人也。……適京兆韋氏諱奐，字然，公即漢二丞相之後。……父志仁，皇兵部郎中。祖德家聲，克紹前烈。」夫人葬於開元十八年（七三〇）二月十七日。　今按：此爲韋志仁女墓誌，其時代，當是郎考之吏外、主外所列之人。

高光復（二〇五頁）　八瓊室金石補正卷三一龍門山造像：「太常主簿高光復題記，儀鳳四年（六七九）六月八日。」　彙編下册一三七七頁唐故銀青光禄大夫行光禄少卿上柱國渤海郡開國公高府君（徽）墓誌銘并序：「公諱徽，字玄肅，渤海蓨人也。……父光復，皇朝吏部員外、吏部郎中、檢校復州刺史。」

章希葉（**辛希葉**二〇五頁）注云「無考」。　新考訂疑辛希葉，「石刻因字形相近而訛也」。　新唐書宰相世系三上辛氏：高宗相茂將子希葉，駕部郎中。　姓纂卷三隴西狄道辛氏：肇生茂將，右丞、侍中。茂將生希葉，駕部郎中。　今按：岑氏所疑是也。

裴咸（二〇五頁）　補遺第五輯二四二頁大周故正議大夫行太子左諭德裴公（咸）墓誌銘并序：「公諱咸，字思容，河東聞喜人也。……解褐自益州導江尉、華州鄭縣尉、雍州櫟陽尉，歷左臺監察御史裏行、右臺監察御史、殿中侍御史、行侍御史、文昌天官員外郎、秋官郎中、給事中、太子左諭德。春秋六十三，維聖曆元年（六九八）歲次戊戌八月景辰卒於隆化里。」岑仲勉新考訂云「有搨本墓誌」，然岑氏未能見之耳。

司馬鍠（二〇六頁）　彙編續集五三二頁唐德州安陵尉盧公夫人河内司馬氏墓誌并序：「有婦人焉，則安陵尉盧日進之妻河内司馬氏之謂也。……曾祖皇朝中書舍人玄祚，祖贈懷州長史希奭，父中書侍郎鍠。」　同書六八七頁唐長安縣主簿李公故夫人司馬氏墓誌銘并序：「夫人諱和字班，河内温縣人也。即晉武帝十六代之孫，中書侍郎鍠之孫，河南府功曹益之女也。」盧日進妻司馬氏，爲司馬鍠之女，李公妻司馬氏，爲鍠孫女也。

宋鼎（二一〇頁）　彙編下册一六一四頁唐故上黨郡大都督府長史宋公墓誌銘并序，天寶七載（七四八）正月十一日葬，此誌署「銀青光禄大夫、行兵部侍郎、上柱國宋鼎撰」。

張庭珪（二一一頁）　補遺第五輯三〇頁徐浩撰唐故贈工部尚書張公（庭珪）墓誌銘并序：「公諱庭珪，字温玉，范陽方城人。……弱冠，制舉賢良射策第二等。歷冀氏、白水、伊闕三縣尉，右臺監京、殿中、左臺侍御史，再爲起居，一爲吏部員外、中書舍人、禮部侍郎、尚書左丞、黄門侍郎、少府監，持節潁、洪、沔、蘇、宋、魏、汴、饒、同等州刺史。」春秋七十八，天寶四載（七四五）八月五日。

倪若水（**倪泉**二一二頁）　兩唐書有傳，未載官吏部員外郎，補遺第六輯三九一頁大唐故尚書右丞倪公（泉）墓誌銘并序：「公諱泉，字若水，中山稾城人也。……應八道使舉射策登科，授秘書正字……轉左臺侍御史，尋遷吏部員外郎。」

褚謬（**褚璆**二一二頁）　彙編上一〇六五頁大唐故文林郎崔君（沉）墓誌銘并序，「前洛州伊闕縣尉河南褚璆文」。此亦可證郎考吏外作「褚謬」誤，當作「褚璆」。

柳澤（二一三頁）　河洛上册二九一頁唐故右庶子鄭州刺史贈兵部侍郎河東柳府君（澤）墓誌并序：「公諱澤，字賡成，今爲河東人也。……尋擢殿中侍御史，屢陳將兵皆合聖旨，遷尚書左司員外郎，轉吏部員外、工部郎中。」

徐惲（二一三頁）　補遺第八輯三九二頁唐通議大夫使持節陳留郡諸軍事守陳留郡太守河南採訪處置使上柱國徐公（惲）墓誌銘并序：「公諱惲，字輯，東海人也。弱冠，明經，拜國子大成。進經，授寧陵丞。……次除尚書比部員外，轉吏部員外，出陳留長史。」

源玄緯（元玄褘二一四頁）鉞案：「勳中『元玄褘』，疑即是。」補遺第六輯一二〇頁韓敦禮撰(上闕)參軍源府君銘誌并序：「君諱□□，河南人也。……曾祖匡度，皇銀青光禄大夫、黄州刺史、絳州刺史。玄褘，吏部員外、司勳郎中。累表榮寵，洊禄高門。組彰紱冕，華傑蟬聯。」誌主享齡六十有七，以貞元十二年（七九六）正月十五日卒。

盧僎（二一六、二一九頁）補遺第八輯三六頁唐故滎陽郡夫人鄭氏（盧粲妻）墓誌銘并叙，葬於開元二十九年（七四一）十一月二十四日，撰者署「固安文公三從弟、朝散大夫、行尚書吏部員外郎僎撰」。

裴遵慶（二一七頁）蒐佚三編三册六七二頁大唐故杭州刺史河東縣開國男裴府君夫人安定夫人皇甫氏墓誌銘并序：「夫人號彼岸，安定朝那人也。……季子遵慶，字幼良，見任吏部員外部。」夫人皇甫氏天寶八載（七四九）正月十八日卒，春秋九十有七。十載十月返葬先塋。蒐佚三編三册九五四頁路羣撰唐故銀青光禄大夫吏部尚書致仕萬泉縣開國（下闕）：「太和四年（八三〇）九月十五日，吏部尚書致仕裴公薨於西京新昌里第，享年八十。……公諱向，字傃仁，河東聞喜人也。……給事中贈司空惓。惓生丞相遵慶，丞相志業深厚，機鑒敏達，以大理丞致績，以吏部員外得名。上元中，拜黄門侍郎同平章事。」

庾光先（二一七頁）　彙編續集九〇七頁崔行宣撰唐左金吾判官前華州司户參軍李公故夫人新野庾氏墓誌銘并序：「有唐大和四年（八三〇）歲在庚戌十二月廿有六日己丑，前華州司户參軍李公夫人新野庾氏殁於京兆零口旅邸，享年十九。……曾祖光先，皇中書舍人、御史中丞、荆州採訪使、吏部侍郎、贈太子太師。」

鄭炅之（二一八頁）　蒐佚第三册七〇六頁唐故太中大夫守冀州刺史上柱國太原王府君（人傑）墓誌銘并序，葬於天寶九載（七五〇）八月十六日，撰者署「河南府兵曹參軍鄭炅之撰」。　補遺新千唐專輯三〇三頁盧景亮撰唐朝議郎殿中侍御史内供奉賜緋魚袋弘農楊君（同懸）夫人滎陽鄭氏墓誌并叙：「夫人滎陽鄭氏，景亮叔舅子也。……王父諱炅之，朝散大夫、富水郡長史。」鄭氏春秋四十有二，貞元十九年（八〇三）三月廿五日卒。

裴儆（二二一頁）　彙編續集六六〇頁大唐故尚書祠部員外郎裴公夫人滎陽鄭氏墓誌銘并序：「夫人姓鄭氏，……天寶十四載（七五五）三月二十九日奄棄背於光德里之私第。……孤子前秘書郎、嗣正平縣開國男倩，次左衛倉曹儆，次洛陽縣尉倚，次千牛侑等，哀哀泣血，惸然在疚。」撰者署「孤子前左衛倉曹參軍儆撰」。

元挹（二二三頁） 蒐佚三册七七九頁韋應物撰故夫人河南元氏墓誌銘：「前京兆府功曹參軍曰應物，娶河南元氏夫人諱蘋，字佛方氏，魏昭成皇帝之後，守尚書奉御延祚，祚生簡州別駕、贈太子賓客平叔，叔生尚書吏部員外郎挹，夫人吏部之長女。」元蘋爲著名詩人韋應物妻，元挹爲韋應物之岳父。元蘋卒於大曆十一年（七七六）九月二十日。

鄭叔則（二二四頁） 釋録一三六頁李紓撰唐故中散大夫給事中太子中允贊皇縣開國男趙郡李府君（收）墓誌銘并序：「公諱收，字仲舉，趙郡贊皇人也。……公之外兄、吏部員外郎鄭叔則，道則同方，幼實相長，生有交志之益，殁有主辨之哀。」李收卒於大曆十二年（七七七）八月二十四日，春秋五十有六。

崔儒（二二五頁） 蒐佚三册八〇九頁王虨撰唐朝請大夫使持節池州諸軍事池州刺史齊國公崔公（儒）墓誌并序：「公諱儒，字公回，博陵安平人也。……公以門蔭，未冠授京兆府參軍。以親族見累，貶辰州辰溪尉。後以文學聞，授秘書省校書郎、涇陽主簿、萬年尉、拾遺、補闕、殿中侍御史、侍御史、檢校駕部員外郎、起居舍人、吏部員外郎、户部郎中，以故舊見累，貶衢州別駕，遷池州刺史。貞元元年（七八五）四月廿二日遇疾，終於池州官舍，享年五十。」同書同册八四三頁王彪撰唐故池州刺史崔府君（儒）夫人襄武縣君李夫人墓誌銘并序：「唐貞元十四年（七九八）六月十六日，故朝請大夫、守尚書户部郎中、池州刺史、襲齊國公。崔儒君夫人襄武縣君隴西李氏，遘疾終於京兆府萬年縣光福里之私第，享年六十有一。」

王鍔（二二七頁）　補遺第七輯四五四頁党曄等洛陽龍門題名：「党曄、趙驊、盧政、王後己、王鍔、崔縱、王澄、盧補，大曆七年（七七二）二月十二日，同宿此寺。」

于結（二二八頁）　蒐佚三編三册七三六頁唐檢校水部員外兼殿中侍御史裴公故夫人韋氏墓誌并序，葬於大曆十年（七七五）十月十三日，誌署「監察御史于結撰」。

呂渭（二二八頁）　彙編續集七七七頁呂温撰唐故通議大夫使持節都督潭州諸軍事守潭州刺史兼御史中丞充湖南都團練觀察處置等使賜紫金魚袋贈陝州大都督東平呂府君墓誌銘并序：「先府君諱渭，字君□，其先光帝之胤也。……貞元初，徵拜朝散大夫、行尚書吏部員外郎。大兵初解，調集雲委，混天下真僞，責成南曹。

公處之四年，芒刃如新，筦簣不作。遷駕部郎中、知制誥。」

奚陟（二二三一頁） 參見本書卷一左中條。

劉公濟（二二三四頁） 蒐佚三册八四三頁唐故池州刺史崔府君（儒）夫人襄武縣君李夫人墓誌銘并序，葬於貞元十四年（七九八）十月二十六日，撰者署「朝議郎、行尚書吏部員外郎、上柱國、賜緋魚袋劉公濟撰」。

柳公綽（二二三五頁） 蒐佚續編四册一〇一七頁鄭絪撰唐故正議大夫守户部尚書贈太子太傅廣平劉公（從一）墓誌銘并序，「朝議郎、行尚書吏部員外郎、雲騎尉、賜緋魚袋柳公綽書」，元和二年（八〇七）五月九日葬。

盧士玫（二二三八頁） 蒐佚續編四册一〇五八頁唐故清河崔夫人墓誌銘并序，「夫朝議郎、行尚書吏部員外郎盧士玫撰」，葬於元和十一年（八一六）九月十日。同書四册一一〇五頁鄭涵撰唐故正議大夫守太子賓客上柱國賜紫金魚袋贈工部尚書范陽盧府君（士玫）墓誌銘并序：「公諱士玫，字子珣，范陽人也。……由是徵拜起居舍人，執筆記言，必先規諷，歷司勳、吏部員外郎。疇勳曹，覈流品，時論多之，而遷正郎。」

王璠（二二三九頁） 補遺第七輯四五七頁王璠華嶽廟題名：「起居舍人賜緋魚袋王

璠，元和拾伍年（八二〇）壹月貳拾陸日使鎮宣慰。」

崔戎（二四〇頁）　洛陽新獲墓誌二〇一五（簡稱洛陽新獲）〔一八〕二八七頁崇敬寺故臨内外壇大德寂照和尚墓誌文并序（寶曆元年四月三十日）：「和尚博陵崔氏。」「姪朝散大夫、尚書吏部員外郎、上柱國、賜魚袋戎譔」。

王申伯（二四〇頁）　彙編下册二一三八頁唐故内供奉翻經義解講律論法師翌空和上塔銘并序，翌空和上圓寂於貞元十年（七九四）正月十五日，葬於同年三月四日，建塔在大和七年（八三三）八月十五日，撰者署「正議大夫、守秘書監、上柱國、琅瑘縣開國公、食邑一千五百户、賜紫金魚袋王申伯撰」。

劉寬夫（二四三頁）注云「見左中」。誤，當云「見左外」。　彙編續集九一二頁唐故廬江縣令李府君（稷）墓誌銘并序，葬於大和七年（八三三）四月廿八日，撰者署「朝散大夫、行尚書吏部員外郎、上柱國、賜緋魚袋劉寬夫撰」。

裴鐇（二四四頁）　蒐佚四册九五八頁唐故河南府陸渾縣丞王公亡夫人河東裴氏墓誌銘并叙，葬於大和九年（八三五）十二月一日，撰者署「姪男、將仕郎、守侍御史、上柱國、賜緋魚裴鐇撰」。　同書四册九六五頁唐故朝散大夫前守太府卿上柱國賜紫金魚袋贈左散騎常侍京兆韋公（應）墓誌銘并序，葬於開成二年（八三七）十一月十二日，撰者署「朝議郎、守尚書吏部員外郎、上柱國、賜緋魚袋、河東裴鐇撰」。

周敬復（二四五頁）　補遺第九輯四〇九頁唐故朝請大夫使持節金州諸軍事守金州刺史上柱國張府君（知實）墓誌銘并序，葬於大中三年（八四九）六月二日，撰者署「守右散騎常侍周敬復撰」。可參卷二十禮外「新補遺」周敬復條。

崔耽（二四八頁）注云「無考」。　補遺新千唐專輯三七一頁唐故汝州龍興縣尉盧君（文舉）墓銘，葬於會昌四年（八四四）正月二十七日，撰者署「尚書都官員外郎分司東都崔眈撰」。眈、耽古時常混寫，意亦相通。

崔慎由（二四八頁）　補遺第五輯四三頁唐太子太保分司東都贈太尉清河崔府君（慎由）墓誌：「慎由字敬止，代爲清河武城人。……復入臺爲監察御史，轉殿中侍御史、兼集賢殿直學士、尚書户部員外郎、學士如故、吏部員外郎、考功員外郎知制誥、職方郎中知制誥、翰林學士、中書舍人。」崔慎由卒於「咸通九年（八六八）六月廿九日，終於河南府洛陽縣履道里，年六十五」。此墓誌由崔慎由自撰，所記當準確無誤。

杜審權（二五〇頁）　大唐西市下册九〇七頁韋光遠撰虢州弘農縣李令（郥）夫人

杜氏墓誌銘并序：「杜氏之先，劉累之後，源分派别，爲唐杜氏。五代祖從則，京兆人也。……太傅生絳，皇太子賓客，贈工部尚書。夫人即賓客之次女也。……以大中三年歸於虢州弘農縣令、宗室鄖。合好二姓，年纔一周，以二月蓐中寢疾，明月二日卒於官舍，享年廿四。……兄吏部員外郎審權深哀同氣。」

趙櫓（二二五〇頁）　蒐佚第四册九六六頁唐故汝州葉縣主簿鄭府君（薰）墓誌，葬於開成三年（八三八）正月十四日，撰者署「前湖南觀察支使、試太常寺協律郎趙櫓撰」。墓誌又云「妹婿前湖南觀察支使天水趙櫓書石於壙」。長安新出墓誌二八三頁唐故嶺南節度觀察處置等使銀青光禄大夫檢校左散騎常侍兼御史大夫贈工部尚書京兆韋公（正貫）墓誌銘，韋正貫卒於大中五年（八五一）七月癸巳，署「朝散大夫、行尚書吏部員外郎趙櫓文」，誌云「公遺令薄葬，不請謚於太常，不用鼓吹，而請姑之孫翰林學士、中書舍人蕭鄴紀行於豐碑，友人吏部員外郎趙櫓誌時於幽石。公理於予再爲嘗僚，其可辭乎！」

皇甫鉟（二二五一頁）　補遺新千唐專輯四〇五頁鄭薰撰唐故中散大夫守給事中柱國賜紫金魚袋贈刑部侍郎皇甫公（鉟）墓誌銘并序：「公諱鉟，字昭文。……尋轉司封員外郎，修史如故。又加集賢院修撰，續文選。官月滿，遷吏部員外郎。」

李朋（二五一頁）　大唐西市下册九六九頁楊知温撰唐故正議大夫守河南尹柱國賜紫金魚袋贈禮部尚書武陽李公（朋）墓誌銘并序：「公諱朋，字子言。……今吏部蕭相國始判户部，首以案務爲請，時宰相惜止之，後數日，果遷吏部員外，再判曹務，大揚官業，其抉奸削弊，察濫申冤，制立法條，難以殫紀。……俄轉吏部郎中，以劇時選，兩掖之命，群心所屬，值詔限嘗，任牧宰，乃可登選。丞相切於擢用，遂拜晉州刺史。」

盧緘（二五二頁）　補遺新千唐專輯四〇一頁李蔚撰唐故朝議郎守京兆少尹柱國賜緋魚袋范陽盧府君（緘）夫人清河崔氏合祔墓誌銘并序：「公諱緘，字子晦，范陽人也。……公以才望充選，取捨操守，時以爲難。轉吏部員外郎。一歲調籍，奸詐叢生，隄防雖峻，吏百其態。公推誠以任，嚴斷以法。皆如約束，無敢纖負。遠方寒介，繇是多濟。人以爲能，遷兵部郎中，後以疾辭官，改京兆少尹。」咸通二年（八六一）六月卒，享年五十八。

楊收（二五三頁）　蒐佚四册一〇六五頁裴坦撰唐故特進門下侍郎兼尚書右僕射同中書門下平章事弘文館大學士太清太微宫使晉陽縣開國男食邑三百户馮翊楊公（收）墓誌銘并序：「公諱收，字成之，得姓於周，伯僑昌有姬之胤。……故丞相魏國崔公鎮淮南，奏在幕中，授檢校尚書司勳員外郎。徵入西臺爲侍御史，遷職方員外郎，改司勳員外判鹽鐵案，除長安縣令，拜吏部員外郎。未幾，召入内廷爲學士，兼尚書庫部郎中知制，遷中書舍人。旋授尚書兵部侍郎，充承旨學士。」

崔安潛（二五三頁）　彙編續集一〇七四頁唐太子太保分司東都贈太尉清河崔府君（慎由）墓誌，由崔慎由自撰，咸通九年（八六八）十月十二日葬，「季弟、朝請大夫、守中書舍人、柱國安潛虔奉理命，銜哀以書」。　補遺第六輯二〇三頁崔就撰唐故□□□□□□太子太師上柱國清河郡開國公食邑二千户贈開府儀同三司太尉清河崔公（安潛）墓誌銘并序：「公諱安潛，字延之，其先東武城人也。……甲科擢進士第，釋褐試秘校。……又拜吏部員外（下缺）士，遷長安縣令。去冗吏，新解署條制公驗錢，俗皆便之，人莫能改。陟拜司封郎中、知制誥。」

薛臨（二五四頁）　蒐佚三編四册一〇六一頁唐監察御史薛臨子薛翽墓誌：「有唐大中十年（八五六）二月廿七日守監察御史薛臨長男翽遘疾没於長安縣懷真里，其年四月十三日，歸葬于萬年縣中趙村附於王夫人之塋，禮也。……及余上第，調補參馮翊軍署長春宫巡官，掌書記番禺郡，佐天平軍幕爲襄州節度判官，拜監察御史，四鎮從軍，翽得侍温清調膳餌，愛琴書弓劍者廿八年矣。」

于瓌（二五四頁）　彙編續集一〇三三頁高璩撰唐故開府儀同三司守太傅致仕上柱國太原郡開國公食邑二千户贈太尉白公墓誌銘并序，葬於咸通二年（八六一）十月三十日，「州吏、朝議郎、行侍御史、柱國于瓌書」。

楊志誠（二五六頁）　釋録一六七頁裴度撰唐故光禄大夫太子太保贈司徒弘農楊公（元卿）墓誌銘：「公之先，奕世種德，及漢而大。故太尉震，名顯關西。厥後熾昌，曰公曰侯，焕乎其在史諜，以至於皇工部侍郎、鄭國公崇敬。崇敬生吏部員外郎、昌寧伯志誠。」楊志誠爲誌主楊元卿之高祖，以此上溯五代，楊志誠爲唐中宗、武后時人，時代吻合。　蒐佚三編二册六三〇頁唐故朝請大夫澧陽郡别駕楊府君（滑）墓誌銘并序：「公諱滑，弘農華陰郡人。有周之冑也。……公烈考志誠，尚書兵吏二員外，贈華州刺史。」卒於開元十九年（七三一）七月十二日，享齡六十九。天寶四載（七四五）十月二十五日葬。　大唐西市中册五七三頁郭載撰唐故扶風郡司功參軍楊府君（顒）墓誌銘并序：「公即皇工部侍郎崇敬之曾孫，皇吏部員外、太州刺史志誠之孫，皇兵部郎中、昌寧伯第五子也。」

賈言中（**賈言忠**二五七頁）　蒐佚第二册五八八頁王端撰大唐鄭州滎陽縣令崔公故夫人長樂賈氏墓誌銘并序：「夫人長樂廣川人，保姓受氏，舊史備矣。……尚書吏部員外郎諱言忠，惟我烈考。」賈氏春秋六十，卒於開元二十五年（七三七）六月。

王文濟（二五七頁）　蒐佚第二册三一二頁大周故朝散大夫行潭州益陽縣令韋府君（玄祐）墓誌銘并序：「君諱玄祐，字休貞，京兆杜陵人也。……夫人博陵崔氏玄道之女也。又娶太原王氏，唐中書舍人文濟之女也。」韋玄祐春秋七十，卒於長壽二年（六九三）六月五日。

楊再思（二五七頁）　補遺第七輯二七頁岑羲撰大唐故尚書右僕射贈特進并州大都督鄭國公楊恭公（再思）□□并序：「公諱□，字再思，其先居於恒農之華陰，今爲鄭州原武人也。……俄拜校書郎□□□□外郎、祠部郎中。」今按：據新表卷七一上楊氏觀王房云楊綝字再思，由此可知墓誌「公諱□」，所缺乃「綝」字。又兩唐書本傳云「累遷天官員外郎」，墓誌「□□□□外郎」所缺，當是「遷天官員」四字。

杜元揆（二五七頁）　邙洛碑誌三百種（簡稱邙洛）〔一九〕一一六頁有唐雍州咸陽縣丞杜君墓誌銘并序：「君諱榮觀字榮觀……享年卌有九，唐儀鳳二年（六七七）正月一日卒於長安崇賢里第。……一子夭亡，終然無嗣。令弟曰元揆，歷官吏部郎。」

蒐佚三編二册三九二頁大周故天官員外杜府君墓誌銘并序：「君諱元揆，字元揆，……明經擢第。……永淳年，攝侍御史，河北廉問，埋輪抗節。……轉户部員外郎。……嗣聖元年，攝右史，仍與户部尚書李晦、大理卿裴本同理冤屈，職在記言，辯兼無訟，遷吏部員外郎，衡鏡之地，才賢繼踵。一臺推伯玉之能，三署重文高之慎。……春秋五十九，以垂拱三年（六八七）五月十六日終於汝州梁縣平皋里第。」

李華（二二五九頁）河洛下册五七五頁楊曙撰趙郡李氏女墓誌文并序：「曾祖故吏部員外郎諱華，祖故信州玉山縣尉諱鎮，父有倆，前試太常寺奉禮郎孟女，字果娘子。年五歲，以唐會昌五年（八四五）乙丑春二月戊寅十七日甲午奄離。」蒐佚續集四册九七九頁故京兆府功曹李公（濤）墓誌文并序：「從叔華，皇吏部員外。特以大才著名，挺立千古。」葬於貞元十五年（七九九）十一月九日。

張莒（二二五九頁）彙編下册一九五一頁唐故左屯營進奏判官游騎將軍守左武衛中郎將賜紫金魚袋左龍武軍宿衛弘農郡楊府君（擇文）墓誌銘并序，葬於元和元年（八〇六）七月廿九日，「承務郎、前行邢州南和縣尉吴郡張莒撰」。

【新補遺】

費大有 蒐佚三編一册一八〇頁大唐故校書郎弘文館助教費君墓誌銘并序：「君諱濤，河南洛陽人也。……父大有，隋殿中御史，皇朝吏部員外郎、洺州别駕、水部郎中。」葬於永徽二年（六五一）十二月十四日。

劉應道 長安新出墓誌一一三頁唐故秘書少監劉府君（應道）墓誌銘并序：「□君諱應道，字玄壽，廣平易陽人。……顯慶二年（六五七），復入司勳員外郎，俄遷吏部員外郎。又屬第二兄拜刑部尚書，出爲洛州陽城縣令。」

殷徽徵 蒐佚二册三二〇頁唐故使持節泉州諸軍事泉州刺史上柱國河東薛府君夫人張氏墓誌銘并序，葬於萬歲登封元年（六九六）一月十八日，誌云「左補闕、判天官員外郎殷徽徵國之良忠，家之益友，敢緣窮扣之訴，以寄無媿之詞」。此墓誌原由誌主之子朝請大夫、祠部員外郎薛穎自撰序銘，未就而穎亡，故由吏部員外郎殷徽徵撰。

劉璿 彙編續集三九二頁大周故兖州都督彭城劉府君（璿）墓誌銘并序：「公諱璿，字如璿，天水上邽人也。……以明經充賦，射策甲科，選授益州唐隆縣尉。……累遷監察御史、殿中侍御史、侍御史、吏部員外郎、夏官郎中。」「春秋七十二，長安元年（七〇一）十二月十五日終於官舍。」吴補已收。

韋德正　大唐西市中册五二五頁讓皇帝第十一男瑨母夫人韋氏墓誌銘并序：「夫人諱貞範，字季姜，京兆長安人也。……曾祖德正，皇朝司門、兵、吏三部員外郎，轉給事中，遷湖州刺史、殿内監，襲平齊公。」韋氏卒於開元六年（七一八）三月。

樊偘偘　蒐佚三編二册四六一頁崔尚撰唐故太中大夫使持節都督梁鳳興洋等四州諸軍事守梁州刺史上柱國南陽樊公墓誌銘并序：「惟有唐開元七年（七一九）冬十一月二十七日太中大夫、使持節、都督梁等四州諸軍事、守梁州刺史、上柱國樊公薨於長安崇興里第，享年六十有二。……公諱偘偘，字偘，南陽人也。……五歲能誦書，舉神童高第。……十八補館陶尉，轉郃陽尉。舉賢良入爲左羽林軍録事參軍，遷永昌縣尉。……常因敷奏，帝用器之，特授通事舍人，加朝散大夫，判冬官、秋官員外，除駕部員外郎，精簡而授，從試而遷，克嗣文高，還歸重慎。拜天官員外郎，參總選舉，允諧論望，因正人以推能，由直道而見黜。」

張涚　蒐佚三册六二〇頁趙良玉撰大唐故太中大夫使持節同州諸軍事守同州刺史上柱國張府君（涚）墓誌銘并序：「公諱涚，字尚潔，魏郡人也。……因拜左司、吏部員外郎。」卒於開元二十八年（七四〇）五月，春秋六十六。

崔璵 蒐佚四册九九〇頁韋武當撰唐故京兆韋君（武仲）墓誌：「君諱武仲，字學山，世爲京兆人。蟬聯盛族，號閬公房，君其裔也。叙其内，今吏部崔外郎璵爲先府君誌，已備述其外。」韋武當卒於會昌五年（八四五）春。

崔凝 彙編續集一一六〇頁狄歸昌撰唐故刑部尚書崔公府君（凝）墓誌并序：「公諱凝，字得之，博陵人也。……洎罷鐵冠，故相國豆盧瑑請以本官充史館修撰，後轉吏部員外郎。」崔凝以乾寧二年（八九五）八月廿五日薨於郡舍，享年五十八。吴補已收。

卷五　司封郎中

楊思謙（二七〇頁）　彙編下册一六七六頁唐故房陵郡太守盧府君夫人弘農郡楊氏墓誌銘并序：「夫人弘農郡華陰人也。曾祖綱，皇嚴州刺史、平河公。祖思謙，皇銀青光禄大夫、司宰、司稼卿。」夫人卒於天寶十一載（七五二）六月，享年七十一。胡補已收。彙編續集一六二頁令狐德棻撰大唐太宗文皇帝故貴妃紀國太妃韋氏墓誌銘并序：「麟德二年（六六五）九月廿八日，薨於河南敦行里第，春秋六十九。……詔司稼正卿楊思謙監護喪事，特賜東園祕器，□□吊祭，有優恒典。」

張蒧（**張蒧寅**二七二頁）　補遺第七輯二頁贈鍾紹京太子太傅制文刻石：「建中元年（七八〇）庚申十一月五日，太尉、兼中書令、汾陽王，假中書侍郎（下闕），司封郎中、知制誥張蒧寅，奉行侍郎（下闕），銀青光禄大夫、門下侍郎平章事炎，正議大夫、行給事中審道，奉制書如右，請奉制付外施行。建中元年庚申（七八〇）十一月五日，制可。」吴補已收。　今按：張蔇、張蔇寅疑是同一人。

韓暈（二七二頁）　蒐佚續編四册一一四九頁楊嗣復撰唐故尚書司封郎中衡州刺史潁川韓府君夫人鉅鹿縣君魏氏（琰）墓誌銘并序：「夫人諱琰字令珪，年未及笄，時之士大夫争委禽，宗親從其善者，歸于韓公之室。公諱暈，祖休父洄，都卿相之位，名在惇史。……（夫人）哀傷遘疾，終于荆州之旅舍，春秋四十七。……以大和九年（八三五）八月廿九日歸葬於萬年縣洪原鄉少陵原。」　今按：韓暈官司封郎中，所據爲魏琰墓誌之首題。

裴譔（二七三頁）　蒐佚四册九八二頁唐故宣威將軍守右金吾衛大將軍兼御史大夫充右街使上柱國賜紫金魚袋贈工部尚書王公（會）墓誌銘并序，葬於會昌二年（八四二）八月十一日，撰者署「朝議郎、權知尚書兵部郎中、上柱國裴譔撰」。

蒐佚三編四册一〇四二頁薛弘休撰唐薛氏故裴夫人墓誌銘并引：「夫人裴姓，其先河東聞喜人也。祖度，皇司徒兼中書令、晉國公。父譔，皇尚書司封、兵部二郎中、常潁二州刺史。」夫人於大中六年（八五二）二月廿三日卒，享齡廿一。

盧匡（二七三頁）　彙編下册二四二三頁李師周撰唐故范陽盧府君（公弼）墓誌銘并序：「府君姓盧氏，諱公弼，字子成，其先范陽人也。……故光禄言、今吏部匡，皆府君之猶子，嘗以宰執之位聞授，竟便安散，當從好尚。」盧公弼卒於咸通七年（八六六）八月，享壽七十九。胡補已收。

馮顓（二七四頁）補遺新千唐專輯三七二頁馮顓撰唐故河南府潁陽縣尉裴君（鼎）墓方石文，「河東裴君諱鼎，字子重，先代隆赫，綿慶長遠。……行年四十有六，當甲子（八四四）之歲、會昌之號、仲夏之月二十有三日也。……以其年七月廿八日，葬於河南府伊闕縣神蔭鄉吴李里先塋之側。其妻及僕，以兖海沂密等州觀察巡官、前鄉貢進士馮顓姻好之篤也，泣來請銘。」

來恒（二七六頁）彙編續集四一七頁大唐故正議大夫使持節延州諸軍事延州刺史上柱國宋府君墓誌銘并序：「儀鳳二年（六七七），黄門來侍郎恒虔奉芝誥，禮備於招。」河洛上册二二三頁蔡遊晉撰大唐故銀青光禄大夫饒州刺史來府君（景暉）墓誌銘并序：「公諱景暉，字日新，南陽新野人也。……父恒，進士對策高第，解褐陝雍二州司士參軍，遷太子舍人，加朝散大夫、職方郎中、主爵郎中、國子司業、忠硤二州刺史、太子少詹事知兵部選事。又分掌吏部選事、益州大都督府長史、太府卿、黄門侍郎、同中書門下三品、贈潤州刺史，謚懿公。」

李崇德（二七七頁）蒐佚三編二册四七六頁故仙州襄城尉李君（迅）墓誌銘并序：

「有唐開元十年（七二二）壬戌歲夏閏五月六日景子，仙州襄城尉李君卒，春秋卌有三。嗚呼哀哉！君諱迅，字日敏，趙郡贊皇人。……祖給事中諱崇德，懷範圍黼藻之局，踐顧問密勿之地。」

王美暢（二七八頁）　蒐佚二册三三三頁大周故正議大夫使持節潤州諸軍事守潤州刺史上柱國王府君（美暢）墓誌銘并序：「公諱美暢，字通理，其先太原祁人也。……永昌元年（六八九），遷朝議大夫行司封郎中。星臺徒袟，天閣昇簪，始彰題柱承恩。」　彙編續集五九九頁王燾撰大唐睿宗大聖真皇帝賢妃王氏（芳媚）墓誌銘并序：「賢妃諱芳媚，太原祁人也。……司封郎中、潤州刺史、贈益州大都督、薛國公諱美暢之中女也。」賢妃王氏卒於天寶四載（七四五）秋八月，春秋七十三。

裴懷古（二七九頁）　補遺第九輯三五一頁魏煊撰大唐故幽州都督左威衛大將軍兼左羽林軍上下贈使持節都督兖州諸軍事兖州刺史河東郡開國公裴府君（懷古）墓誌銘并序：「公諱懷古，字德度，河東聞喜人也。……尋而褒舉，射策高第，除監察御史，又殿中侍御史内供奉。執斯簡憲，職此奸回，兹選特難，今昔爲重，得人之美，允穆時談。……上嘉其節，乃疇厥庸，授朝散大夫、尚書祠部員外郎。……

又除尚書主爵郎中。南越天遥，東甌海曠……以公檢校桂田等卅二州諸軍事、桂州都督，持節招慰討擊。」先天元年（七一二）卒，年七十五。

王丘（二八〇頁） 彙編上册一一八一頁冠軍大將軍行右衛將軍上柱國河東郡開國公楊君亡妻新城郡夫人獨孤氏（開）誌銘并序，「紫微舍人王丘纂。大唐開元四年（七一六）八月二十九日」。補遺新千唐專輯一五八頁大唐故右監門衛將軍上柱國贈銀青光禄大夫兖州都督謚曰光范陽盧府君（正言）墓誌銘并序，葬於開元十八年（七三〇）十月十三日，誌署「散騎左常侍瑯琊王丘撰」。

慕容珣（二八一頁） 彙編下册一六五五頁唐故慕容氏女神護師墓誌銘并序：「神護師，其先有□之□□也。……曾祖正言，皇任兖州府司馬。祖知□，皇任太僕卿。父珣，皇任吏部侍郎。」誌主葬於天寶十載（七五一）四月十八日。胡補已收，今再補充之。 補遺第六輯五二頁唐中散大夫守秘書監致仕上柱國慕容公（珣）墓誌銘：「公諱珣，昌黎棘人也。……徵拜左御史臺侍御史。朱紱斯皇，驄馬來於東道；白簡旋止，擊隼襲於南憲。臺閣增氣，風霜凜然。轉主爵員外郎，仍兼侍御史。鐵冠餘雄，錦帳推妙。尋遷主爵郎中，俄轉吏部郎中。……丁内艱，哀毁遇禮。起爲吏部侍郎。」開元廿四年（七三六）六月廿四日卒，春秋六十有八。

鄭温琦（二八二頁）　彙編下册一三三四頁盧兼愛撰大唐故寧州豐義縣令鄭府君（温球）墓誌銘并序：「滎陽鄭君諱温球，字耀遠。……君有昆曰温琦，廊廟巨榦，朝廷重寶，由禮部侍郎轉邠州刺史。」温球卒於開元十四年（七二六）七月廿九日，享年五十有八。胡補已收，今再補充之。彙編續集七〇〇頁梁乘撰大唐故右領軍衛倉曹參軍杜府君（鈒）墓誌銘并序：「府君諱鈒，字劍，得姓始於杜，因官徙於濮。……夫人滎陽縣太君鄭氏，即禮部侍郎温琦之女。」杜鈒卒於天寶二年（七四三）五月，享年五十有一。

徐鍔（二八二頁）　大唐西市中册六八三頁徐申撰唐故銀青光禄大夫吏部侍郎彭王傅太子少師會稽郡公東海徐府君夫人臨汝郡夫人河南侯莫陳氏墓誌銘并序：「夫人即左衛府君第二女，高平徐氏之出。外曾祖彦伯，皇朝太子賓客，封高平郡公。祖鍔，皇朝司封郎中、洛陽縣令。」

蕭遇（二八九頁）　蒐佚續編四册八八二頁蕭恒撰唐太原府司録參軍蕭遇故夫人范陽盧氏墓誌銘并序，葬於大曆八年（七七三）十一月十三日，夫人盧氏春秋二十三。撰者署「朝請郎、前行太常寺主簿蕭恒撰」。據新唐書卷七十一下宰相世系表一下遇與恒，乃堂兄弟也。同書四册九六二頁齊抗撰唐故朝散大夫守右僕少卿上柱國襲彭城縣開國男蕭公（遇）墓誌銘并序：「公諱遇，字同人，梁宣帝之七代孫。……弱歲以門資補左清率府録事，累遷至太原府司録、河南府兵曹，皆參其軍事，拜主客員外郎，轉屯田郎中，出爲信州刺史，入授司封郎中、國子司業、太僕少卿。以貞元十三年（七九七）三月十六日，終於興化里之私第，享年七十一。」　今按：胡補所引爲另一蕭遇，誤。

盧載（二九五頁）　彙編下册二三八九頁崔峴撰唐故懷州録事參軍清河崔府君後夫人范陽盧氏墓誌銘并序：崔府君「妻故禮部尚書致仕范陽盧公載之女」。盧氏卒於大中十三年（八五九）十二月，春秋六十有九。胡補已收。

盧商（二九六頁）　彙編續集九一一頁(上泐）從事監察御史裏行李公妻范陽盧氏墓誌銘并序：「夫人始十三歲，從父司封郎中商時任河南令。……以大和六年（八三二）九月十日，終於解縣之官舍，享齡一十有九。……粤其年十二月十二日，權厝於河南府洛陽縣平陰鄉成村。」撰者署「中散大夫、行尚書司封郎中、上柱國盧商撰」。

楊漢公（二九六頁）　彙編續集一〇三六頁鄭薰撰唐故銀青光禄大夫檢校户部尚書使持節鄆州諸軍事守鄆州刺史充天平軍節度鄆曹濮等州觀察處置等使御史大夫上

柱國弘農郡開國公食邑二千户弘農楊公（漢公）墓誌銘并序：「公諱漢公，字用乂，弘農華陰人也。……文宗好讀左氏傳，而病杜解大簡，特詔公演注之，儒者稱其美。轉司封郎中。是時鄭注以奸詐惑亂文宗皇帝用事□禁中。」咸通二年（八六一）七月十日卒。

張道符（三〇一頁）　郎考收載其事迹甚多，陶敏全唐詩作者小傳補正亦有考證。蒐佚續編五册一二二三頁唐故西川觀察推官監察御史裏行江夏李君墓誌銘并序，大中九年（八五五）五月十三日葬，署「右補闕張道符述」。其官右補闕，各書皆失收。

崔安潛（三〇二頁）　彙編續集一〇七四頁唐太子太保分司東都贈太尉清河崔府君（慎由）墓誌，葬於咸通九年（八六八）八月廿九日，撰者署「季弟、朝請大夫、守中書舍人、柱國安潛虔奉理命，銜哀以書」。　補遺第六輯二〇三頁崔就撰唐故□□□□□太子太師上柱國清河郡開國公食邑二千户贈開府儀同三司太尉清河崔公（安潛）墓誌銘并序：「公諱安潛，字延之，其先東武城人也。……又拜吏部員外（下缺）士，遷長安縣令。去冗吏，新廨署條，制公驗錢，俗皆便之，人莫能改。陟拜司封郎中知制誥。滿歲，轉中書（下闕）轉□□儷□不下筆。擢授尚書右丞，充弘文館學士判院事，賜紫金魚袋。」

韋利涉（三〇五頁）　彙編下册二五七二頁唐故滑州韋城縣尉孫府君（令名）墓誌銘：「君諱令名，樂安人，中書侍郎處約之猶子。……夫人京兆韋氏。……趙州刺史利賓、河南府士曹利涉，并夫人之弟。」胡補已收。

裴廷裕（三〇八頁）　彙編下册二五三二頁大唐故内樞密使特進左領軍衛上將軍知内侍省事上柱國濮陽郡開國侯食邑千户食實封百户吴公墓誌并序，乾寧二年（八九五）十一月二十日葬，「翰林學士、朝議郎、守尚書司封郎中知制誥、柱國、賜紫金魚袋裴庭裕撰」。唐人姓名廷、庭兩字常混用，當是同一人也。胡補已收。

【新補遺】

盧望　補遺第七輯三〇頁李迥秀撰大唐故開府儀同三司尚書左僕射上柱國贈司空芮國元公豆盧府君（望）之碑并序：「公諱望，字思齊，昌黎徒河人。……起家以門資補太子左千牛。宫廢，出爲遂州司兵參軍，入爲□中尚書直長。……稍遷詹事丞，加朝散大夫，拜尚書庫部郎中，轉主爵郎中。言辭博望，來奏明光。步入東掖之門，坐題北宫之筆。」卒於景龍三年（七〇九）十一月，春秋八十有六。

韓文静　補遺第六輯一〇九頁韓晤撰唐故法雲寺内外臨壇律大德超寂墓誌：「大師字

超寂，俗姓韓，昌黎人也。歸依釋氏，六十年矣。皇朝司封郎中文静之曾孫，贈禮部侍郎、秘書琮之孫，揚州大都督府左司馬兼侍御史志清之長女。……以貞元十四年（七九八），遘疾終於當寺院，時年六十九。」吴補已收。

姚异　釋録一六〇頁姚栖簡撰唐節士姚君墓銘并叙：「君字栖雲，其先吴興人也。……曾祖异，主爵郎中、方許二州刺史。」姚栖雲卒於元和四年（八〇九）五月廿五日，享年廿七。

韓宣英　全唐文卷六〇四劉禹錫答饒州元使君書：「昌黎韓宦英好實蹈中之士也。前爲司封郎，以餘刃鄴劇於計曹，號無逋事，能承其家法而紹明之。」吴補已收。

皇甫燠　補遺新千唐專輯四〇八頁劉允章撰唐故福建都團練觀察處置等使中大夫使持節福州諸軍事守福州刺史兼御史中丞柱國安定縣開國男食邑三百户賜紫金魚袋左散騎常侍安定皇甫公（燠）墓誌銘并序：「公諱燠，字廣煦，安定人也。……大和六年，以文學登進士上第。……介然自命，清議推高。由是，真拜察視，轉殿中，遷柱史。以父憂去任。喪過乎哀，癯瘠改貌。服闋，拜刑部員外。……及崔公正位中台，首用公爲左司外郎。浹辰，轉長安令。半歲，遷駕部員外知制誥。……滿歲，轉司封正郎，依前掌誥。又一年，真拜中書舍人。咸通二年（八六一），改福建都團練觀察處置等使兼御史中丞，賜紫金魚袋。」

孫瑝　彙編續集一一〇二頁李都撰唐故御史中丞汀州刺史孫公（瑝）墓誌銘并序：「吾友孫子澤於咸通十三年（八七二）六月三日歿於臨汀刺史之位。……公諱瑝，樂安人。……俄轉左司外郎。值徐丞相入爲御史大夫。席公郡謡表知難事，遷司封郎中，賜五品服。尋以本官掌西掖書命。」

歸仁晦　蒐佚續編五册一三〇四頁歸仁紹撰唐故光禄大夫吏部尚書長洲郡開國公食邑二千户贈左僕射歸公（仁晦）墓誌銘并序：「公諱仁晦，字韜之，……今爲吴郡人也。……制闕拜左補闕，屬宣宗虚己納諫，公得盡匡益，歷工部刑部員外郎、度支郎中。公當何繁難，貌若閑暇，而慮必纖悉，老胥縮手，莫敢以簿書爲欺，拜司封郎中，旋改兵部。」卒於乾符三年（八七六）六月二日。

孫偓　蒐佚三編四册一一四九頁唐丞相梁司空致仕贈司徒樂安孫公（偓）墓誌銘并序：「諱偓，字龍光，魏郡武水人也。……父景商，皇任天平軍節度使，謚曰康。府君乃第五之嫡子也。統冠擢第釋褐丞相府，僖宗□□□公辟户部巡官，首狀監察、太常博士、朱紱，自工部員外出牧集郡，歷比勳二員外、刑户司封三正郎。」偓享年七十有六，梁貞明五年（九一九）三月七日卒。

卷六　司封員外郎

王崇基（三一五頁）　補遺新千唐專輯一九三頁薛襄撰大唐前陳留郡陳留縣尉薛襄故夫人王氏（晉）墓誌銘并序：「夫人姓王氏，字晉，太原祁人也。……曾祖崇基，唐尚書主爵員外郎。望重天朝，聲高皇署。」夫人以天寶三載（七四四）三月卒，春秋廿有六。　蒐佚三册六二一頁魏啓心撰大唐故朝請大夫都水使者李公夫人清源郡君太原府王氏墓誌銘并序：「維唐開元廿有八載（七四〇）歲次庚辰七月乙酉廿日甲辰，故朝請大夫都水使者趙郡李公夫人清源郡君即代，享年七十。……夫人諱，太原祁人焉。……父崇基，主爵員外郎。」

楊思正（**楊思止**三一五頁）　彙編下册一三三六頁賀知章撰大唐故金紫光禄大夫行鄜州刺史贈户部尚書上柱國河東忠公楊府君（執一）墓誌銘并序：「府君諱執一，字太初，弘農華陰人也。……考思止，皇司馭、司衛二寺卿，德潞二州刺史、湖城公。」以開元十四年（七二六）正月二日卒，享年六十有五。　彙編續集一六二頁令狐德棻撰大唐太宗文皇帝故貴妃紀國太妃韋氏墓誌銘并序，「太妃諱珪，字澤，京兆杜陵人也。……麟德二年（六六五）九月廿八日，薨於河南敦行里第，春秋六十九。……詔司稼正卿楊思謙監護喪事，特賜東園祕器，□□吊祭，有優恒典。……復令司稼正卿李孝義、司稼少卿楊思止監護葬事，特給鼓吹儀仗往還。」兩墓誌及郎考封中（二七七頁）均作「楊思止」，此作「楊思正」，當是止、正形近而認誤。

李範邱（**李睿**三一六頁）注云「無考」。　蒐佚二册四六九頁唐故尚書左丞李府君（範丘）夫人東海郡太夫人河南于氏墓誌：「夫人，河南人也。……年十九，歸於左丞府君也。作配君子，宜其家室，宗黨式化，德容有章。府君諱範丘，渤海蓨人也。先以永淳元年七月葬於緱氏縣景山之原。鼎彝芬餗，羽儀烈光，存乎前誌，其詳可略。」　同書一册二四六頁大唐故太子中舍人兼檢校尚書刑部侍郎李府君（睿）墓誌銘并序：「君諱睿，字範丘，渤海蓨人也。……以進士入貢射策甲科，除東宮左宗衛倉曹參軍，轉左衛倉曹參軍，除雍州長安縣尉。……秩滿，授揚州大都督府户曹參軍。……敕授中臺司禋員外郎，轉司封、司戎二員外郎，又轉尚書兵部員外郎，尋除，守司勳郎中。詳審六宗，申明五等。發揮兵要，隱括戎章。

列曹所以推先，庶事由其咸理。俄轉右司郎中。」卒於永隆二年（六八一）六月，春秋六十二。

柳行滿（三一七頁）　彙編續集二六〇頁郭正一撰大唐臨川郡長公主墓誌并序：「公主諱，字孟姜，高祖神堯皇帝之孫，太宗文武聖皇帝之女，公上之第十一姊。……以永淳元年（六八二）五月廿一日，薨於幽州公館，春秋五十有九。……仍令秘書少監柳行滿攝鴻臚卿監護，相王府諮議殷仲容爲副。」胡補已收。今按：彙編續集三八〇頁有柳行滿墓誌，官廣州番禺府折衝上柱國，時代略早，爲另一人也。

崔懸黎（三一七頁）　彙編上册五一九頁唐故曹州離狐縣丞蓋府君（蕃）墓誌銘，誌云「桂坊太子司直清河崔懸黎，暢之遊欵，府君言行，是所欽承，故敬憑爲銘」。咸亨元年（六七〇）十月葬。

孫元亨（**孫元亨**三一七頁）　蒐佚二册四八三頁張寰撰故太原孫府君（璆）墓誌銘并序：「公諱璆，字少漢，其先太原人也。……祖伯譽，皇朝濟州盧縣令。父元亨，皇朝兵部侍郎、同中書門下三品平章事。……公則兵部侍郎之季子也。」

沈介福（三一八頁）　蒐佚三編三册八二八頁沈渭撰唐故夔府别駕沈君（權）墓誌銘并序：「君諱權，字仲謨，其先出自少皞金天氏十一世，祖述善侯戎避莽亂，徙家於吴興郡，遂爲郡人焉。……曾祖介福，尚書司封員外郎，贈太傅。」權享年五十四，貞元十九年（八〇三）九月十七日卒。同書沈易從墓誌同。

韋瓊之（三一八頁）　補遺新千唐專輯一〇〇頁唐故中大夫行考功郎中臨都縣開國男上柱國韋君（瓊之）墓誌銘并序：「君諱瓊之，字，京兆杜陵人也。……長壽年，應薦昇第，除通事舍人，尋加朝散大夫。……聖曆年，除司封員外郎，尋轉天官員外郎。……聖曆年，除地官郎中，尋除中大夫、考功郎中。天府仙臺，人物之所都會；握蘭起草，才俊之馳名。」韋瓊之卒于神龍三年（七〇七）八月廿日，時年五十有三。

慕容珣（三二〇頁）　補遺第六輯五二頁唐中散大夫守秘書監致仕上柱國慕容公（珣）墓誌銘：「公諱珣，昌黎棘城人也。……今上即位，誅殛群醜，甄揚正人，加朝散大夫，徵拜左御史臺御史……轉主爵員外郎，仍兼侍御史。」

崔翹（三二一頁）　補遺第九輯三六八頁唐故銀青光禄大夫禮部尚書上柱國清河縣開國男贈江陵郡大都督謚曰成崔府君（翹）墓誌銘并序：「公諱翹字明微，清河東武城人。……十四明經高第，十六拔萃甲科，補太子右率府鎧曹參軍，徙陳州司户參軍、右衛鎧曹參軍。丁文公憂，嘔血崩心，柴毁骨立，君子以爲難也。……

服闋，授協律郎、魏州録事參軍。……秩滿，徙太子舍人，加朝散大夫，遷尚書主爵員外郎，所在必有能政。先是公之元兄貞公禹錫爲禮部郎，及遷中書舍人，公乃繼入郎署，時從父兄尚爲右史，皆盛德美才，齊加朱紱，時人謂爲三强兄弟，榮耀當時。歷水部、虞部、考功、吏部四郎中。」崔翹卒於天寶九載（七五〇）十二月三日。

徐峻（三二二頁）　彙編續集四九二頁唐贈左驍衛大將軍左賢王阿史那毗伽特勒墓誌銘并序，開元十一年（七二三）九月葬，誌署「朝散大夫、著作佐郎東海徐峻撰」。

蕭諒（三二三頁）　河洛三册二八七頁大唐故袁州萍鄉縣令蕭府君諱元祚字元祚墓誌銘并序，葬於開元二十三年（七三五）閏十一月一日，「幼子主爵員外郎諒書」。

蒐佚續編三册七五八頁韋述撰唐故臨汝郡太守桂陽郡司馬蘭陵蕭府君（諒）墓誌銘并序：「公諱諒，字子信，其先蘭陵人。……擢拜監察御史、殿中侍御史、比部司封二員外郎、禮部郎中、長安令、將作少匠、鴻臚少卿、御史中丞、京畿採訪處置使。」

邢宇（三二八頁）　蒐佚三册六二七頁唐故相州鄴縣尉廣平宋公墓誌銘并序，葬於開元二十九年（七四一）十一月二日，署「前右領軍衛騎曹參軍邢宇撰」。同書同册六四九頁大唐故中散大夫義陽郡太守蕭府君（諼）墓誌銘并序，葬於天寶二年（七四三）十一月二日，署「左威衛倉曹參軍邢宇撰」。

薛頎（三二八頁）注云「無考」。　舊唐書卷二一禮儀志一：「寶應元年，杜鴻漸爲太常卿禮儀使，員外郎薛頎、歸崇敬等：以神堯爲受命之主，非始封之君，不得爲太祖以配天地。……諫議大夫黎幹議，以太祖景皇帝非受命之君，不合配享天地。二年五月幹進議狀爲十詰十難曰：集賢校理潤州別駕歸崇敬議狀及禮儀使判官、水部員外郎薛頎等稱：禘謂冬至祭天於圓丘，周人則以遠祖帝嚳配，今欲以景皇帝爲始祖，配昊天於圓丘。」册府卷五九〇同。亦載新唐書卷一三禮樂志三、卷一四五黎幹傳。

封亮（三三一頁）　補遺第八輯一八七頁封敖撰唐故融州司馬知州事渤海府君（魯卿）墓誌，封魯卿於「大中癸酉（八五三）歲七月一日歿於河南府，皆私第也，凡有生四十有七歲」。「祖諱亮，司封員外郎、江杭二州刺史、贈禮部尚書」。

蔣防（三三五頁）　蒐佚四册九〇七頁唐故上輕車都尉劉公（忠讓）墓誌銘并序，葬於長慶二年（八二二）十一月十六日，署「司封員外郎蔣防撰，從姪繼元書」。

陳夷行（三三六頁）　河洛下册五三五頁季舅唐故雅州刺史劉府君（熠）墓誌銘并

序，葬於大和四年（八三〇）閏十二月二十七日，署「將仕郎、守尚書司封員外郎、史館修撰、上騎都尉陳夷行撰」。

張讀（三四一頁）　蒐佚三編四册一一三九頁徐彦若撰唐故通議大夫尚書左丞上柱國賜紫金魚袋贈兵部尚書張公（讀）墓誌銘并序：「公諱讀，字聖明，常山人也。……年二十，擢進士第，是科國家盛進。……懿宗晚年留意於近臣，便殿丞相御史奏識而進，次必召供，奉吏與語，一日公在召中。……改尚書司封員外，换兵部外郎，拜河南縣令。」張讀於龍紀元年（八八九）六月二十日卒，享年五十七。

崔周恕（**崔用恕**三四四頁）　釋録五七頁引河南博物館館刊第五集載有民國間出土唐故朝議郎行尚書司封員外郎柱國清河崔用恕墓誌銘并序：此作「崔用恕」，郎考、新表並作「崔周恕」，用周形近，因筆者未見石刻及拓本，難以斷定，然當是一人，是可無疑。

盧蕘（三四五頁）　彙編下册二四六五頁唐故河中少尹范陽盧府君（知宗）墓誌銘并序，葬於咸通十五年（八七四）四月廿一日，誌署「季弟、朝議郎、前守河南少尹、上柱國、賜緋魚袋蕘撰并書」。胡補已收。

【新補遺】

崔寓　洛陽新獲二一一頁唐故銀青光禄大夫延王傅上柱國李公（齊之）墓誌文并序（天寶九載正月十九日），「司封員外郎崔寓撰」。

敬悱　補遺第八輯一六一頁唐故試大理評事博陵崔府君（元夫）妻平陽敬夫人（損之）墓誌銘：「夫人諱損之，字道行，平陽人。曾祖悱，朝散大夫、司封員外郎。」敬夫人年五十八，卒於開成五年（八四〇）四月。

竇從直　補遺第八輯一七四頁唐故朝議郎使持節劍州諸軍事守劍州刺史上柱國扶風縣開國伯食邑七百户賜緋魚袋竇公（纁）墓誌銘并序：「扶風竇纁，字延贄。……父從直，進士擢第，累遷尚書司封員外郎。」纁卒於大中元年（八四七）六月，春秋六十二。

皇甫鉟　補遺新千唐專輯四〇五頁鄭薰唐故中散大夫守給事中柱國賜紫金魚袋贈刑部侍郎皇甫公（鉟）墓誌銘并序：「公諱鉟，字昭文。……尋轉司封員外郎，修史如故。」卒於咸通三年（八六二）四月。

卷七　司勳郎中

杜文紀（三五四頁）　彙編續集三五八頁周故朝散大夫洛州永寧縣令上柱國杜府君（謐）墓誌銘并序：「公諱謐，字慎微，其先京兆杜陵人也。……父文紀，唐雍州録事參軍，考功員外郎，水部、祠部、司勳三司郎中。」杜謐卒於垂拱二年（六八六）八月八日，春秋六十有二。

薛述（三五四頁）　河洛上册二四四頁唐故兖州金鄉縣丞薛君（釗）墓誌銘并序：「君諱釗，……祖述，皇朝兵部度支員外、司勳左右司郎中、吏部郎中、雍州司馬、汾陰縣男。」薛釗卒於開元九年（七二一）五月十七日，春秋五十有八。

鄧素（三五四頁）　蒐佚續編二册五二七頁衡守直撰大唐故朝散大夫鄭州原武縣令鄧公（成）墓誌銘并序：「公諱成，字玄成，南陽新野人也。……考素，唐朝散大夫、司勳兵部二郎中、南陽伯。」葬於開元六年（七一八）正月二十六日。

劉應道（三五五頁）　長安新出墓誌一一三頁唐故秘書少監劉府君（應道）墓誌銘

并序：「□君諱應道，字玄壽，廣平易陽人。……顯慶二年（六五七），復入爲司勳員外郎，俄遷吏部員外郎。……總章初，選司甄拔淪滯，乃用府君爲雍州司功參軍事。……頃之，除尚書户部員外郎。……咸亨二年（六七一），遷司勳大夫，改爲司勳郎中。按比推綜，極於明審。在尚書中七遷，諳練朝儀國典，精於剖斷。凡所釐正，皆爲後來准的。明年，遷吏部郎中。」

李範邱（**李睿**三五五頁）注云「無考」。　蒐佚一册二四六頁大唐故太子中舍人兼檢校尚書刑部侍郎李府君（睿）墓誌銘并序：「君諱睿，字範丘，渤海蓨人也。……秩滿授揚州大都督府户曹參軍。邗溝贊務，六條均坐嘯之娱；禮問求材，八座佇舍香之彦。敕授中臺司禋員外郎，轉司封、司戎二員外郎，又轉尚書兵部員外郎。尋除，守司勳郎中。」永隆二年（六八一）六月卒，春秋六十二。

楊元政（三五七頁）　彙編續集四四五頁韋希撰大唐故司勳郎中楊府君夫人韋氏扶陽郡君墓誌銘并序：「夫人號淨光嚴，京兆杜陵人也。……夫人有四子：伯至玄，朝散大夫、左臺殿中侍御史。」夫人以景雲二年（七一一）五月七日終於静安里第，春秋六十。吴補已收。　今按：吴補據墓誌首題作「楊府君」，未作深考。其子至玄見載新唐書卷七一宰相世系一下「至玄，殿中侍御史」，與墓誌吻合，又新表載至玄父「元政，司勳郎中」與首題正合，可知楊府君乃楊元政也。

□嶠（**李嶠**三五八頁）無史料，當是無考之人。　補遺新千唐專輯六九頁霍朓撰故洺州永年縣丞霍府君（松齡）墓誌銘并序：「于斯時也，一方寮宷，四海搢紳，即有司勳郎中李嶠等，翰林投漆，狎擅文宗，詞場報玫，他成卷軸。」　今按：「□嶠」，據此墓誌，所缺乃「李」字也。

元玄禕（**源玄緯**三六一頁）鉞案：「『玄禕』無考，吏外有『源玄緯』，疑即一人。『元』疑『源』。」　補遺第六輯一二〇頁韓敦禮撰（上闕）參軍源府君銘誌并序：「君諱□□，河南人。……曾祖匡度，皇銀青光禄大夫、黄州刺史、絳州刺史。玄禕，吏部員外、司勳郎中。」誌主年六十七，貞元十二年（七九六）正月卒。吴補已收。　今按：墓誌「玄禕」之「玄」字前脱「祖」字。

韋咸（三六二頁）　彙編下册二二三七六頁韋紓撰唐河南府洛陽縣尉張嗣初妻京兆韋夫人墓誌銘并序。「夫人姓韋氏，京兆杜陵人也。……曾祖府君諱咸，皇朝尚書司勳郎中。大父府君諱覃，皇朝長安縣令、廬楚等州刺史。列考府君諱本仁，吴越州録事參軍、潤州延陵縣令。」韋夫人卒於大中十三年（八五九）十二月廿六日。　蒐佚四册九二二頁趙宗儒撰唐故扶風郡夫人京兆韋氏墓誌銘并序：「長慶四年（八二四）正月十三日，余室家韋氏夫人終於上都靖恭里之私第。……夫人虢州司馬景林之曾孫，司勳郎中咸之孫，長安縣丞單之女。」

蔡希寂（三六三頁）　彙編續集一六一九頁唐故河南府洛陽縣尉頓丘李公（琚）墓誌銘并序，「前大理寺評事張階序，洛陽縣尉韓液銘，洛陽縣尉蔡希寂書」。李琚乃開元二十二年（七三四）狀元，張階、韓液爲同年進士，正如墓誌所云「則予（張階）與公泉、今洛陽尉韓液，皆同年擢桂之客，同舍校文之郎」。韓液、蔡希寂與李琚同官洛陽縣尉，蔡希寂乃著名書家，書史會要卷五稱其「工草隸」，故墓誌由其所書。

李收（三六四頁）　釋録一三六頁李紓撰唐故中散大夫給事中太子中允贊皇縣開國男趙郡李府君（收）墓誌銘并序：「公諱收，字仲舉，趙郡贊皇人也。……國朝重嘉大節，超拜司勳郎中，連授右司、考功、兵部。又遷諫議大夫，出爲澤州刺史。以郡政高第，入拜給事中，改太子中允。率由直道，頗有義聲，不幸夭年，終於長安之慶化里，春秋五十有六。」

崔彧（三六七頁）　補遺新千唐專輯二六八頁崔至撰唐故范陽郡夫人盧氏（西華）墓誌銘并序：「夫人姓盧氏，號西華，范陽人也。……以天寶十一載（七五二）九月朔，薨於河南崇政里。……越貞元三祀（七八七）二月甲申，季子尚書職方員外郎彧，昊天罔極，觸地無容，遷祔于成公之塋。」

李虞仲（三七〇頁）　蒐佚四册一一五九頁盧鈞撰唐故正議大夫守尚書吏部侍郎贊皇縣開國男食邑三百户賜紫金魚袋贈吏部尚書趙郡李公（虞仲）墓誌銘并序：「公諱虞仲，字見之，姓李氏，趙郡人。……尋以府遷改荆南觀察判官，擢太常博士、祠部員外郎。……公三歷賓府，推以誠至，同列慕芝蘭之室，同行惜廊廟之資，入爲兵部員外郎，轉司勳郎中。」

王袞（三七一頁）　彙編下册二一三四頁李珏撰唐故朝散大夫守尚書吏部郎中兼侍御史知雜事上柱國臨沂縣開國男食邑三百户瑯瑘王府君（袞）墓誌銘并序：「公諱袞，字景山，本名高，工部公之長子。……家在洛，以膝下爲戀，刑曹決獄，不宜分司，轉都官員外，未幾，遷度支郎中，急召赴闕。……丁工部公艱，勺漿不入口七日，……服闕，除司勳郎中。」

韓同慶（三八四頁）　補遺第八輯三六五頁大唐故中大夫使持節鄜州諸軍事鄜州刺史上柱國崔公（思忠）墓誌銘并序：「公諱思忠，字則烈，博陵人也。……夫人韓氏，司勳、兵部二郎中□同慶之小女也。」

裴筠（三九〇頁）　補遺第八輯二三五頁裴皡撰梁故朝散大夫權知給事中柱國河東裴公（筠）墓誌銘并序：「公諱筠，字東美，河東絳郡人。……尋遷侍御史。彈奏得儀，時以爲稱職。改左司員外，復轉庫員，兼加朱紱。尋遇遷都雒陽，拜司勳郎中。恭事二帝，顯履三暑。」裴筠卒於開平四年（九一〇），年五十六。

【新補遺】

韋叔衡　河洛上册二〇九頁唐故連州司户參軍鄭府君墓誌銘并序：「君諱弘劼字固，滎陽開封人也。……夫人京兆韋氏。父叔衡，司勳郎中、滿州刺史。」夫人韋氏卒於天授三年（六九二）十二月二日，享年八十一，則其父韋叔衡約爲太宗、高宗時人。

李思儉　補遺第五輯三〇三頁大唐故朝散大夫上護軍行魏州武聖縣令蔣府君（義忠）墓誌銘并序：「府君諱義忠，字子政，吴郡義興人也。……夫人金城縣君李氏，渤海蓨人也。……父思儉，司勳郎中。」誌主卒於景龍三年（七〇九）六月廿日終於私第，春秋五十一。吴補已收。

卷八　司勳員外郎

李問政（三九七頁）　補遺新千唐專輯一三四頁大唐正議大夫行鄭州別駕李公（問政）墓誌銘并序：「公諱問政……尋除起居舍人，轉司勳員外郎，遷吏部郎中。」李問政於開元八年（七二〇）八月廿四日，終於新安縣之官舍，春秋六十有九。

崔行成（三九九頁）　新考訂云「未詳」。彙編上册一〇九〇頁唐故雍州鄠縣丞博陵崔君（訥）墓誌銘并序：「君諱訥，字思默，博陵安平人也。……父行成，皇朝侍御史，歷司勳、考功員外郎、司元大夫、雍州長安縣令、鄂州刺史。雅量罕測，清規不世。徽猷播於弈載，德業隆於不朽。……粤以大唐永淳三年（六八四）三月四日遘疾，終於永寧里之私第，春秋五十二。」

齊澣（三九九頁）　彙編上册一二九二頁大唐故閬州司馬鄧府君誌石銘并序，葬於開元十二年（七二四）四月廿日，署「朝散大夫、使持節、汴州諸軍事、守汴州刺史高陽齊澣撰」。

劉應道（三九九頁）　長安新出墓誌一一三頁唐故秘書少監劉府君（應道）墓誌銘并序：「□君諱應道，字玄壽，廣平易陽人。……顯慶二年（六五七），復入爲司勳員外郎，俄遷吏部員外郎。」

袁仁敬（四〇〇頁）　洛陽新獲七朝墓誌二〇七頁大唐故大理卿上柱國袁府君（仁敬）墓誌銘并序「公諱仁敬，字道周，陳郡陽夏人也。……轉司直丞，以持法不撓，朝廷嘉寬裕之，大拜倉部、司勳二員外，刑部、左司、兵、吏部四郎中。」卒於開元廿一年（七三三）七月十日，享年七十一。

李畬（四〇八頁）　補遺新千唐專輯一一八頁李畬撰大唐雍州美原縣令李府君（允）墓誌銘并序，葬於開元二年（七一四）十二月二十九日，署「再從姪孫、尚書司勳員外郎畬字王田撰」。

裴元質（四〇八頁）　彙編續集六一九頁唐故河東裴夫人墓誌銘并序：「大唐天寶八載（七四九）歲次己丑六月甲午朔十三日景午，右司禦率府執戟太原王闐故殯裴氏，卒於洛陽縣德懋里之私第。……夫人河東皇蜀郡大都督府長史、尚書左丞、本郡太守諱元質之元孫，皇游擊將軍、大叶軍使綺諱之中女。」

田崇璧（四〇八頁）　新考訂云「二一本同，璧從土，勞考改璧，與石刻異。武后時。」岑説是，今有墓誌作「璧」可證。蒐佚續編三册六六九頁劉準撰唐故朝議郎行鄭州司法參軍北平田府君（誠）墓誌銘并叙：「君諱誠，字昌言，其先北平人也。……祖智臣，皇洺州曲周丞。積仁累德，有充閭之慶，故挺生夫兵部侍郎諱崇璧，我之外王父也。」田誠卒於開元二十六年（七三八），春秋五十有三。

蕭璿（四〇九頁）　蒐佚續編二册五二六頁馬懷素撰唐故河南尹上柱國鄭縣開國男蕭公（璿）墓誌銘：「公諱璿，字待價，南蘭陵人也。……服闋，拜朝散大夫、行尚書司勳員外郎，遷兵部郎中，授上柱國，轉吏部郎中。」開元五年（七一七）五月卒，享年六十六。

崔祐甫（四一二頁）　彙編一八〇一頁有唐太原郡太夫人王氏墓誌：「夫人姓王氏，字方大，太原晉陽人也。……太原太夫人之子祐甫，仕爲朝散大夫、權知中書舍人事，賜紫金魚袋。……永泰二年（七六六）祐甫爲尚書司勳員外郎，屬縣官有郊祀之禮，因廣孝道，追封邑號，是以有太原郡太夫人之命。」

程昌綈（四一二頁）注云「無考」。　補遺新千唐專輯二六五頁張造撰故殿中侍御史東平程府君（昌胤）墓誌銘并序：「有唐興元元年（七八四）歲次甲子夏四月辛丑朔九日己酉，前殿中侍御史程君避地濟源，寓居壽覺精舍，遇疾而卒，享年六十。……公諸季前司勳員外郎昌締等，悉在遠方，獨幼弟昌穆營護喪事。」

蕭誠（四一二頁） 河洛上册二八六頁大唐故袁州萍鄉縣令蕭府君諱元祚字元祚墓誌銘并序，以開元二十三年（七三五）閏十一月壬午朔合祔于龍門西山，署「次子前司勳員外郎誠撰」。

宋遥（四一三頁） 彙編下册宋鼎撰唐故上黨郡大都督府長史宋公（遥）墓誌銘并序：「公諱遥，字仲遠，廣平列人人也。……自國子進士補東萊郡録事參軍，舉超絶流輩，移密縣尉，擢監察御史，殿中侍御史、侍御史内供奉，遷司勳員外郎、度支郎中，拜中書舍人，除御史中丞，賜緋魚袋。」天寶六載（七四七）二月五日卒，年六十五。 蒐佚二册五八六頁上黨郡大都督府長史廣平宋府君（遥）夫人滎陽郡君鄭氏墓誌銘：「夫人滎陽郡原武人也。……既笄而醮，歸於我宋公。公諱遥，弱冠進士擢第，入臺累遷三御史、南省兩郎官，拜中書舍人，除御史中丞。」誌云「南省兩郎官」，即指宋遥官司勳員外郎、度支郎中也。

陸據（四二一頁） 補遺新千唐專輯二三五頁王端撰大唐故尚書司勳員外郎河南陸府君（據）墓誌銘并序：「伊有唐天寶十有三載（七五四）十二月戊戌，尚書司勳郎陸公捐館於長安崇義里之私第，春秋五十有四。……公諱據，字據，……京兆尹李愷以天府務殷，實資綱轄，奏充司録參軍。休聲藉藉，朝廷嘉焉，擢拜司勳員外郎，寵才也。」蒐佚續編四册九二六頁唐故常州義興縣令陸君（士倫）墓記：「君諱士倫，字德彝，河南洛陽人也。……父諱據，皇朝尚書司勳員外郎，君即司勳之長子也。」

趙宗儒（四二七頁）　蒐佚四册四三五頁鄭澣撰唐故金紫光禄大夫守司空致仕贈司徒相國趙公（宗儒）墓誌銘并序：「公諱宗儒，字秉，天水人也。……歷司門、司勳員外，兼領考功事，黜幽陟明，人用勸懼，績課之法行焉。遷考功、吏部郎中。」

薛存誠（四二八頁）　補遺第七輯四五六頁薛存誠等華嶽廟題名：「司勳員外郎薛存、華陰縣令□澗、華陰縣主簿裴袟、華陰縣尉□大舉、前鄭縣丞□□□、前華陰縣尉□沂、□客李□，元和四年（八〇九）九月十九日。」吴補已收。今按：吴補據題名作「薛存」，實爲「薛存誠」之誤。薛存誠，兩唐書有傳，又見載新唐書七三下宰相世系三下及郎考卷十四度外。

盧士牧（**盧士玫**四二八頁）注云「無考。吏中、吏外有士玫，疑即是」。新考訂云「勞疑士玫之誤，是也，元和時」。勞、岑之説甚是，有墓誌可證。蒐佚續編四册一一〇五頁鄭涵撰唐故正議大夫守太子賓客上柱國賜紫金魚袋贈工部尚書范陽盧府君（士玫）墓誌銘并序：「公諱士玫，字子珣，范陽人也。……歷司勳、吏部員外郎。疇勳曹，覈流品，時論多之，而遷正郎。」盧士玫卒於寶曆元年（八二五）七月二十二日，享年六十四。

崔鄲（四三一頁） 蒐佚四册九九二頁令狐綯撰唐故淮南節度副大使知節度事管内營田觀察處置等使金紫光禄大夫檢校司空兼揚州大都督府長史御史大夫上柱國清河郡開國公食邑二千户贈司徒崔公（鄲）墓誌銘并叙：「清河公諱鄲，字晉……貞元十九年（八〇三）權文公德輿司貢籍，擢公登進士上第，調補秘書省正字，再調以書判入高等，授渭南縣尉。李大夫脩廉浙右辟，公爲觀察推官，授監察裹行，旋徵入拜監察轉左補闕，遷起居舍人，改司勳員外郎、刑部郎中。杜相國元穎鎮西川，以副車上請，詔授檢校司勳郎中兼御史中丞，仍賜金紫。徵爲兵部郎中，轉考功郎中。時昭獻好文，公以雄文精識，選充翰林學士加知制誥，拜中書舍人。」

孫簡（四三一頁） 彙編續集一一一〇頁（又見同書八七六頁）令狐綯撰唐故銀青光禄大夫檢校司空兼太子少師分司東都上柱國樂安縣開國侯食邑一千户贈太師孫

公（簡）墓誌銘并序：「公諱簡，字樞中，其先有嬀之後，齊太公田和其裔也。……寶曆元年（八二五），以司勳員外郎判吏部，廢置，轉禮部郎中。又罹裴太夫人之禍，殆不勝喪。及出，除左司郎中。」

楊漢公（四三二頁）　岑仲勉新考訂僅注「文宗時」，今有其墓誌見彙編續集一〇三六頁鄭薰撰唐故銀青光禄大夫檢校户部尚書使持節鄆州諸軍事守鄆州刺史充天平軍節度鄆曹濮等州觀察處置等使御史大夫上柱國弘農郡開國公食邑二千户弘農楊公（漢公）墓誌銘并序：「公諱漢公，字用乂，弘農華陰人也。……長慶初，段相文昌與故相蕭公俛論事穆宗之前，段曲而辯，□蕭公拂衣謝病去……當時修起居注者，段之黨也，詭其詞而挫蕭公焉。公及此見之，歎曰：吁！賢相之美，其可誣乎！予不正之，是無用史筆也。於是重注蕭公事跡，人到于今稱之。授司勳員外郎。……朝廷多之，拜户部郎中，尋帖史館修撰，由起居之直筆也。文宗好讀左氏傳，而病杜解大簡，特詔公演注之，儒者稱其美。轉司封郎中。」卒於咸通二年（八六一）七月十日。

黎埴（四三五頁）　彙編下册二一七四頁唐故贈隴西郡夫人董氏墓誌銘并序，葬於開成二年（八三七）八月卅日，署「翰林學士、朝議郎、尚書司勳員外郎、上輕車都尉臣黎埴奉敕撰」。

崔鉉（四三六頁）　蒐佚三編四册九九二頁唐故湖南觀察判官監察御史裏行崔府君（璠）墓誌銘并序：「府君諱璠，字國器，其先博陵安平人也。……以會昌元年（八四一）八月五日合祔于河南府河南縣萬安山南之大塋，禮也。精殷罔極，禮備無違。仍命從弟翰林學士、尚書司勳員外郎、賜緋魚袋鉉誌於貞石。」

周復（四三七頁）　補遺新千唐專輯三七三頁唐故揚州高郵縣河南元君（邈）墓誌銘并序，葬於會昌五年（八四五）二月二十九日，署「朝議郎、行尚書司勳員外郎周復撰」。

韋澳（四三八頁）　大唐西市下册九〇五頁唐京兆少尹蕭公亡夫人滎陽縣君鄭夫人墓誌銘并序，大中四年（八五〇）十一月十日葬，誌署「朝散大夫、行尚書司勳員外郎、充史館修撰、柱國韋澳撰」。

鄭樞（四四〇頁）注云「無考」。　彙編下册二一三〇頁唐故冀州阜城縣令兼□□□史賜緋魚袋滎陽鄭府君（滌）夫人博陵崔氏合祔墓誌銘并序：「府君諱滌，大唐貞元十二年（七九六）六月二日，終於冀州阜成縣。……有子三人：前絳州司馬、賜緋魚袋長曰杞，前趙州平棘縣丞二曰樞，前趙州參軍三曰楬。」次子鄭樞，時代相近，疑是一人。

楊收（四四一頁）　蒐佚第四册一〇六五頁裴坦撰唐故特進門下侍郎兼尚書右僕射同中書門下平章事弘文館大學士左清太微宫使晉陽縣開國男食邑三百户馮翊楊公（收）墓誌銘并序：「公諱收，字成之，得姓於周伯僑昌有姬之胤。……徵入西臺爲侍御史，遷職方員外郎，改司勳員外判鹽鐵案，除長安縣令，拜吏部員外郎。」今按：新考訂云收「一作辰，無考」。楊收墓誌於二〇〇七年春在河南省鞏義市出土，足可證作「辰」誤。

李瀆（四四六頁）　彙編下册二四六九頁李澹撰唐故處州刺史趙府君（璜）妻上邽縣君蘇氏夫人墓誌：「上邽縣君武功蘇氏，……咸通二年夏，詔封上邽縣君，……夫人有一子曰輧，天資孝敬，早有藝學，舉進士，爲流輩所推。別産三女，長適洛陽尉李瀆。次適開封主簿杜沆，皆名族令嗣。三曰汴娘，年未及笄，頗有至性。」時代相合，疑此李瀆與郎考爲同一人也。

路綱（四四六頁）　大唐西市下册一〇一一頁唐徽撰唐故渭南縣丞賜緋魚袋韋公夫人汝南周氏墓誌銘：「夫人汝南周氏……夫人年十九，歸韋氏。韋，右族也。……夫人生一女，適司勳員外郎路綱。綱登進士第。」夫人卒於乾符五年（八七八）八月十六日，享年六十四。

崔凝（四四八頁）　彙編續集一一六〇頁狄歸昌撰唐故刑部尚書崔公府君（凝）墓誌并序：「公諱凝，字得之，博陵人也。……除右拾遺内供奉，遷殿中侍御史，轉刑部員外，拜起居舍人，除司勳員外兼侍御史、知雜事。中謝日，延英面賜朱衣、象版。」崔凝以乾寧二年（八九五）八月，年五十有八。

張鼎（四五一頁）　河洛上册二九三頁唐御史大夫張公故夫人潁川郡夫人陳氏墓誌銘并序，葬於開元二十四年（七三六）二月二十二日，署「朝義郎、行尚書司門員外郎張鼎撰」。　蒐佚三册六〇五頁大唐故襄州司馬襲邵陵郡開國公墓誌銘并序，葬於開元二十六年（七三八）九月十二日，署「朝散大夫、守唐州刺史、上柱國張鼎撰」。

【新補遺】

王德表　洛陽新獲八五頁令狐德棻撰大唐故使持節淄州諸軍事淄州刺史上護軍王君（德表）墓誌銘并序（顯慶六年二月十九日）：「君諱德表，字顯，太原祁人。……貞觀初，尚書司勳員外郎，仍兼吏部員外郎。四年，拜金部郎中。」又同書辛媛誌同。

裴尋（裴尋）　大唐西市中册六一三頁程浩撰大唐故太中大夫太子左庶子絳郡開國公上柱國裴公（尋）墓誌銘并序：「公諱尋，字，河東聞喜人。……至德中，皇輿反正，墨詔交聘，拜尚書膳部員外郎，又轉司勳員外郎，封絳縣開國公。」今按：新唐書卷七十一上宰相世系一上作「尋，太僕卿」，當依墓誌作「尋」爲是。

王沭　補遺第七輯六三頁柳識撰唐故朝議郎行監察御史上柱國鄭府君（洵）墓誌銘并序：「府君諱洵，字洵，滎陽人也。……夫人琅琊王氏。……長子鋒，前行江陵府參軍。……識與鋒舅氏前司勳員外郎沭相知，亦備聞府君才行，令撰其誌，敢不直書。」葬於大曆十三年（七七八）正月。　彙編續集七一六頁李縮撰唐故劍南西川節度觀察判官大理司直兼監察御史□□公墓誌銘并序：「公諱模，字仲甫，河南人，後魏文成皇裔第七子。……迺晦跡淪隱，山林習静。與太原王沭、天水趙復、上谷侯鐈，探微索隱，時謂神遊。」葬於大曆十三年（七七八）孟夏。吴補已收，筆者再補充之。

蔡直清　蒐佚續編五册一二七九頁陳當撰唐故朝議郎使持節都督銀州諸軍事守銀州刺史兼度支營田使上柱國蔡府君（勛）墓誌銘：「公諱勛，字世勳，本姬姓周文王之後也。……曾王父燕客，……王父直清，字惟憲，燕客第三子，明經出身，常州無錫縣令……檢校户部員外郎，賜紫金魚袋，轉司勳員外郎、蘄州刺史。」蔡勛卒於咸通十一年（八七〇）七月十二日，年六十七。

盧軺　補遺第六輯一七四頁盧軺撰唐故范陽盧氏（軺）滎陽鄭夫人墓誌銘：「夫人滎陽人也。……公進士擢第，首冠宏詞，迴出判等，授鄠縣尉。由西川掌記歷補闕、起居、史館修撰，轉職方員外，遷司勳員外知制誥。尋加翰林學士、中書舍人，後爲承旨。」夫人以大中十二年（八五八）閏二月十五日卒，享年三十二。

李冉　彙編下册二五三四頁故右拾遺清河崔府君（䂂）與滎陽鄭氏夫人合祔墓銘并序，葬於乾寧五年（八九八）八月五日，誌署「親舅、朝散大夫、行尚書司勳員外郎、柱國李冉撰」。吴補已收。

孫偓　參見本書卷六封外新補遺孫偓條。

卷九　考功郎中

崔翹（四五九頁）　補遺第九輯三六八頁唐故銀青光禄大夫禮部尚書上柱國清河縣開國男贈江陵大都督謚曰成崔府君（翹）墓誌銘并序：「公諱翹字明微，清河東武城人。……公乃繼入郎署，時從父兄尚爲右史，皆盛德美才，齊加朱紱，時人謂爲三張兄弟，榮耀當時。歷水部、虞部、考功、吏部四郎中。」

房密（四六〇頁）　蒐佚第二册五四六頁唐故少府監主簿李公夫人清河張氏墓誌銘并序，葬於開元十九年（七三一）十一月二十一日，署「秘書省校書郎河南房密撰」。　河洛上册三二〇頁唐太原王君故夫人滎陽鄭氏墓誌銘并序，葬於開元二十九年（七四一）三月二十一日，署「太原府士曹參軍事房密文，李曄書」。

李收（四六〇頁）　釋録一三六頁李紓撰唐故中散大夫給事中太子中允贊皇縣開國男趙郡李府君（收）墓誌銘并序：「公諱收，字仲舉，趙郡贊皇人也。……國朝重嘉大節，超拜司勳郎中，連授右司、考功、兵部。又遷諫議大夫，出爲澤州刺史。」

王佃（四六〇頁）　郎考作「王□□」，勞格注云「王本『王□』，趙本『王仲□』」。岑仲勉新著録作「王佃」，並云「佃，王本缺，趙作『王仲□』，勞作『王□□』，均誤爲複名」。新考訂亦作「王佃」，並云「是單名，但王佃無考」。今按：岑氏云無考，實因有關碑誌尚未出土之故，今王佃父子墓誌均已出土。蒐佚三册八〇二頁有唐故藍田縣尉王君（素）墓誌銘并序云：「君諱素，字素，琅邪人也。同州長史崇古之孫，吏部郎中佃之子。」蒐佚續編四册九〇五頁劉復撰唐故太子贊善大夫賜緋魚袋琅邪王公（佃）墓誌銘并序：「維大曆十四年（七七九）太子左贊善大夫王公終於東都私第，春秋六十有六。……公諱佃，字敬祖，琅邪臨沂人也。……天寶初進士登科，署宋州襄邑縣尉。……上聞名，至闕下，拜襄王友，又除侍御史。汾陽王表授尚書司門郎兼河東縣令，遷金部郎中，領河東少尹。莅官多能，詔居中朝，累升駕部、考功、吏部三郎中。」

趙宗儒（四六〇頁）　蒐佚四册四三五頁鄭澣撰唐故金紫光禄大夫守司空致仕贈司徒相國趙公（宗儒）墓誌銘并序：「公諱宗儒，字秉，天水人也。……歷司門、司勳員外，兼領考功事。黜幽陟明，人用勸懼，績課之法行焉。遷考功、吏部郎中。」

李蔚（四六二頁）　補遺新千唐專輯四〇一頁唐故朝議郎守京兆少尹柱國賜緋魚袋范陽盧府君（緘）夫人清河崔氏合祔墓誌銘并序，咸通二年（八六一）十一月辛未葬，署「表甥孫、朝議郎、守尚書考功郎中、柱國、賜緋魚袋李蔚撰」。

鄭長裕（四六二頁）　補遺新千唐專輯三一五頁唐東都留守推官試大理評事盧君（士瓊）故夫人滎陽鄭氏墓誌銘并序：「夫人姓鄭氏，滎陽人也。曾祖長裕，歷尚書郎、潁川郡太守。」夫人鄭氏卒於元和七年（八一二）五月二十七日，享年三十七。

元大士（四六二頁）　彙編續集七五九頁元翽撰故太原太谷縣尉元君（重華）墓誌銘并序：「河南元君諱重華，字長卿。其先出自後魏昭成之穆，鍾德十五代而流慶於公焉。高祖西臺侍郎大士，大士生太子家令寺丞逖。元重華以貞元十一年（七九五）遇癘疾，終於潭州。」　蒐佚三册六五二頁員俶撰大唐故通直郎行巴州司法參軍李府君（希歇）墓誌銘并序：「君諱希歇，字待問，趙郡人。……夫人河南元氏，西臺侍郎大士之孫，秘書郎逵之長女。」李希歇卒於天寶元年（七四二）七月二十六日。

楊季昭（四六三頁） 蒐佚三編二册四六五頁魏啓心撰大唐故絳州司馬弘農楊府君（欣時）墓誌銘：「君諱欣時，字守節，弘農華陰人也。公即……皇朝殿中侍御史、懷州司馬、考功郎中、澤州刺史、臨汾縣開國男季昭之子。」楊欣時卒於開元九年（七二一）正月六日。

李廸（四六三頁） 補遺新千唐專輯三七五頁韋琮撰唐故監察御史隴西李公（俊素）墓誌銘并序：「公諱俊素，字明中，其先隴西人，後魏姑臧公之裔也。梁武昭王十三代孫。曾祖廸，考功郎中。」同書一四五頁李昪期撰唐故通議大夫宗正少卿上柱國隴西李府君（廸）墓誌銘并序：「公諱廸，字季珍，隴西成紀人也。……公克嗣其美，幼挺成人之量；離經辯志，表於初學之年。以明經登科，授懷州參軍。筮仕之始也。歲滿，遷豫州司士參軍，汾州司户參軍。……拜朝散大夫、鴻臚丞。胙忠烈也。……朝廷以公歷政有成，拜考功郎中。蓋以旌淑也。……以開元十四年（七二六）七月十一日，終於東京崇柔里之私第，春秋七十有一。」

韋叔謙（四六五頁） 長安新出墓誌一八一頁于休烈撰唐故新平郡三水縣主簿韋君墓誌銘并序：「曾祖叔謙，皇朝吏部員外郎、考功郎中。昆弟位列三署，榮一時。」 同書二二一頁唐故邠州三水縣主簿京兆韋府君（巽）墓誌銘并序：「公諱巽，字巽，杜陵人也。……祖叔謙，貞觀初考功郎中。」大唐西市下册七四三頁鄭素撰唐故宣德郎檢校尚書户部員外郎兼侍御史賜緋魚袋充劍南西川南道運糧使韋公（羽）墓誌銘并序：「公諱羽，字季鸞，京兆杜陵人也。……考功郎中叔謙，其高祖也。」高陽原六九頁崔日用撰大唐故銀青光禄大夫行右庶子上柱國南皮縣開國男韋公（維）墓誌銘并序：「公諱維，字文紀，京兆杜陵人也。……大父叔謙，皇朝吏部員外郎、考功郎中。」又見同書韋虚心墓誌、韋通理墓誌、韋虚受墓誌。

韋德敏（四六六頁）　洛陽新獲七朝墓誌二九四頁王顔撰唐故倉部員外郎趙郡李公（昂）夫人京兆韋氏墓誌銘并序：「夫人京兆韋氏，烈祖德敏，皇考功郎中、太府少卿。」葬於貞元五年（七八九）十一月十一日。

盧承福（四六六頁）　蒐佚第三册六二二頁史翽撰唐故范陽盧府君（伯明）墓誌銘并序：「公諱伯明，字伯明，范陽人也。……祖皇朝議大夫、太子司議郎、考功郎中、益府司馬承福。」盧伯明卒於開元廿六年（七三八）十月四日，春秋五十三。

韋瓊之（四六六頁）　彙編下册一七〇五頁大唐前延王府户曹參軍李望故妻京兆韋夫人墓誌之銘并序：「大唐天寶十三載（七五四）八月三日，故夫人京兆韋氏，……皇朝考功郎中瓊之之孫。」參本書卷六封外、卷十一户中條，有韋瓊之墓誌。

嚴挺之（四六七頁）　彙編續集五八五頁張萬頃撰唐故絳州龍門縣尉嚴府君（仁）墓誌銘并序：「君諱仁，字明餘，杭郡人，嚴夫子之遐裔也。……丱歲聞詩禮，弱冠窮精奥，以明經甲科爲郎，調補洪州達昌尉。迹棲枳棘，志遠雲霄。宗人挺之時爲考功郎，見而器之，知有循吏之美，提引抵掌，話言終日。歲滿，薦補絳州龍門縣尉。」嚴仁「以天寶元年（七四二）十月十七日遘疾，終於河南福善里第，春秋五十三」。

張談（**張倓**四六七頁）　蒐佚第二册五六五頁唐故奉義郎行上黨郡上黨縣主簿張公（憕）墓誌銘并序：「公諱憕，字士南，清河東武城人。……烈考諱倓，開元中，尚書考功郎中、濟德二州刺史。雖宣風密啓，僉績著於時，而懷寶育德，皆位屈其重。」張談、張倓皆爲開元時人，時代吻合，當是同一人，然談、倓形近音同，必有一誤也，疑從墓誌爲是。

韋洽（四六七頁）　蒐佚續編四册一一〇二頁唐故唐州團練推官盧府君夫人京兆韋氏墓誌銘并序：「夫人京兆韋氏，諫卿之從母也。……祖諱洽，先天中擢進士，仕至尚書左司員外、考功郎中。」夫人韋氏卒於長慶三年（八二三）十一月十日，享年七十五。

元光嫌（**元光謙**四六七頁）　彙編續集五五九頁大唐故監察御史天水趙府君（陵陽）墓誌銘并序：「君諱陵揚，字陵揚，其先天水上邽人也。……於時淮南道按察使元光謙持奉才行，還充判官。」　洛陽新獲七朝墓誌三一一頁柳方叔撰有唐同州司户參軍事先府君（鋋）墓誌：「府君諱鋋，河東解縣人。……夫人同郡薛氏，皇左羽林倉曹儩之女，給事中元君光謙之外孫。」郎考作「元光嫌」誤，當從墓誌作「元光謙」。

于肅（四六九頁）　彙編下册二四〇九頁「唐咸通六年（八六五）五月十六日，鄉貢進士孫備銘其妻葬於河南府河南縣邙山杜翟村祔大塋。嗚呼！夫人于氏，河南人也。……高祖諱肅，入内庭爲給事中」。

王定（四七〇頁）　彙編續集一一五七頁强道撰唐鄭州原武縣令京兆王公墓誌銘并序（景福四年十月十七日）：「曾祖諱定，進士及第，考功郎中，知□□□諫議大夫，贈禮部尚書。」

劉伯芻（四七二頁）　大唐西市下册七九三頁（上闕）通議大夫尚書刑部侍郎賜紫金魚袋贈工部尚書廣平劉公（伯芻）自譔誌文并序：「今皇帝嗣位，轉金州長史。未幾，徵爲國子博士，除考功員外郎。……公任考功員外郎二年，皆爲吏部奏請考試開元禮等四色科目，昇黜不苟，藉名者皆才。遷本司郎中，充集賢殿學士判院事。内署清密，朝選攸難。……拜給事中，集賢學士如故。……以元和十二年（八七一）青龍丁酉四月十七日，薨於靖安里之私第，春秋六十一。」

崔鄲（四七四頁）　蒐佚四册九九二頁令狐綯撰唐故淮南節度副大使知節度事管内營田觀察處置等使金紫光禄大夫檢校司空兼揚州大都督府長史御史大夫上柱國清河郡開國公食邑二千户贈司徒崔公（鄲）墓誌銘并叙：「清河公諱鄲，字晉。……杜相國元穎鎮西川，以副車上請，詔授檢校司勳郎中兼御史中丞，仍賜金紫。徵爲兵部郎中，轉考功郎中。時昭獻好文，公以雄文精識，選充翰林學士，加知制誥，拜中書舍人。」

薛廷範（四七五頁）　長安新出墓誌二七七頁唐故昭義軍節度判官朝請郎檢校尚書主客員外郎兼侍御史京兆韋府君（承素）墓誌銘并序，葬於大中元年（八四七）十月二日，署「正議大夫、行尚書考功郎中、上柱國、賜緋魚袋薛廷範撰」。

【新補遺】

李恂　蒐佚三册六三八頁李琚撰大唐故中大夫寧州諸軍事守寧州刺史李府君（孟德）

墓誌銘并序：「公諱孟德，字伯夏，魏郡頓丘人也。……曾祖丕，祠部郎中。祖恂，考功倉部二郎中、萊州刺史、頓丘男。」葬於天寶元年（七四二）十二月二十五日。

孫處約

彙編上册五五七頁唐故司成孫公墓誌銘并序：「公諱處約，字茂道，本□乘樂安人也。……永徽元年（六五〇），禮部尚書、驃騎都尉申公應詔舉，遊情文藻，下筆成章，射策甲科。蒙敕授著作佐郎，又遷授禮部員外郎，轉考功員外郎、弘文館直學士、騎都尉，又頻蒙敕授考功郎中、上□都尉，又遷守給事中、中書舍人。」卒於咸亨二年（六七一）五月卒，春秋六十九。補遺第三輯六九頁張嘉禎撰故荆州大都督府長史上柱國樂安縣開國伯孫公（俊）之碑并序：「公諱□，字□，□郡富春人也。……父處約，進士擢第。授校書郎。永徽年，禮部尚書高士廉薦，應遊情文藻下筆成章舉，對策高第，特授著作佐郎，轉考功員外郎，遷考功郎中，遷給事中、中書舍人。」吴補已收，筆者再作補充。

房正則

補遺新千唐專輯二〇一頁唐故荆府户曹參軍段府君夫人房氏墓誌銘并序：「夫人，清河人也。……皇朝考功郎中、太子中允正則府君之孫。皇朝相州刺史、吏部侍郎穎叔府君之季女也。」夫人房氏享年六十有二，天寶四載（七四五）四月十三日卒。

李亶 蒐佚二册三五二頁崔融撰周故給事中太子中允李府君（亶）墓誌銘并序：「府君諱亶，字景信，隴西成紀人。……大周膺期，惟深舊德，擢授蘇州司馬加朝請大夫，遷鼎州長史，未之官，遷文昌考功郎中，以疾，固請優閑，遷太子中允。」大足元年（七〇一）六月卒，年六十。

韋銑 蒐佚續編二册五四八頁大唐故銀青光禄大夫使持節鄧州諸軍事鄧州刺史上柱國櫟陽縣開國子韋府君（銑）墓誌銘并序：「公諱銑，字，京兆杜陵人也。……年十有七，應制對策高第，授利州參軍，調補和州録事……尋拜右臺殿中侍御史，遷考功員外郎、郎中，出爲唐州刺史。」卒於開元五年（七一七）五月二十五日，春秋五十有六。

苑咸 蒐佚第三册八六九頁苑論撰唐故中書舍人集賢院學士安陸郡太守苑公（咸）墓誌銘并序：「公諱咸字咸，……弱冠爲曲江公張九齡表薦，玄宗親臨前殿策試，除太子校書仍留集賢院，上以董仲舒、劉向比之，由是除右拾遺，無何，丁太夫人憂，服闋，歷左拾遺、集賢院學士，旋除左補闕，遷起居舍人，仍試知制誥。時有事于南郊，按册文封館陶縣開國男，改考功郎中兼知制誥，拜中書舍人。」

韋少華　大唐西市中册六九七頁韓皋撰大唐故銀青光禄大夫檢校工部尚書兼太府□□□□尚書上柱國□城縣開國男食邑三百户京兆韋公（少華）墓誌銘并序「公諱少華，字維翰，京兆萬年人也。……自殿中侍御史轉度支員外。擢爲長安令，出典臨汝郡，入守考功郎中。」貞元十二年（七九六）十月十九日卒，享年六十八。

崔備　補遺新千唐專輯三二四頁張惟素撰唐故諫議大夫清河崔府君（備）墓誌銘并序：「公諱備，字順之，其先清河人也。……武公思展其才，密有論薦，除起居舍人。記言之司，僉以爲允。遷禮部員外郎，中臺極文章之選，時謂得人。轉工部、考功二郎中。後以本官加知制誥。公以絲綸之任，用代王言。……自南徐賓府後，余爲吏部郎，公遷考功；余除給事中，公改諫議。接武連臂，迨今卌年。」崔備卒於元和十一年（八一六）春三月，春秋七十。

崔彦回　洛陽新獲七朝墓誌三七六頁崔彦昭撰唐故秦國太夫人贈晉國太夫人鄭夫人合祔墓誌：太夫人「生子男四人。……次子彦回，舉進士，歷拾遺、補闕、工部員外郎、金刑考功郎中。」

卷十　考功員外郎

孫處約（四八四頁）　彙編上册五五七頁唐故司成孫公（處約）墓誌銘并序：「公諱處約，字茂道，本□乘樂安人也。……蒙敕授著作佐郎，又遷授禮部員外郎，轉考功員外郎、弘文館直學士、騎都尉，又頻蒙敕授考功郎中，上□都尉。」補遺第三輯六九頁張嘉禎撰故荆州大都督府長史上柱國樂安縣開國伯孫公（俊）之碑并序：「公諱□，字□，□郡富春人也。……父處約，進士擢第。授校書郎。永徽年，禮部尚書高士廉薦，應遊情文藻下筆成章舉，對策高第，特授著作佐郎，轉考功員外郎，遷考功郎中，遷給事中、中書舍人。」

劉思立（四八五頁）　蒐佚二册四一四頁岑羲撰大唐故正議大夫守太子詹事兼修國史崇文館學士贈使持節都督兖州諸軍事兖州刺史上柱國中山劉府君（憲）墓誌銘并序：「君諱憲字元度，高陽人。……父思立，皇朝太子詹事府司直、雍州司功、侍御史、考功員外郎。瑚璉之器，不登於廟堂；松柏之節，終全於歲暮。」劉憲春秋三十有七，景雲二年（七一一）正月十一日卒。

李秦授（四八七頁）　蒐佚三册六二八頁湛然撰長河宰盧公李夫人墓誌文：「有唐開元廿九年（七四一）歲在重光十二月五日，德州長河縣令范陽盧公夫人趙郡李氏，……夫人即皇朝黄州司馬慈之孫，考功員外郎秦授之女。」

蘇頲（四八九頁）　長安新出墓誌一三七頁唐故贈太子少保管國公武府君（嗣宗）墓誌銘并序，署「尚書考功員外郎武功蘇頲撰」。神龍三年（七〇七）五月五日葬。

宋之問（四九〇頁）　釋録一六〇頁姚栖簡撰唐節士姚君（栖雲）墓銘并叙：「君字栖雲，其先吴興人也。……外祖宋氏，外高祖諱令文，唐渭北節度使，外曾祖諱之問，考功員外郎、知禮闈。」姚栖雲卒於元和四年（八〇九）五月，享年廿七。　洛陽新獲二二九頁程浩撰唐夔州刺史班公故夫人崔氏墓誌銘并序（大曆十三年正月二日）：「夫人崔氏望出博陵也，外族宋氏，望出廣平也。武功令晞，皇考也。考功郎之問，外叔祖也。」

王光庭（四九〇頁）　補遺第七輯三七頁唐銀青光禄大夫駙馬都尉上柱國汾陰郡開國公贈兗州都督薛君（儆）墓誌銘并序，葬於開元九年（七二一）七月十六日，署「前考功員外郎太原王光庭撰」。

裴垍（四九二頁）　彙編下册一九四四頁唐故桂州刺史兼御史中丞孫府君故夫人范陽郡君盧氏墓誌銘并序，葬於永貞元年（八〇五）十一月五日，誌署「裴氏甥、將仕郎、守尚書考功員外郎垍撰」。

劉奇（四九九頁）　蒐佚續集三册七五四頁唐故東萊右守劉府君（同）墓誌銘并叙：「公諱同，字和光，河南人也。……父奇，考功員外、吏部郎中、吏部侍郎。」劉同年五十八，卒於天寶四載（七四五）六月廿二日。

邵炅（五〇一頁）　補遺新千唐專輯一四六頁姚重曒撰唐故朝請大夫行尚書考功員外郎上柱國魏郡安陽邵府君（炅）墓誌銘并序：「公諱炅，字炅，安陽鄴人也。……又徵爲右御史臺監察御史，遷殿中侍御史、判考功員外郎事，累月而政除焉。」邵炅卒於開元四年（八六三）五月廿二日，春秋卌有九。　同書一一六頁唐故歙州歙縣令鄭府君（崇道）墓誌銘并序，開元二年（七一四）五月十日葬，誌署「朝議大夫、行考功員外郎、上柱國、安陽邵炅撰」。

趙冬曦（五〇二頁）　彙編續集六三〇頁唐故國子祭酒趙君壙：「府君諱冬曦，字仲慶，博陵鼓城人也。……慈州刺史倪若水舉文藻絶倫，對策上中第，除右拾遺，遷監察御史，以他事聯及，放於岳州。……私服闋，重操本官，兼掌國史，轉殿中侍御史、集賢院學士，遷考功員外郎、中書舍人、右僕少卿。……春秋七十有四，天寶九載（七五〇）二月丁亥，薨背於西京善和里第。」

孫逖（五〇三頁）　彙編下册二五四八頁孫徽撰唐故朝議郎前守蓬州刺史樂安孫府君（逖）墓誌銘并序：「府君諱逖，英拔間出，年十八，應制擢科，授越州山陰縣尉。滿秩從調，判居三等。時有司考覆，公精以爲妙絶，昇一等送，超拜左拾遺，至考功員外郎，主貢籍。」

李昂（五〇四頁）　補遺第六輯四四六頁大唐故吉州刺史隴西李府君（昊）墓誌銘并序：「府君諱昊，字守賢，隴西成紀人也。……與季弟考功員外、吏部郎中昂幼差肩學詩，尋比迹入仕考功，以文詞著稱，而府君兼忠信知名。」李昊春秋七十有三，至德二年（七五七）閏八月卒。今按：倉外有李昂，趙郡人，另一人也。

劉伯芻（五〇九頁）　大唐西市下册七九三頁廣平劉公（伯芻）自譔誌文并序：「今皇帝嗣位，轉金州長史。未幾，徵爲國子博士，除考功員外郎。」

權璩（五一二頁）　彙編下册二一二二頁唐故東都留守東都畿汝州都防禦使銀青光禄大夫檢校尚書左僕射判東都尚書省事兼御史大夫上柱國贈司空崔公（弘禮）墓

誌銘并序，卒於大和四年（八三〇）十二月十七日，署「朝議郎、尚書考功員外郎、雲騎尉、扶風縣開國男、食邑三百户賜、緋魚袋權璩書」。

【新補遺】

崔行成　彙編上册一〇九〇頁唐故雍州鄠縣丞博陵崔君（訥）墓誌銘并序：「君諱訥，字思默，博陵安平人也。……父行成，皇朝侍御史，歷司勳、考功員外郎、司元大夫、雍州長安縣令、鄂州刺史。」誌主卒於永淳三年（六八四）三月四日，春秋五十二。吴補已收。

韋銑　蒐佚續編二册五四四頁大唐故銀青光禄大夫使持節鄧州諸軍事鄧州刺史上柱國櫟陽縣開國子韋府君（銑）墓誌銘并序：「公諱銑，字，京兆杜陵人也。……尋拜右臺殿中侍御史，遷考功員外郎、郎中，出爲唐州刺史。」

張説　釋録一〇七頁崔翹撰唐故陳王府長史崔君（尚）誌文：「君諱尚，字庶幾，清河東武城人。……君國子進士高第，中書令燕國公張説在考功員外時，深加賞歎。調補秘書省著作局校書郎。」

賀拔玄一　蒐佚續編三册五八六頁大唐故左威衛長史河南賀拔府君（裕）墓誌銘并

序：「公諱裕，河南洛陽人也。……父玄一，皇朝長安縣尉、左臺監察御史、殿中侍御史、駕部考功員外郎、給事中、太子中舍人、雍州治中、雍州别駕。」賀拔裕卒於永淳二年（六八三）五月十一日，則賀拔玄一爲唐高宗時人。

杜文紀　彙編續集三五八頁周故朝散大夫洛州永寧縣令上柱國杜府君（謐）墓誌銘并序：「公諱謐，字慎微，其先京兆杜陵人。……父文紀，唐雍州録事參軍，考功員外，水部、祠部、司勳三司郎中，太子中允，撫、藤二州刺史。」杜謐以垂拱二年（六八六）六月五日卒，春秋六十二。吴補已收。

姚元慶　補遺第七輯三一八頁大周故朝散大夫守文昌臺司門郎中檢校房州刺史姚府君（元慶）墓誌銘并序「公諱元慶，字威合，河東芮城人也。……奉制爲劍南道巡察大使。激濁揚清之跡，聲馳天下；登車攬轡之誠，舉聞宸極。使還，奏課第一，加兩階，授文昌考功員外郎，尋轉地官郎中。趨職南宫，允資人傑；參機北斗，式寄朝賢。高步文昌，一人而已。」以天授元年（六九〇）十月六日卒，春秋六十五。吴補已收。

陽廉　蒐佚三編二册三七二頁大周故晉王府執仗趙君墓誌銘并序（聖曆二年八月九日），「朝議郎行考功員外郎陽廉撰」。

李問政　補遺新千唐專輯一三四頁大唐正議大夫引鄭州別駕李公（問政）墓誌銘并序：「公諱問政，……績用斯洽，聲華愈遠。加朝議大夫，判考功員外郎。尋除起居舍人。」

趙不爲　彙編下册一三五七頁唐故太中大夫使持節泗川諸軍事泗州刺史瑯琊王公（同人）墓誌銘并序，葬於開元十七年（七二九）八月廿六日，署「朝散大夫行考功員外郎趙不爲撰」。吴補已收。今按：郎考考外有趙不疑（五一九頁），岑仲勉新考訂已云「但末一字似非『疑』字而已」，筆者疑郎考之趙不疑爲趙鉞、勞格誤讀，應作「趙不爲」爲是。

張進　彙編續集一一〇二頁李都撰唐故御史中丞汀州刺史孫公（瑝）墓誌并序：「公諱瑝，樂安人。其先出齊大夫□之後。曾伯祖文公諱進，皇秋官侍郎，有大名於時。……文公開元中爲考功郎，連總進士柄，非業履可尚，不得在選，其登名者有柳芳、顔真卿、李華、蕭穎士之徒，時號得人。」吴補已收。

權崇基　補遺新千唐專輯二二二頁大唐故承務郎權君（均）墓誌銘并序：「君名均，字正平，法名法悟，隴西天水人也。曾祖崇基，皇朝考功員外郎、司田大夫。」權均以「天寶十載（七五一）八月十日終於廣陵之寺舍，時年卌二」。

韓泫

蒐佚續編四册一〇〇七頁韓章撰唐故諫議大夫韓公（泫）墓誌銘并序：「父諱泫，字泫，其先潁川人也。……俄屬賊臣禄山作亂，稱兵向闕。其秋，肅宗於靈武踐祚，密詔追公赴行在，授考功員外郎專知制誥，仍賜緋魚袋。公世掌綸翰，及居此地，海内無不稱美。所有制詔備傳於人，以忠直爲權臣所惡，除禮部郎中，又出爲資陽太守，尋除諫議大夫。」葬於貞元二十一年（八〇五）四月十日。

蘇滌

册府卷七〇八：「崔栯爲中書舍人，太和九年（八三五）二月以栯及考功員外郎史館修撰蘇滌兼充太子侍讀。」吴補已收。

裴璟

文物二〇一二年一〇期唐故金吾將軍知街事郭公（仲文）墓誌銘并序，葬於會昌二年（八四二）十一月十二日，誌署「朝議大夫、行尚書考功員外郎、賜緋魚袋裴璟撰」。新唐書卷七一上宰相世系一上洗馬裴氏：諫議大夫裴虬之孫，河南少尹裴復（字茂紹）子璟，未載裴璟職官，然以時代考之，當是同一人。

李當

蒐佚續編四册一三一二頁李昭撰唐故金紫光禄大夫刑部尚書上柱國隴西開國子食邑五百户贈尚書左僕射姑臧李公（當）墓誌銘并序：「公諱當，字子仁，世爲隴西狄道人。……會丞相崔公鄲自西蜀入拜左揆，以都坐綱領羣司宜重曹郎之選，因諸命公爲左司員外郎，尋轉考功外郎兼集賢殿直學士。」

崔慎由　彙編續集一〇七四頁唐太子太保分司東都贈太尉清河崔府君墓誌自撰：「慎由字敬止，代爲清河東武城人。……入臺爲監察御史、試秘書省秘書郎兼殿中侍御史、義成軍節度判官，復入臺爲監察御史，轉殿中侍御史兼集賢殿直學士、尚書户部員外郎、學士如故、吏部員外郎、考功員外郎知制誥、職方郎中知制誥、翰林學士、中書舍人。」咸通九年（八六八）六月廿九日，年六十五。

崔凝　補遺第六輯二〇一頁狄歸昌撰唐故刑部尚書崔公府君（凝）墓誌并序：「公諱凝，字得之，博陵人也。……既而大盜移國，屬車蒙塵，俄除洛陽宰，不之任。……歸昌與公攜手崎嶇，裹足奔問。……未達行在，除考功員外郎。」卒於乾寧二年（八九五）八月廿五日，享年五十八。

卷十一　户部郎中

裴玄本（五二六頁）　彙編續集九八七頁裴謨撰唐故陸渾縣令裴府君（行著）墓誌銘并序：「公諱行著，字長裕，河東聞喜人。……五代祖□本，皇朝户部郎中。」所缺字乃「玄」字無疑，謂裴玄本也。參見卷四吏部員外郎條。

韋泰真（五二六頁）　彙編續集二九〇頁大唐故使持節懷州諸軍事懷州刺史上柱國臨都縣開國男京兆韋公墓誌銘并序：「公諱泰真，字知道，京兆杜陵人也。……上元二年，除度支郎中。儀鳳二年除户部郎中。三年十月，以恭陵復土，加授朝散大夫。調露初，除兵部郎中。時大駕將幸太原，國用難給。命公收租賦以實之。公於河北次近數十州，裁取郡縣，無擾行者。則謡□於塗，而太原俄有餘積。天子降璽書慰勉，冠蓋相望於道路。優詔特加三階，授度支郎中，尋除户部侍郎。」卒於垂拱三年（六八七）正月卅日，春秋六十一。

張錫（五二七頁）　補遺新千唐專輯一五二頁邢巨撰唐故銀青光禄大夫工部尚書絳

州刺史上柱國平原郡開國公張府君（錫）墓誌銘并序：「公諱錫，字奉孝，清河東武城人也。……歷福昌縣令、户部員外郎、職方郎中，出果州長史。尋拜地官、夏官郎中，遷夏官、冬官、吏部侍郎。」葬於開元十五年（七二七）十月十七日。

申屠錫（**申屠瑒**五二八頁）　彙編上册九七七頁大周故中大夫行并州盂縣令崔府君（哲）墓誌銘并序，葬於久視元年（七〇〇）十月二十八日，署「天官郎中申屠瑒撰」。郎考云「『錫』疑當作『瑒』」。甚是，今墓誌可證。

李綰（五二八頁）　補遺第八輯四六頁王利器撰唐故通議大夫使持節東陽郡諸軍事守東陽郡太守上柱國李府君（先）墓誌銘并序：「府君諱先，字開物，成紀人也。……父綰，殿中侍御史、户部員外郎、吏部郎中、長安縣令。」李先卒於天寶二載（七四三）九月，年六十八。　今按：郎考户中有李綰，户外無。

趙謙光（五二九頁）　補遺第七輯七四頁朱子元撰唐故許州扶溝縣令天水趙府君（季康）隴西李夫人合祔墓誌銘并序「府君諱季康，字季康，隴西天水人也。……先考謙光，皇朝尚書户部郎中、楚州刺史。……府君即户部府君第十四子，和思順聖皇后之猶子也」。趙季康「以大曆九年（七七四），捐牀帳於徐州鄿縣」。

韋虚心（五二九頁）　高陽原六九頁崔宗之撰大唐故工部尚書東都留守上柱國南皮

縣開國子贈揚州大都督韋公（虛心）墓誌銘并序：「公諱虛心字無逸，京兆杜陵人也。……長安中，明經擢第，解褐歧州參軍事，轉蒲州司户。又爲時宰所惡，乃移公判倉部員外郎，朝廷稱屈。旬有八日，又改判右司員外郎，用息僉議。尋遷户部郎中。」開元廿九年四月卒，享年六十有六。

劉延祐（**劉珽祐**五三二頁）　蒐佚第二册五一五頁唐故潤州句容縣丞彭城劉府君（大時）墓誌銘并序「公諱大時，字大時，徐州彭城人也。……父延祐，皇朝中大夫、薛縣開國男、右司郎中、儀州刺史、安南都護。惟前又作程，垂範貽厥子孫。」劉大時春秋五十七，開元十三年（七二五）八月二十九卒。補遺第八輯三七七頁大唐故銀青光禄大夫彭州刺史韋府君（慎名）故夫人彭城劉氏（約）墓誌銘并序「夫人諱約，彭城人，帝堯之遠系也。……父延祐，皇朝户部右司二郎中、儀州刺史、安南府都護、薛縣男。……夫人即府君之第三女。」劉氏春秋六十八，開元廿二年（七三四）九月三日卒。今按：郎考注云「又户外有珽祐」。今以上兩墓誌皆作「延祐」，可知户外乃誤刻或誤辨爲「珽祐」耳。

劉基（五三一頁）注云「無考」。彙編上册九九四頁大周前湖州武源縣丞故息男劉之誌銘「浩字無竭，南陽涅陽人也。……祖基，唐地官郎中尉。父纂，周前任湖州武源縣丞，上護軍。浩隨官，以聖曆二年（六九九）歲在己亥八月廿二日，卒於武源縣官舍，春秋一十有四。」今按：户部郎中、員外郎下設巡官、主事，此云劉基官「地官郎中尉」，疑此「尉」字衍。

韋瓊之（五三一頁） 補遺新千唐專輯一〇〇頁唐故中大夫行考功郎中臨都縣開國男上柱國韋君（瓊之）墓誌銘并序：「君諱瓊之，字，京兆杜陵人也。……聖曆年，除地官郎中，尋除中大夫、考功郎中。」

張昭令（**张昭命**五三三頁）注云「無考。户外張昭命，疑是」。今按：勞説是。今户外補正有張昭命子張迅墓誌，見載補遺新千唐專輯二二六頁唐故晉陵郡江陰縣尉張公（迅）墓誌銘并序，其云：「考昭命，睦豫冀三州刺史、南陽縣開國男，食邑三百户。」迅卒於天寶十一載（七五二）七月，年五十五，時代亦合。

韋維（五三三頁） 高陽原五六頁崔日用撰大唐故銀青光禄大夫行右庶子上柱國南皮縣開國男韋公（維）墓誌銘并序：「公諱維，字文紀，京兆杜陵人也。……神龍初授大理司直，轉本寺丞。……尋遷户部員外，轉本司郎中。」開元四年（七一六）十二月廿九日卒，春秋六十有七。 同書六九頁崔宗之撰大唐故工部尚書東都留守上柱國南皮縣開國子贈揚州大都督韋公（虚心）墓誌銘并序：「公諱虚心，字无逸，京兆杜陵人也。……先考維，歷户部郎中、坊州刺史、京兆少尹。」

柳儒（五三四頁） 補遺第八輯六六頁盧子昇撰唐文部常選柳氏字岳故隴西李夫人墓誌銘并序：「夫人夫之祖諱儒，皇倉部員外、户部郎中、北海等六郡太守、銀青光禄大夫、河東縣開國男。」夫人以天寶十二載（七五三）七月十四日卒，春秋二十四。

嚴方嶷（五三五頁） 蒐佚續編三册八六三頁嚴覩撰唐故大理評事嚴府君（覩）墓誌：「公諱覩，字覩，其先馮翊臨晉人也。……祖諱方嶷，司門、户部二郎中。」嚴覩卒於永泰二年（七六六），春秋四十有二。

裴覲（五三七頁） 彙編續集五六二頁唐故長安尉京兆韋府君妻河東裴氏墓誌銘并序：「維唐開元廿六年（七三八）九月己未，故長安尉韋府君妻裴氏卒。粤仲冬壬寅祔於府君之塋，從周制也。夫人河東聞喜人，太子家令敬忠之孫，京兆尹覲之女也。」

司馬銓（五三七頁） 彙編下册一三八七頁張脩文撰大唐故薛王傅上柱國司馬府君墓誌銘并序：「君諱詮，字元衡，河内温人也。……垂拱四年，以成均生明經擢第，解褐授湖州安吉縣尉，次授蒲州永樂丞，充巡察使判官。……久之，除慈州刺史。時天子慶憂人瘼，傍求共理，吏之本也，以爲能，丁内憂去職，服闋，授户部郎中，轉太子家令，遷光禄卿。」開元十九年（七三一）六月卒，春秋六十有七。　今按：新唐書卷二〇二文藝中劉憲傳、姓纂卷二皆作「司馬銓」，其兄司馬鍠見司馬詮誌及彙編下册一七四八頁司馬望誌，名皆從「金」字，疑墓誌作「詮」爲録文或石刻之誤。

獨孤册（五三八頁）　蒐佚第二册五三八頁大唐朝議郎益州大都督府蜀縣令清河崔府君（綺）墓誌銘并序，葬於開元十一年（七二三）十一月十日，「朝請大夫、户部郎中獨孤册撰」。

張敬輿（五三九頁）　蒐佚續編三册七四〇頁席豫撰大唐故義王傅南陽張府君（敬輿）墓誌銘并序：「公諱敬輿，字敬輿，南陽西鄂人也。……遷殿中侍御史兼東京留臺，鐵冠埋輪，則豺狼當路；繡衣持斧，則朝廷側目。遷户部員外、本司郎中。」

張季瑀（**張季**□五三九頁）　彙編下册一九五五頁大唐故將作監丞清河郡張府君（寧）墓誌銘并序：「公諱寧，字仁則，其先貝郡清河人也。……曾祖季□，皇户部郎中。」張寧爲元和間人，以此往溯其曾祖「季□」，爲開元時人。郎考之張禹瑀爲先天時人，時代相合，此張季□當爲張季瑀也。

徐惲（五四一頁）　補遺第八輯三九二頁唐通議大夫使持節陳留郡諸軍事守陳留郡太守河南採訪處置使上柱國徐公（惲）墓誌銘并序：「公諱惲，字輯，東海人也。……次除尚書比部員外，轉吏部員外，出陳留長史，歷潁川别駕。仙闈起草，是用焚香；綱佐題輿，不然官燭。未幾，拜户部郎中，改吏部郎中。」

裴令臣（五四一頁）注云「無考」。　蒐佚三編三册七七八頁封演撰唐故密州司馬張府君（瑶）墓誌銘并序：「君諱瑶，字子石，南陽人也。中大夫、工部員外郎、嗣南陽郡公孝弼之曾孫。銀青光禄大夫、相州刺史承基之孫。太中大夫、房州刺史景尚之子。……夫人河東裴氏，户部郎中令臣之女，宗門望郁若樹蘭，開元末遇疾而卒。」張瑶卒於廣德年冬十月，葬於貞元九年（七九三）正月卅日。

杜濟（五五〇頁）　彙編下册一七九五頁顔真卿撰唐京兆尹兼中丞杭州刺史劍南東川節度使杜公墓誌銘：「公諱濟，字應物，京兆杜陵人。……皇甫侁江西採訪奏爲推官，授大理司直攝殿中侍御史賜緋魚袋，尋正除殿中。歷宰湄、渭南、成都三縣，緜州刺史，賜紫金魚袋，户部郎中。」杜濟于大曆十二年（七七七）七月薨於常州，春秋五十八。

李規（五五一頁）　補遺第五輯一五九頁大唐中大夫使持節湖州諸軍事湖州刺史封公（泰）墓誌銘并叙：「公諱泰，……夫人隴西李氏，信都郡君，唐吏部郎中規之女也。……永徽元年（六五〇）十二月三日，薨於澤州之公第。」吴補已收。

崔儒（五五二頁）　蒐佚四册九八二頁裴譔撰唐故宣威將軍守右金吾衛大將軍兼御史大夫充右街使上柱國賜紫金魚袋工部尚書王公（會）墓誌銘并序：「皇監察御史贈兵部侍郎諱虒之第五子、户部郎中博陵崔君諱儒之外孫，娶河中府寶鼎縣令清河崔君諱伋之第三女。」　蒐佚三册八〇九頁王虒撰唐朝請大夫使持節池州諸軍事池州刺史齊國公崔公（儒）墓誌并序：「公諱儒，字公回，博陵安平人也。……後以文學聞，授秘書省校書郎、涇陽主簿……起居舍人、吏部員外郎、户部郎中。以故舊見累，貶衢州别駕，遷池州刺史。」貞元元年（七八五）四月卒，年五十。同書同册王虒撰唐故池州刺史崔府君（儒）夫人襄武縣君李夫人墓誌銘并序：「唐貞元十四年（七九八）六月十六日，故朝請大夫、守尚書户部郎中、池州刺史、襲齊國公崔儒君夫人襄武縣君隴西李氏遘疾終於京兆府萬年縣光福里之私第，享年六十有一。」

魏弘簡（五五五頁）　蒐佚續編四册一一四九頁楊嗣復撰唐故尚書司封郎中衡州刺

史潁川韓府君夫人鉅鹿縣君魏氏墓誌銘并序：「夫人諱琰，字令珪」，「父弘簡，以詞學士行有盛名於貞元中，官至户部郎中，不幸短命」。

熊執錫（熊執易五五七頁）　補遺第八輯一六一頁殷恪撰唐鄉貢進士陳郡殷恪妻鍾陵熊夫人（休）墓誌銘并序：「夫人諱休，字居美，姓熊氏。……烈考執易，一舉秀才上第，兩登制策甲乙科。屈就常調，抑居尤等。德行文學，稱爲帝師。道隆勢孤，遭時排斥。故位未升乎公相，仕止尚書郎。官壽中輟，君子悼焉。」郎考云「『錫』當作『易』」。是，其女熊休墓誌作「熊執易」可證。墓誌云熊執易仕止尚書郎，即指户部郎中也。

宋申錫（五六四頁）　彙編續集八八七頁大唐故文安公主墓誌銘并序，葬於大和二年（八二八）五月十二日，署「翰林學士、朝議郎、守尚書户部郎中、知制誥、上柱國、賜紫金魚袋臣宋申錫奉敕撰」。

楊漢公（五六七頁）　彙編續集一〇三六頁鄭薰撰唐故銀青光禄大夫檢校户部尚書使持節鄆州諸軍事守鄆州刺史充天平軍節度鄆曹濮等州觀察處置等使御史大夫上柱國弘農都開國公食邑二千户弘農楊公（漢公）墓誌銘并序：「公諱漢公，字用乂，弘農華陰人也。……朝廷多之，拜户部郎中，尋帖史館修撰，由起居之直筆也。」以咸通二年（八六一）七月十日，薨於宣教坊之私第。

楊敬之（五六七頁）　彙編下册二四〇九頁鄉貢進士孫備妻于氏墓誌：「夫人于氏，河南人也。……妣弘農楊氏夫人，外王父左馮翊太守諱敬之，韓吏部、柳柳州皆伏比賈馬，文章氣高，面訶卿相，豪盛之非，蓋不得爲達官。」于氏卒於咸通六年（八六五），時代亦合。

姚合（五六八頁）　蒐佚四册九八四頁姚勖撰唐故朝請大夫守秘書監贈禮部尚書吴興姚府君（合）墓誌銘并序：「公諱合，字大凝。……韓文公尹京兆愛清才，奏爲萬年尉，入臺爲監察，改殿中侍御史。尋遷户部員外郎，出刺金州，仁澤惠風，到今歌詠不息。不滿歲徵爲刑部郎中，持法唯公，吏不敢舞。……復刺餘杭，入爲户部郎中，遷諫議大夫。」會昌二年（八四二）卒，年六十有六。

趙格（五七五頁）　蒐佚四册一〇二〇頁唐故陝州芮城縣令涿郡盧府君（行質）夫人天水趙氏墓誌，葬於大中八年（八五四）十一月二十一日，署「子婿、朝議郎、守尚書户部郎中、賜紫金魚袋趙格撰」。

李荀（五七五頁）　長安新出墓誌二八九頁張台撰唐故青州司户參軍韋君（挺）夫人柏氏（苕）墓銘并序：「夫人姓柏氏，諱苕。……夫人生二女，長女幼卒，次女適今户部郎中李荀。夫人無子，從李氏女居。」葬於大中十年（八五六）二月十日。

馮緘（五七七頁） 蒐佚三編四册一〇六五頁大唐贈刑部尚書馮公（審）墓誌銘，葬於大中十年（八五六）十月廿七日，誌署「前萬年縣令、孤子緘銜哀謹添叙年月日、贈官里第。前藍田縣尉孤子謙謹遵誨訓書并額」。

裴璩（五七九頁） 彙編續集一〇五七頁唐故贈魏國夫人墓誌銘并序，葬於咸通六年（八六五），署「翰林學士、朝議郎、守尚書户部郎中、知制誥、柱國、賜紫金魚袋臣裴璩奉敕撰」。

劉允章（五七九頁） 彙編下册二四一〇頁故楚國夫人贈貴妃楊氏墓誌銘并序，葬於咸通六年（八六五）四月十九日，署「翰林學士、朝議郎、守尚書户部郎中、知制誥、賜紫金魚袋臣劉允章奉敕撰」。

盧深（五八一頁） 蒐佚三編四册一〇七九頁行監察御史盧深夫人清河崔氏墓誌銘并序，葬於咸通三年（八六二）八月一日，誌署「朝議郎、行監察御史、柱國盧深撰」。

庾崇（五八二頁） 河洛下册六二九頁有唐朝散大夫尚書倉部郎中柱國賜緋魚袋樊公（驤）墓誌銘并序，葬於咸通十一年（八七〇）十一月二十四日，署「朝散大夫、尚書户部郎中、上柱國庾崇譔」。新考訂云「崇下有舊刻痕跡，故二本誤庾崇□」。岑説是，上引墓誌拓本即作「庾崇」。

李晦（五八三頁）　大唐西市下册九九九頁唐故常州晉陵縣丞趙君（途）墓誌銘并序，咸通十二年（八七一）十月七日葬，誌署「尚書户部郎中李晦纂」。

李凝庶（五八六頁）注云「無考」。　蒐佚續編第五册一三二九頁唐故杜氏隴西李夫人墓誌銘并序，文德元年（八八八）十一月二十七日葬，誌署「中大夫、行中書舍人、上柱國、賜紫金魚袋李凝庶撰」。李凝庶官户中當在文德元年之前。

崔行成（五八八頁）　彙編上册一〇九〇頁唐故雍州鄠縣丞博陵崔君（訥）墓誌銘并序：「君諱訥，字思默，博陵安平人也。……父行成，皇朝侍御史，歷司勳、考功員外郎、司元大夫、雍州長安縣令、鄂州刺史。」

裴騰（五八九頁）　彙編下册二三三一頁高湜撰唐故朝議郎河南府壽安縣令賜緋魚袋渤海高府君（瀚）墓誌銘并序：「府君諱瀚，字子至，渤海蓨人也。……外曾祖皇尚書户部郎中、贈中書舍人諱騰。」高瀚卒于大中十年（八五六）四月七日，春秋三十有八。

盧播（五八九頁）　盧播之女盧見有墓誌，見蒐佚補編三册七五二頁。盧居易撰盧見墓誌，其云天寶五載（七四六）十二月十六日，盧見卒於洛陽敦化里第，享年一十有八。「猶在室未適他人」，故誌稱處女，又云「曾祖弘壽，不仕，以高尚聞。祖友裕，皇冀州信都縣尉，以令德著。父播，殿中侍御史，貶清化郡司户」。今按：所述盧見以上三代姓名與新唐書卷七三上宰相世系三上吻合，職官小異，其父盧播官户部郎中，當是其女亡故於天寶五載之後事。誌署「兄居易撰并書」，新唐載居易爲播子，即盧見之兄也。

裴埧（五九一頁）　長安新出墓誌二二九頁裴垍撰唐故朝請大夫守華州司馬韋公（渢）墓誌銘并序：「公諱渢，字士温，京兆萬年人也。……長女早亡，次女適諫議大夫河東裴堪，幼女適監察御史河東裴埧。」韋渢卒於元和五年（八一〇）四月十八日，享年七十六。裴埧官户部郎中當在元和五年之後。

【新補遺】

姚元慶　補遺第七輯三一八頁大周故朝散大夫守文昌臺司門郎中檢校房州刺史姚府君（元慶）墓誌銘并序：「公諱元慶，字威合，河東芮城人也。……奏課第一，加西階，授文昌考功員外郎，尋轉地官郎中。」

張謙 補遺第六輯二六五頁大唐故户部郎中泉州長史姑蘇張府君（謙）墓誌銘并序：「君諱謙，字嚮彦，清河人也。……隋釋褐拜竭者臺奉信郎，皇朝洺州司户參軍、冀州都督府兵曹，又除洛州都督府法曹，尋轉大理寺司直，仍遷大理丞。……又除都官員外郎，又遷刑部郎中，又除户部郎中。香浮青瑣，襲武帳以騰芳；星麗紫微，映文昌而警色。又除夏州都督府司馬。」彙編上册七四二頁大唐故蔣王府參軍張府君（覽）墓誌銘并序：「君諱覽，字智周，清河人也。……父謙，皇朝户部、刑部二郎中，交、泉二州長史。」張覽卒於垂拱二年（六八六）二月卅日，春秋七十有九。

崔詎 彙編續集八一九頁哥舒峘撰唐故博陵崔府君（慎思）墓誌銘并序：「有唐貞士曰博陵崔君諱慎思，字茂冲，博陵人也。……大父諱詎，户部郎中。」崔慎思卒於元和五年（八一〇）二月十七日，享年五十四。

孫偓 參見本書卷五封中新補遺條。

卷十二　户部員外郎

許行本（六〇四頁）　彙編上册三二九頁□故太府卿真定郡公許府君（緒）墓誌銘并序：「□□緒，字玄嗣，高陽郡人也。……子行本等，悲深追遠，敬厝高神，以顯慶五年十二月十三日還奉北邙山平樂里。」　同書五九六頁□唐故滄州東光縣令許君（行本）墓誌銘并序：「君諱行本，字奉兄，本河間高陽郡人也，後家於晉陽，從牒徙居河内，故今爲河陽縣人焉。……父緒，皇朝散騎常侍、司農太府等卿、瓜州都督、上柱國、真定郡公。……君辯縱髫辰，風清丱日……貞觀十年，以門調爲太穆皇后挽郎。顯慶二年，擢爲霍王府兵曹參軍。出入梧宫，優遊碣館。侶枚馬於東閣，奉軒蓋於西園。總章元年，爲滄州東光縣令。……以上元年二月寢疾，終於洛陽弘教里之私第。」　同書上册八六九頁有許行本妻崔氏墓誌，一一六六頁有其子許義誠墓誌，皆載許行本官「越州都督府參軍事、滄州東光縣令」，均未言其官户部員外郎而時代卻又吻合，墓誌之許行本是否爲郎考之人，尚待深考耶。

崔禮庭（六〇四頁）注云「無考」。補遺新千唐專輯九六頁大唐故衛州共城縣令李府君（義瑛）墓誌銘并序「君諱義瑛，字叔琬，隴西成紀人也。……夫人博陵崔氏，隋殿内□御齊卿之孫，皇朝隋州刺史禮庭之第二女也。」李義瑛卒於調露（六八〇）四月十七日，春秋七十有四。

朱延慶（**朱延度**六〇四頁）　蒐佚一册一六八頁大唐故倉部郎中朱府君（延度）墓誌銘并序：「君諱延度，字開士，吴郡錢塘人也。……射策高第，授魏王府典籤。（貞觀）十一年（六三七），除法曹參軍。……十七年，遷雍州司功參軍。……廿年，授鴻臚丞。……永徽二年（六五一），授比部員外郎。五年（六五四），遷户部員外郎。郎官顯要，禮闈清切。歷處煩劇，咸遣疑滯。望高超謁，聲軼朝行。六年，除守倉部郎中。顯慶元年，授兼倉部郎中。複道含香，指丹墀而伏奏；中台宰庾，入紫殿以飛纓。」蒐佚三編二册三五三頁大周故趙王府司馬朱府君（景融）墓誌銘并序：「君諱景融，字景融，其先陸終氏之後。……父延度，唐雍州司功參軍、户部員外郎、倉部郎中。象賢崇德，弈代彌光。」今按：勞注「倉中作朱延度」，今有墓誌可證作「度」是。

裴奐（六〇七頁）　河洛下册四三七頁唐陶貢夫人裴氏墓誌：「唐大曆十載（七七五）歲次乙卯乙未朔十四日戊申，故中散大夫、博州長史、贈太僕卿、陶公夫人河東郡太君裴氏薨於東都歸德里第，春秋七十有五。……祖奐，户部員外郎。」

杜元揆（六〇七頁）　蒐佚三編二册三九二頁大周故天官員外杜府君（元揆）墓誌銘并序：「君諱元揆，字元揆，本京兆杜陵人也。……明經擢第，授許王府參軍。……授洛州河南縣尉。……除宿州司户參軍事。……尋拜户部員外郎。」杜元揆「春秋五十九，以垂拱三年（六八七）五月十六日終於汝州梁縣平皋里第」。

孫尚客（六〇八頁）　補遺第八輯四頁大唐中大夫守延州刺史上柱國東海郡開國公（于君）故夫人胡氏（貞範）墓誌銘并序，葬於垂拱四年（六八八）十二月一日，誌署「司禮博士、攝秋官員外郎孫尚客製」。蒐佚二册三六〇頁大周故雍州萬年縣令孫公墓誌銘并序：「公諱尚客字鼎，其先太原人也。……起家成均進士。乾封元年，以對策甲科，授將仕郎守麟臺正字。……永昌元年，除宣德郎守文昌地官員外。中吐鳳之才，處舍雞之任。……聖曆元年除比部員外，又遷駕部郎中。」卒於長安二年（七〇二）七月二十二日，春秋六十有五。

韋維（六〇九頁）　參見本書卷十二卷户中條。

張錫（六〇九頁）　補遺新千唐專輯一五二頁邢巨撰唐故銀青光禄大夫工部尚書絳州刺史上柱國平原郡開國公張府君（錫）墓誌銘并序：「公諱錫，字奉孝，清河東武城人也。……以茂才高第改絳州司户，入爲通事舍人。歷福昌縣令、户部員外郎、職方郎中，出果州長史。」葬於開元十五年（七二七）十月十七日。

裴友直（六一〇頁）郎考無其事迹，亦屬無考之列。　彙編下册一八三九頁李衡撰唐絳州聞喜縣令楊君故夫人裴氏墓誌銘并序：「維唐貞元元年（七八五）仲冬十一月十有七日，聞喜縣令楊君故夫人河東裴氏葬於京兆之九畤原，禮也。……曾祖友直，皇朝給事中，簡要清通，爵有時望。」　蒐佚第二册三六七頁大唐故宣州當塗縣丞楊府君（元亨）墓誌銘并序，葬於長安三年（七〇三）十月，署「右司員外郎河東裴友直撰」。

張昭命（六一三頁）　補遺新千唐專輯二二六頁周方遜撰唐故晉陵郡江陰縣尉張公（迅）墓誌銘并序「公諱迅，字迅，南陽人也。……考昭命，睦豫冀三州刺史、南陽縣開國男，食邑三百户。公即第三子也」。張迅於天寶十一載（七五二）七月卒，春秋五十有五。

盧諭（六一四頁）　蒐佚第四册崔鄾撰唐故銀青光禄大夫守禮部尚書致仕上輕車都

尉安城縣開國伯食邑七百户贈太子少師隴西李府君（益）墓誌銘并序（大和三年十二月十四日）「公諱益，字君虞，隴西狄道人，凉武昭王十二代孫。……皇朝户部員外郎范陽盧諭，即公外王父也。」　蒐佚三編三册八二六頁李益撰唐故朝議郎大理司直隴西李府君（存）玄堂誌，建中四年（七八三）六月十一日葬。誌云：「府君諱存世，爲隴西狄道人。……夫人范陽盧氏，……祖從愿，吏部尚書固安文公，文公第二子户部員外郎諱諭，夫人户部之長女。」岑仲勉新考訂云「新唐書表同姓名者二人，一從愿子，自起居郎出爲絳刺；一慎思子黄州刺史」，究爲何人，岑氏難以定奪，云「待考」。據此墓誌以，可知户中盧諭乃從愿第二子也。

韋迴（**韋迪**六一五頁）　郎考云「『迴』疑『迪』」。韋迪見載彙編下册一七九五頁顔真卿撰唐京兆尹兼中丞杭州刺史劍南東川節度使杜公（濟）墓誌銘，其云「公諱濟，字應物……夫人京兆韋氏，太子中舍韋迪之第三女也」。杜濟卒於大曆十二年（七七七），春秋五十八，時代吻合。

裴子餘（六一五頁）　蒐佚續編三册七四六頁裴耀卿撰唐故銀青光禄大夫冀州刺史岐王府長史裴府君（子餘）墓誌銘并序：「府君諱子餘，字冬卿，河東絳人。……年十八經儒之譽，志推州里，無何觀國，遂登甲科，仕歷高平主簿，唐安、鄠、

□堂三尉，詹府司直，監察御史，巡察山南，黜陟舉楷。微聲允塞以外，累出爲解令，以政最，入爲侍御史、户部員外郎。丁繼親憂，哀毀如昔，服闋，除駕部郎，以季弟同省，轉太子中舍人，擢拜給事中。……以開元十四年（七二六）歲次景寅正月七日，遘疾於河南之歸德里第，春秋六十有三。」彙編下册一八七七頁柳寥撰唐故太子司議郎盧府君（寂）墓誌銘并序：「府君諱寂，字子静，范陽涿人也。……以貞元九年（七九三）五月八日，終於河南縣道光里，享年八十一。夫人河東裴氏，祖守忠，寧州刺史。父子餘，銀青光禄大夫、給事中、冀州刺史。」

張楚（六一七頁）　蒐佚第二册五七四頁大唐特進鄧國公張君夫人封鄧國夫人故許氏墓誌并序，葬於開元二十三年（七三五）十一月十日，署「朝散大夫、行起居郎張楚撰」。

張敬興（六一八頁）　蒐佚續編三册七四〇頁席豫撰大唐故義王傅南陽張府君（敬興）墓誌銘并序：「公諱敬興，字敬興，南陽西鄂人也。……遷殿中侍御史兼東京留臺，鐵冠埋輪，則豺狼當路；繡衣持斧，則朝廷側目。遷户部員外、本司郎中。」

杜昱（六二〇頁）　彙編續集一四七九頁有唐薛氏故夫人實信優婆夷未曾有功德塔銘并序，葬於開元廿六年（七三八）五月十五日，誌署「朝議大夫、守河南少尹東都杜昱撰并書」。

路齊暉（六二二頁）　蒐佚第四册一〇五七頁顧標撰并書唐琅邪顔夫人陽平路氏墓銘并序：「夫人姓路氏，以嗜佛號自在心，其先陽平人也。……曾祖齊暉，任比部郎中、睢陽太守、贈左散騎常侍。」

高蓋（六二二頁）　彙編下册一三三八頁先府君玄堂刻石記，葬於開元十五年（七二七）九月十七日，署「嗣子前鄉貢進士蓋述，次子前鄉貢明經宇書」。同書一六四七頁大唐故汝州刺史李府君夫人鄧國夫人韋氏墓誌銘并序，葬於天寶九載（七五〇）十一月十一日，署「河南縣尉高蓋撰文，左羽林軍中候陳絢書」。蒐佚續集三册七八〇頁唐故銀青光禄大夫北海郡太守竇成公□人成安郡夫人墓誌銘并序，葬於天寶十載（七五一）八月二十二日，亦署「河南縣尉高蓋撰」。

李珝（**李珝**六二四頁）注云「又主外作『珝』」。蒐佚三册八三三頁唐故左司郎中兼景城郡太守李府君（珝）墓誌：「公諱珝，其先趙人，胙土命族，書勳載德，舊史詳矣。……弱冠孝廉上第，調司經正字，歷汜水簿、大理評事，再爲太常博士、右補闕、主客户部二員外、晉陽河南令、左司郎中兼范陽司馬，又兼景城守。」李珝以永泰元年（七六五）八月二十九日卒，春秋六十。今按：本書主外作「李珝」，與墓誌吻合，當作「李珝」爲是。

范惀（六二四頁）　元和姓纂卷七云「弘基國子博士，生安親、安仁。安親，房州别駕，生怦、惀、愔、憕。……惀，户部員外」。蒐佚四册九〇五頁姚勖撰唐故監察御史裏行順陽范府君（傳楚）墓銘并序：「唐長慶二年歲次壬寅正月十八日監察御史裏行順陽范公歿於雁門官舍，享年四十九。……曾王父弘基，國子博士，贈祭酒。王父安親，房州别駕，贈常州刺史。大父憕爲尚書户部員外郎，贈大光禄。娶太原郝夫人，大理評事昕之女，實生三子，公其季也。」今按：綜合以上史料，據姓纂范惀官户部員外郎。范憕爲其弟，未云職官。今墓誌云范傳楚爲憕子，惀之姪，憕官户部員外郎。范惀、范憕兩兄弟皆官户部員外郎抑是記載有誤，僅其中一人官此，此事尚待細考耳。

寇鍰（六二四頁）注云「無考」。彙編下册二二七四頁崔耿撰唐故朝散大夫陝州大都督府左司馬上柱國上谷寇公（章）墓誌銘并序：「皇唐大中三年（八四九）冬十月十一日，陝州大都督府左司馬寇公寢疾，終於官舍，享年七十有五。……不幸無男子，……公諸祖諸父：崇賢館直學士修國史景初、司戎少常伯洮、南陽守洋、司勳郎中鍰、司平大夫錫……事業皆昌聞於時，與遊必當時秀傑人。自開元以來，以寇氏爲多賢才。」

李彦超（六二五頁）注云「無考」。蒐佚續編四册八八九頁李延昌撰前諫議大夫韓公故夫人李氏誌銘并序：「夫人姓李氏，諱，字，隴西成紀人。……父彦超，殿中侍御史、户部員外郎。餘風故事，政留臺閣，令妻翼了，教被閨門。夫人即户部之第四女也。」夫人李氏卒於大曆八年（七七三）五月九日，春秋四十有九。珍稀墓誌韓章撰唐故諫議大夫韓公（泫）墓誌銘并序（貞元廿一年四月十日）：「叔父諱泫，……夫人隴西李氏，夫人父彦超，皇户部員外郎兼侍御史。」

田南鷗（六二九頁）注云「無考」。蒐佚三編三册六七三頁大唐故朝議郎通事舍人上騎都尉博陵崔府君（景祥）墓誌銘并序（天寶十載十一月五日），誌署「華陰郡上邽縣尉田南鷗撰」。新考訂一六二頁云：「鷗，三家均缺，按南鷗見户外，時代正合，但事迹尚付闕如。」岑氏云三家所缺字爲「鷗」，甚是，今崔景祥誌可證。

裴澈（裴徹六三〇頁） 長安新出墓誌二四三頁裴儉撰唐故太原府太谷縣尉元府君亡夫人河東裴氏墓誌銘并序：「夫人姓裴，河東聞喜人也。……大父諱徹，歷户部、刑部二司員外郎，以刑部郎中，薨位。」夫人裴氏「以元和十五年（八二〇）九月九日終於脩武，享年五十有一」。郎考云裴澈「一作『徹』，徹見户中補」。今以墓誌拓本辨之，當作裴澈爲是。

裴向（六三四頁）　蒐佚三編三册九五四頁路群撰唐故銀青光禄大夫吏部尚書致仕萬泉縣開國（下闕）：「大和四年九月十五日，吏部尚書致仕裴公薨於西京新昌里第，享年八十。……公諱向，字傃仁，河東聞喜人也。……早以地蔭，累授太子司議郎。……同州刺史李公紓默識其才授殿中侍御史，賜緋魚袋充長春宫判官。……遷户部員外郎，而邦畿之間，翕然有思齊之志。」

鄭逌（六三八頁）　蒐佚三編三册九三六頁鄭卨撰唐故中大夫行尚書虞部郎中上柱國賜緋魚袋鄭君（逌）墓誌銘并叙：「皇唐寶曆二年歲直丙午十一月三十日，尚書虞部郎中鄭公殁于上都開化里之私第，享年五十八，歷官十有二。……公諱逌，字積中，……除侍御史……遷户部員外郎。」

姚合（六三九頁）　蒐佚四册九八四頁姚勖撰唐故朝請大夫守秘書監贈禮部尚書吳興姚府君（合）墓誌銘并序：「公諱合，字大凝，……入臺爲監察，改殿中侍御史。尋遷户部員外郎，出刺金州，仁澤惠風，到今歌詠不息。」

姚康（六三九頁）　長安新出墓誌二六九頁唐故隴西縣太君李氏夫人墓誌銘，葬於大和六年（八三二）十一月十四日，「朝議郎、行尚書户部員外郎、上護軍、賜緋魚袋姚康撰」。

李群（六四〇頁）　蒐佚四册一〇〇〇頁李鄴撰唐故濠州刺史渤海李公墓誌銘：「有唐渤海李公諱群字處一，少負名節於江淮間，凡江淮游學，有道之士，莫不從公與處，於是名譽日籍，甚布流於京師。……李相國宗閔去相位，公自以爲得進士第於相國門下，又居詩生之首。……出爲高陵縣令，李公復相，以公爲户部員外郎，未久兼制鹽鐵案。」卒于大中二年（八四八）正月十九日，享年七十。今按：郎考所列蔡王房、蔣王房、趙郡李氏三李群籍貫不合，皆非户外之李群也。

白敏中（六四二頁）　彙編續集一〇三三頁高璩撰唐故開府儀同三司守太傅致仕上柱國太原郡開國公食邑二千户贈太尉白公（敏中）墓誌銘并序：「公諱敏中，字用晦，……上章請公真爲侍御史，尋治留臺事，改户部、右司員外郎。武崇皇帝破回鶻，裂潞軍，擒太原反者，召公承詔。意鉛黄策畫，進兵部員外郎，充翰林學士，尋加職方郎中知制誥，賜紫，充承旨中書舍人，户部、兵部侍郎。」

崔慎由（六四四頁）　補遺第五輯四三頁唐太子太保分司東都贈太尉清河崔府君

（慎由）墓誌：「慎由字敬止，代爲清河武城人。……復入臺爲監察御史，轉殿中侍御史、兼集賢殿直學士、尚書户部員外郎、學士如故、吏部員外郎、考功員外郎知制誥。」卒於咸通九年（八六八）六月，年六十五。

丁居立（六四七頁）注云「無考」。彙編下册二三三八頁唐故鄂州司士參軍支府君（叔向）墓誌銘并序，葬於大中十年（八五六），誌署「將仕郎、守監察御史丁居立篆」。

裴虔餘（六四九頁）補遺新千唐專輯三九四頁唐故秀才河東裴府君（巖）墓誌銘并序，大中十二年（八五八）八月二日葬，署「堂弟、孟懷澤等州觀察判官、將仕郎、試大理評事虔餘篆」。

陳琉（**陳玩、陳玧**六五〇頁）注云「無考」。蒐佚四册一〇六七頁故韓國夫人韋氏（東真）墓誌銘并序，咸通十四年（八七三）二月二十五日葬，署「門生、朝議郎、前行尚書户部員外郎、柱國陳琉撰」。陳琉，雲溪友議卷中作「陳玩」，太平廣記卷一九九作「陳玧」，其云「唐宣宗朝，前進士陳玧等三人應博士宏詞」。陳琉、陳玩、陳玧，三人時代相同，當是同一人，皆應從墓誌作「陳琉」爲是。

李韶（六五〇頁）　蒐佚四册一〇五八頁李昭撰唐故尚書户部員外滁州刺史隴西李公（韶）墓誌銘并序：「公諱韶，字右樂。謹案：李氏自玄祖李氏以降，綿歷數千載，代爲冠族。至於凉武昭王，實系本朝，皇唐受命，追號興聖皇帝，於我爲十四代祖也。……顯考褒，越州觀察使，贈尚書右僕射。公即僕射之次子也。……公以文學德行迭膺其選，聯掌三府記室，書檄之美，冠於一時。轉協律郎，入爲長安縣尉、直弘文館。未幾，拜監察御史，改殿中侍御史。自察視至殿内，皆分曹就養，訖於滿歲，轉尚書户部員外郎。素尚高遠，聞永陽有佳山水，求爲是邦，詔拜滁州刺史。」李韶卒於咸通十年（八六九）四月八日，享年四十六。　今按：郎考所列新唐書之四個李韶，皆非户外之人。

薛調（六五〇頁）　彙編續集一〇九一頁故德妃王氏墓誌銘并序，葬於咸通十二年（八七一）正月廿五日，誌署「翰林學士、朝議郎、守尚書駕部郎中、柱國、賜紫金魚袋臣薛調奉敕撰」。

楊思立（六五〇頁）注云「無考」。　唐代墓誌彙編下册二四七八頁楊知退撰唐故朝議大夫前鳳翔節度副使檢校尚書兵部郎中兼御史中丞上柱國賜紫金魚袋弘農楊府君（思立）墓誌銘并序：「維唐乾符二年，歲在乙未，六月壬子朔，八日己未，前鳳翔節度副使、檢校尚書兵部郎中、兼御史中丞、上柱國、賜紫金魚袋楊府君終於上都靖恭里之私第，享年五十有六。……君諱思立，字立之，其先華陰人。……今分洛李司空蠙，節鎮上黨，辟君爲節度判官、檢校刑部郎中，賜緋魚袋，旋改副使，换戎曹正郎兼中丞，錫金紫。……李公司大計，復請君判計案，授户部員外郎，轉主客郎中如故，稍遷都官郎中。南宫優游，物論稱洽。李公鎮岐山，又命君副焉。」王補已收。

李凝庶（六五四頁）原注「無考」。參見户中條。

王深（六五四頁）注云「無考」。蒐佚四册一〇二五頁石述撰太原王女郎（卿兒）墓銘：「女郎姓王氏，其先太原祁人，唐僕射公紹之曾孫，常侍公玄質之孫，參號州軍事倚之長女、京兆杜氏之出，小字卿兒。……季父曰櫝、曰深，皆顯顯令問者。」葬於大中九年（八五五）。

【新補遺】

王約 大唐西市上册一五一頁大唐故博州刺史王君（約）墓誌銘并序：「公諱約，字處儉，琅耶臨沂人也。……貞觀四年（六三〇），引拜户部員外郎。……五年，以外艱去職。」

劉應道　長安新出墓誌一一三頁唐故秘書少監劉府君（應道）墓誌銘并序：「□君諱應道，字玄壽，廣平易陽人。……府君膺其選，對册高第。貞觀廿二年，擢授尚書户部員外郎。其年，丁太夫人憂去任。……顯慶二年（六五七），復入爲司勳員外郎，俄遷吏部員外郎。又屬第二兄拜刑部尚書，出爲洛州陽城縣令。……總章初，選司甄拔淪滯，乃用府君爲雍州司功參軍事。……頃之，除尚書户部員外郎。自始入尚書省逮廿二年，不進一階，還居舊座。簪紱故人，盡相爲邑邑。府君欣然不介懷，縱容談論之間，未嘗涉身名否泰。時在朝執政，皆平生親友，府君恒敬毆畏避，非公事不交言。」

劉野王　蒐佚三編二册四一三頁大唐故工部侍郎使持節陝州諸軍事陝州刺史上柱國譙縣開國侯劉府君（野王）墓誌銘并序：「君諱野王，字希逸，沛國相人也。……永昌元年（六八九），授洛州録事參軍。……公時爲河東道宣勞使。還加朝散大夫，尋授伊闕縣令。又遷户部員外郎。……長安三年，加上柱國入爲祠部郎中。」

任松齡　補遺第八輯四〇三頁大唐故樂安縣令任府君（瑗）墓誌文并序：「府君諱瑗，字淲，其先殷周二代五侯九卿之後。……父松齡，詞場擢第，户部員外郎、上柱國、朝散大夫。」葬於天寶十三載（七五四）十月八日。

鄭日華 補遺第八輯八二頁李嵩撰唐故安國寺比丘尼性無相（鄭齊嬰妻秦氏）墓誌銘并序：「比丘尼性無相，族秦氏，京兆雲陽人也。……有子日華。……（夫人）大曆八年（七七三）七月廿六日，寢疾歿於河南縣宣風里之私第，春秋五十九，具戒七夏臘。其年八月六日，葬於龍門畢圭鄉之原，禮也。而日華始以户部員外郎致毀奉喪。嗚呼！」 彙編續集八二八頁李瞻撰唐朝請郎行前陜州大都督府文學李瞻亡妻蘭陵蕭氏墓誌：「夫人姓蕭氏，蘭陵郡人也。……父曾□，任商州刺史。天授直方，性稟忠孝。清儉樸素，有古人之風。華省憲臺，累連踐履。藴蓄利用，爲國之楨。娶户部員外郎鄭日華女，夫人即商州之長女也。」

李立則 蒐佚三編三册九一一頁袁師服撰唐太子通事舍人李公（景詢）故主人墓誌銘并序：「李公充延州防禦判官故室，以長慶二年九月十六日疾歿於官舍。……夫人……顯考諱懿文，歷官御史尚書郎訖於邵州牧。顯妣隴西李氏天京掾諱愜之女，夫人即邵州第七女也。……夫人季舅今户部員外郎立則。夫人葬於長慶二年（八二二）十一月廿六日。」

范憕 蒐佚四册九〇五頁姚勖撰唐故監察御史裏行順陽范府君（傳楚）墓銘并序：

「公諱傳楚，……父僜爲尚書户部員外，贈大光禄。」傳楚卒於長慶二年（八二二）正月十八日。

裴騰

洛陽新獲七朝墓誌三四六頁裴夐撰唐故朝議大夫章陵臺令上柱國河東裴公（濛）合祔墓誌銘并序：「公諱濛，字源明。……祖騰，尚書户部員外郎、贈中書舍人。」裴濛卒於大中二年（八四六）二月十四日，享年六十有四。

韋羽

蒐佚三編四册一〇六三頁崔誼撰唐故京兆府士曹京兆韋公（諫）墓誌：「公諱諫，字正夫，京兆人也。……烈考羽，户部員外郎、西川南道運糧使。」韋諫卒於大中十年（八五六）七月廿日。

達奚珸宜

補遺第七輯一四四頁裴端辭撰唐故鄉貢進士建奚公（革）墓誌銘并序：「公諱革，字日新。其先軒轅氏之垂裔。至後魏承獻帝諸王，太和中，封氏遠祖長寧公蕈。蕈生宜城王公實。宜城王之後，軒裳茂族。自國朝係美者，湖州刺史恕、殿中丞璿、司農少卿懷義、户部員外郎珸宜，皆公之一源。」珸，古寶字也。

卷十三　度支郎中

皇甫文亮（六六四頁）　河洛上册一二七頁唐故中散大夫楚鄧隴魏四州刺史鸞臺侍郎清平縣開國男皇甫公（文亮）墓誌銘并序：「公諱文亮，字孔章，其先安定人，代爲西州普族。……弱冠以太學生射策高第，起家紀王府典籤、岳州司法、大理評事、司農主簿。……敕授公殿中侍御史，轉侍御史。驄馬載驅，豸冠爰飾。入烏庭而起電，陵白簡以生風。累遷度支刑部二員外、度支刑部二郎中。……粤在上元，廣求才彦……公輟務南宫，東遊東省，加朝散大夫、守給事中。」皇甫文亮卒於垂拱三年（六八七）八月，春秋六十四。

裴思莊（六六四頁）注云「無考」。此條實爲誤入度支，應是祠中，見新著録。其事迹亦可考知。　蒐佚一册一八一頁大唐新野縣主李氏（令）墓誌銘：「縣主諱令字淑絢，隴西狄道人，景皇帝曾孫，高祖太武皇帝之孫，巢剌王元吉第六女也。……曜殊姿於褓旦，揚懿質於笄年。……以貞觀十一年，封新野縣，食一千户，時年十四。明年降於河東裴重暉，則隋都州刺史、石城縣公顒之孫，皇朝祠部郎中、使持節、眉州諸軍事、眉州刺史、春陵縣男思莊之元子也。早歷清位，見任司膳員外郎。」新野縣主卒於龍朔二年（六六二）三月，時年三十九。

杜文紀（六六四頁）　彙編上册一一一〇頁康子元撰大唐虞部郎中右監門衛中郎將上柱國贈曹州諸軍事曹州刺史杜府君（昭烈）墓誌銘一首并序：「公諱昭烈，字，京兆杜陵人也。……曾祖達，隋殿中將軍。祖文紀，皇朝祠部郎中。或紫綬華班，紆設壇之禮命；或青縑望族，承賜几之湛恩。」亦可參見司勳郎中條。此條實誤入度中者，應移祠中，見新著録。

鄭欽文（六六五頁）注云「無考」。　蒐佚續編二册五三二頁唐故汴州浚儀縣尉鄭君墓誌銘并序：「君諱若芳，字若芳，滎陽開封人也。都水使者欽文府君之孫，越府户曹希默府君之子。」　同書二册五七四頁大唐故宣德郎行閩府功曹參軍鄭府君墓誌銘：「君諱若礪，字庭珪，滎陽開封人也。……祖欽文，皇朝祠部郎中。父希寂，皇朝司法參軍事。」若芳、若勵之父希默、希寂爲親兄弟，若芳、若勵則爲從兄弟，開元時人，則鄭欽文爲唐高宗時人。此條亦誤入度中者，應移祠中，見新著録。

唐嘉會（**唐河上**六六六頁）　蒐佚一册二三一頁大唐故殿中少監上柱國唐府君（河上）墓誌銘并序：「君諱河上，字嘉會，晉昌人也。……尋應詔，射策乙第，授東宫通事舍人，又除尚書虞部員外郎。……貞觀年中，拜交河道行軍鎧曹，以軍功授朝散大夫行衛州别駕，又遷豪州司馬。……至廿三年轉殿中省尚衣奉御，俄授蘭州司馬。……上元三年，以公爲殿中少監。」卒於儀鳳三年（六七八）正月六日，春秋六十有五。此條爲誤入度中者，應移祠中，見新著録。

尉大亮（**尉亮**六六六頁）注云「無考」。　蒐佚二册三六八頁大周故曹州刺史尉府君（亮）墓誌銘并序：「君諱亮，字克明，河南雒陽人也。……弱冠應遊情文藻下筆成章，舉射策甲科……授巴州司功參軍，歷雍州盩厔丞、相州録事、太州司兵。……服滿，遷岐州司法。……君歷試三道，對策甲科，改任雍州録事、比部員外郎。於是鴻漸上京，有羽儀矣，以事免官。尋除高陵令、秋官員外郎。黄香之宿，仙臺方斯。尚劣卜式之居，緱氏未足偁多。加朝散大夫、祠部郎中、檢校尚方少監、合宫縣令。上膺列宿，允屬郎官，出宰京畿，非君孰可久之，出爲汝州刺史，累遷陳衛曹三州刺史。……延載元年（六九四）九月十一日寢疾終於賀州之官舍，春秋七十有四。」墓誌之尉亮疑即郎考之尉大亮，時代亦合。然墓誌只言其官祠部郎中，並未言及其官度支郎中，究其原因，勞格已言之，其云「祠部郎中，舊蒙上作度支郎中，今以可考者析出，餘仍其舊」。岑仲勉進一步指出「因石柱斷而復續，各面錯相配合，趙、王兩家認爲度中者實度中、祠中兩司之誤併，勞氏雖心知其故，但所著本卻任其糅混，讀者遂無所適從。」此尉大亮即祠部郎中誤入度支郎中，而勞氏未能析出者也。

鄭從簡（六六七頁）　補遺第八輯三六頁盧僎撰唐故滎陽郡夫人鄭氏（盧粲妻）墓誌銘并叙：「范陽盧府君之夫人。姓鄭氏，諱，字，號德曜，則隋中書侍郎道念之五代孫，皇朝祠部郎中從簡之仲子也。」開元廿八年（七四〇）十一月葬。此條誤入度中，應移祠中，見新著録。

韋銑（六六八頁）　蒐佚續編二册五四四頁大唐故銀青光禄大夫使持節鄧州諸軍事鄧州刺史上柱國櫟陽縣開國子韋府君（銑）墓誌銘并序：「公諱銑，字，京兆杜陵人也。……年十有七應判對策高第，授利州參軍，調補和州録事參軍、洛州永寧主簿。增秩朝散大夫轉洛州洛陽尉，遷司府寺主簿。……尋拜右臺殿中侍御史，遷考功員外郎、郎中，出爲唐州刺史。」以開元五年（七一七）五月廿五日卒，春秋五十有六。

王景（六六八頁） 補遺新千唐專輯二二九頁崔恁撰唐故長安縣尉太原王府君（之咸）墓誌銘并序：「公諱之咸，字受之，太原晉陽人也。……大父諱表。皇瀛州文安縣令。……嚴考諱景，皇正議大夫、司門員外郎、登州萊州刺史。」王之咸「以天寶十載（七五一）四月十二日，遘疾終於淄川官舍，享年五十七」。彙編上册八九七四瀛州文安縣令王府君周故夫人薛氏墓誌銘并序及九四六頁大周故瀛州文安縣令王府君（德表）墓誌銘并序，皆云其子爲：「次子前左臺監察御史洛客，前懷州河内縣主簿景，前洛州洛陽縣尉昌等。」王景母墓誌分别葬於萬歲通天二年（六九七）及聖曆二年（六九九），時代略早，河内縣主簿爲王景早年之仕履也。又郎考另列「新表琅邪王氏光禄卿方則子景，蘭州刺史」，爲另一王景，當删。

魏啓心（六六九頁） 補遺新千唐專輯一六七頁唐故冀州刺史姚府君（晠）夫人弘農郡君楊氏（萬五千）墓誌銘并序，葬於開元二十一年（七四〇）二月二十八日，誌署「太子中舍魏啓心撰」。 蒐佚二册五九〇頁大唐故河南府汜水縣尉長樂馮君（中庸）墓誌銘并序，葬於開元二十六年（七三八）八月三十日，誌署「慶王府司馬魏啓心撰」。 同書三册六二二頁大唐故朝請大夫都水使者李公夫人清源郡君太原王氏墓誌銘并序，葬於開元二十八年（七四〇）十一月二十六日，署

「通議大夫、行慶王府司馬魏啓心撰」。此條誤入度中，應移祠中，見新著録。

吕周（六七〇頁） 補遺第八輯一八〇頁劉從政撰大唐故道冲觀主三洞女真吕仙師（玄和）誌銘并序：「仙師號玄和。曾祖霽，青州刺史。祖周，祠部郎中、秦府都督。」吕仙師「以大中四年（八五〇）正月廿二日，解化於道冲觀精思静堂，春秋卅八」。此當「以祠中保留於度中之内者」。此條誤入度中，應移祠中，見新著録。

張曉（六七〇頁） 補遺新千唐專輯九〇六頁王源植撰唐故右武衛長史蕭府君（忩）南陽張夫人合祔誌銘并序：「蘭陵蕭府君者，諱忩。歷官至右武衛長史。以大曆三年，終於洛思順里，年五十六。夫人南陽張氏，……祖懷道，緱氏縣主簿。考曉，祠部郎中。才世家聲，言垂通範。」 河洛下册五一二頁李文師撰唐故河南府新安縣主簿張府君（涓）墓誌銘并序：「公諱涓字載之，享年卌六。曾祖懷道，河南府緱氏縣主簿。祖曉，尚書祠部郎中。父伯嘗，朝散大夫、殿中省尚舍奉御，公即奉御府君次子也。」張涓卒於長慶二年正月廿日。張曉官祠部郎中，因石柱斷折，而誤留度中者，勞氏未能析出者，見新著録。

鄭膺甫（六七三頁） 邙洛二六二頁唐故朝散大夫監察御史裏行上柱國賜魚袋盧公（湘）墓誌銘并叙，葬於元和二年（八〇七）八月十七日，署「外甥、中散大夫、行尚書祠部郎中、雲騎尉鄭膺甫撰」。此條誤入度中，應移祠中，見新著録。

王長文（六七四頁） 彙編續集八七九頁唐故太中大夫殿中少監致仕騎都尉琅邪王公故夫人樂安郡太君蔣氏玄堂誌，葬於大和元年（八二七）二月二十八日，署「王氏四從姪、朝議郎、守洛陽縣令、上柱國、賜緋魚袋長文書」。此條誤入度中，應移祠中，見新著録。

杜寶符（六七四頁） 彙編下册二一六五頁唐故京兆杜氏夫人墓誌銘并序：「夫人京兆杜氏……夫人享年卌七，大和乙卯歲（八三五），殁於崇賢里僦宅。……以其年十一月廿九日權窆萬年縣寧安鄉杜光里。時弟寶符追亡姊之行止，未編史策，願與誌石。」署「朝議郎、前守太子少詹事、上柱國、新野縣開國男、食邑三百户、賜緋魚袋杜寶符撰」。 同書下册二二二六頁唐故京兆杜氏夫人墓銘并序：「夫人京兆杜氏，唐丞相黄裳之孫，竟陵太守寶符之長女。」葬於會昌三年（八四三）二月二十四日。 同書下册二二九四頁楊牢撰唐故文林郎國子助教楊君（宇）墓誌銘「君諱宇，字子麻，弘農華陰人。……夫人京兆杜氏，故相國黄裳之孫，復州刺史寶符之女」。葬於大中五年（八五一）辛未歲十一月二日。

杜陟（六七五頁） 彙編續集九二五頁裴從賓撰（上汾）裴威墓誌銘有序：「爾出於

京兆杜氏，在諸父昆弟中最長。爾妣即吾伯舅、大理評事兼監察御史諱則之女，大理司直、宣歙採石軍判官諱陟之孫。」葬於開成元年（八三六）四月三日。今按：郎考所列杜陟見兩新表、唐才子傳、咸淳臨安志，皆非一人，今墓誌之杜陟，爲疑與唐才子傳大和五年狀元杜陟爲同人也。

崔罕（六七五頁）　補遺新千唐專輯三九二頁盧韜撰唐故進士盧府君（衢）墓誌銘：「秀才名衢，字子重，范陽涿人也。……君婚清河崔氏，秘書郎章之女，湖南觀察使罕之姪也。」葬於大中十一年（八五七）四月九日。此條誤入度中，應移祠中，見新著録。

李近仁（六七六頁）　邙洛三二三頁唐故陝州安邑縣令范陽盧府君（從度）墓銘有序，葬於咸通十年（八六九）八月二十四日，署「朝議郎、尚書度支員外郎、柱國李近仁撰」。

李羽（六七七頁）　蒐佚四册一〇七八頁崔安潛撰唐故通議大夫檢校工部尚書守太子賓客上柱國賜紫金魚袋贈兵部尚書清河崔公（彦冲）墓誌銘：「公彦冲，字友勝，清河東武城人。……女六人，長適祠部郎中李羽。」葬於乾符六年（八七九）二月二十四日。此亦祠中李羽誤入度中者也。

歸仁紹（六七七頁）　蒐佚續編五册一三〇四頁唐故光禄大夫吏部尚書長洲郡開國公食邑二千户贈左僕射歸公（仁晦）墓誌銘并序，乾符三年（八七六）十一月二十三日葬，誌署「親弟、將仕郎、守殿中侍御史、柱國、賜緋魚仁紹撰并書」。

裴倩（六八一頁）　大唐西市下册七三五頁常次儒撰唐故華州司法參軍范陽盧府君（暠）夫人河東裴氏墓誌銘并序：「夫人姓裴氏，代爲河東右族。……饒州刺史、尚書度支郎中專判度支、贈禮部尚書、正平節公倩之仲女。」

韋玄泰（六八三頁）　蒐佚三編三册七五二頁樊系撰唐故亳州鹿邑縣令韋府君（攸）墓誌銘并序，葬於大曆十四年（七七九）七月廿九日。「公諱攸，其先京兆杜陵人也。……祖玄泰，行脩經明，節高德秀。歷美原長、度支郎、乾封明堂令、揚州司馬、衢婺陝渝桂五州刺史、濟陽郡男。珪璋素蓄，瑚璉未施，周行噫之。」

魚曦（**魚承曦**六九一頁）　蒐佚三編二册五一一頁大唐故贈游擊將軍右武衛翊府左郎將馮翊魚公（涉）墓誌銘并序：「公諱涉字德源，馮翊櫟陽人也。……父承曦，自邢州司法參軍擢比部員外郎、朝請大夫、度支郎中、洛陽河南二縣令、大理司農二少卿、襄邑縣開國男。」魚涉葬於開元八年（七二〇）十月十四日。新考訂云魚曦全名應作「承曦」，岑説是，墓誌可證。

【新補遺】

彭師德　補遺第八輯二五六頁大唐故度支郎中彭府君（師德）墓誌銘并序：「君諱師德，字天師，河南洛陽人也。……年二十三，釋褐饒州行參軍。……遷常州常山縣長。……是用屈君，爲長葛縣令。……以君在朝正直，處法廉平，於是超遷爲侍御史。遂安公以皇族之貴，作牧交州。哀克吏民，多生怨議。命君推劾，恤彼黔黎。糾察嚴明，不避絶禦。使還稱旨，擢授度支員外侍郎。接踵文宮，編名禮閣。既簪丹筆，且步青規。尋轉郎中，以彰厥德。……春秋五十有六，以貞觀九年（六三五）十一月二十七日，遘疾終於雍州萬年縣務本坊之里舍。」誌云「度支員外侍郎」，此誌拓本見邙洛六四頁，亦有「侍」字，然「侍」字當是衍文，下文云「尋轉郎中」可證。　唐代墓誌彙編上册五六八頁大唐故度支郎中彭君夫人安定鄉君侯氏墓誌銘并序，彭君亦官度支郎中，誌云「彭郎中幼挺瓌姿，早標岐嶷，永言秦晉，難爲配偶」。　今按：筆者疑侯氏丈夫彭君即彭師德。彭師德卒於貞觀九年（六三五）洛陽務本里。侯氏卒於咸亨三年（六七二）趙州公第，當是彭君卒後，夫人依其次子同壽，其時官趙州司倉參軍。新考訂度中已補彭某（即墓誌彭君），然岑氏未見彭師德墓誌，故不知其名也。

韋師 彙編續集二九〇頁大唐故使持節懷州諸軍事懷州刺史上柱國臨都縣開國男京兆韋公（泰真）墓誌銘并序：「公諱泰真，字知道，京兆杜陵人也。……父師，皇朝度支倉部郎中、虢王府司馬、虢州別駕、漢王府長史、洛州都督府司馬、洋博二州刺史。深沉有大度，才質高奇，簡易清白，爲當時稱首。」河洛墓刻拾零上册一二六頁大唐故博州刺史韋府君（師）墓誌銘并序：「公諱師，字玄模，京兆杜陵人也。……皇朝武德三年（六二〇），授益州新都縣令。並乘驥子，皆順清風。俱服魚父，争歸禮化。四年（六二一），因入朝奏事，天恩顧及。遷度支郎中。五年（六二二），遷倉部郎中。」

韋泰真 彙編續集二九〇頁大唐故使持節懷州諸軍事懷州刺史上柱國臨都縣開國男京兆韋公墓誌銘并序：「公諱泰真，字知道，京兆杜陵人也。……（咸亨）二年（六七一）除虞部員外郎。上元二年（六七五），除度支郎中。儀鳳二年（六七七），除户部郎中。三年十月，以恭陵復土，加授朝散大夫。調露初，除兵部郎中。」

崔隱甫 彙編續集四六二頁大唐故朝議郎行河南府倉曹參軍事上柱國清河崔府君（逸甫）墓誌銘并序：「君諱逸甫，字延明，清河東武城人也。……弟度支郎中隱甫，孝□同枝，恨公明之前背。」葬於開元四年（七一六）十二月。

獨孤元愷　彙編續集五〇四頁杜元志撰故洋州刺史獨孤府君（思行）墓誌：「君諱思行，河南郡人也。……父元愷，主客度支吏部郎中、給事中、大理少卿，昆岳之英，公輔之器也。」誌主卒於開元十三年（七二五）十一月二十六日，春秋七十二。

鄭齊嬰　蒐佚第二册五二〇頁大唐故中大夫陝州别駕上柱國隴西李府君（延明）墓誌銘并序，葬於開元十五年（七二七）六月二十日，署「朝請大夫、度支郎中鄭齊嬰撰」。

宋遥　彙編下册宋鼎撰唐故上黨郡大都督府長史宋公（遥）墓誌銘并序：「公諱遥，字仲遠，廣平列人人也。……自國子進士補東萊郡録事參軍，舉超絶流輩，移密縣尉，擢監察御史、殿中侍御史、侍御史内供奉，遷司勳員外郎、度支郎中，拜中書舍人，除御史中丞，賜緋魚袋。」天寶六載（七四七）二月五日卒，年六十五。

王衮（**王高**）　彙編下册二一三四頁李珏撰唐故朝散大夫守尚書吏部郎中兼侍御史知雜事上柱國臨沂縣開國男食邑三百户瑯琊王府君（衮）墓誌銘并序：「公諱衮，

字景山，本名高，工部公之長子。……家在洛，以膝下爲戀，刑曹決獄，不宜分司，轉都官員外，未幾，遷度支郎中，急召赴闕。」

孫景商　郎考無孫景商。新著録、新考訂補有度支員外郎孫景商。所據白馬縣令孫起繼夫人裴氏誌。　補遺第六輯一七二頁蔣伸撰唐故天平軍節度鄆曹濮等州觀察處置等使朝請大夫檢校禮部尚書使持節鄆州軍事兼鄆州刺史御史大夫上柱國賜紫金魚袋贈兵部尚書孫府君（景商）墓誌銘并序：「公諱景商，字安詩，樂安人也。……父諱起，有才不展，終滑州白馬縣令。……公白馬府君之第二子。……大和二年，清河崔公郾下擢進士甲科。……公亦以國士之道，居於其府。御史丞得其名，奏爲監察，歷殿中侍御史。益有名，入尚書爲度支員外郎。丁繼母裴夫人憂，毀逾於禮。卒喪，除刑部員外郎，轉度支郎中。時宰相李德裕專國柄，忿公不依己，黜爲温州刺史，移滁州刺史。」以大中十年（八五六）八月廿二日薨于鎮。

韓益　蒐佚續編五册一二四二頁李耽撰唐隴西李氏夫人昌黎韓氏墓誌銘并序：「夫人昌黎韓氏，唐宰相諱休玄孫，宰相晉國公諱滉曾孫，正省僕射諱臯孫，度支郎中諱益長女。」　同書同册一二九五頁裴思謙撰唐故嶺南西道節度觀察處置等使兼管領諸軍行營兵馬朝請大夫檢校工部尚書使持節邕州諸軍事守邕州刺史兼御史大夫柱國賜紫金魚袋隴西李公（耽）墓誌銘并序：「公諱耽，字司明，其先狄道人也。……夫人昌黎韓氏，丞相晉國公滉之曾孫，度支郎中益之長女。」李耽年五十九，卒於咸通十四年（八七三）十一月六日。今按：郎考卷十六（七六六頁）有韓益，爲金部員外郎，據新唐書卷七三上宰相世系三上，益爲述子渾孫，兩人爲從兄弟，似不應同名，不知何因也。

歸仁晦

蒐佚續編五册一三〇四頁歸仁紹撰唐故光禄大夫吏部尚書長洲郡開國公食邑二千户贈左僕射歸公（仁晦）墓誌銘并序：「公諱仁晦字韜之，……今爲吴郡人也。……年廿三擢第進士，調補弘文館校書郎，應辟左馮翊爲長春宫巡官，奏試秘省校書，又從事湖南試大理評事。府罷以書判入等授渭南縣尉。……歷工部刑部員外郎、度支郎中。……詔加御史中丞，錫以金紫，徵爲給事中。……以乾符三年（八七六）六月二日以疾薨於上都親仁里第，享年六十有二。」

卷十四　度支員外郎

皇甫文亮（六九六頁）　河洛上册一二七頁唐故中散大夫楚鄧隴魏四州刺史鸞臺侍郎清平縣開國男皇甫公（文亮）墓誌銘并序：「公諱文亮，字孔章，其先安定人，代爲西州普族。……敕授公殿中侍御史，轉侍御史。……累遷度支刑部二員外、度支刑部二郎中。」皇甫文亮卒於垂拱三年（六八七）八月，春秋六十四。

韋少華（七〇一頁）　大唐西市中册六九七頁韓皋撰大唐故銀青光禄大夫檢校工部尚書兼太府□□□□尚書上柱國□城縣開國男食邑三百户京兆韋公（少華）墓誌銘并序：「公諱少華，字維翰，京兆萬年人也。……父衎，皇鄭州陽武府，贈大理卿。公即大理府君之次子。……自殿中侍御史轉度支員外。擢爲長安令，出典臨汝郡，入守考功郎中。」今按：郎考列韋少華者有兩人：一爲衎子，官太府卿，屬逍遥房；一爲鏗子，官中書舍人，屬南皮房。新考訂以爲「此度外少華應屬南皮房蓋顯然無疑矣，逍遥房一條應删去」。以上引墓誌證之，此韋少華應是衎子逍遥房，岑氏判斷誤矣，應删者乃南皮房也。

楊儞　蒐佚續編四册九一九頁馬炫撰唐故均州刺史楊府君（儞）墓誌銘并序（七〇一頁）：「君諱儞字仲舉，華陰人也。……張尚書伯儀將有意也，既覩前況，不敢啓齒，忽奉詔書授屯田員外兼侍入充東渭橋出納使，既到轉度支郎。……建中四年（七八三）一月朔，詔除均州刺史。」

【新補遺】

彭師德　補遺第八輯二五六頁大唐故度支郎中彭府君（師德）墓誌銘并序：「君諱師德，字天師，河南洛陽人也。……以君在朝正直，處法廉平，於是超遷爲侍御史。遂安公以皇族之貴，作政交州。……使還稱旨，擢授度支員外、侍郎。」貞觀九年（六三五）十一月二十七日，春秋五十有六。

逯仁傑　補遺第五輯二三七頁大周故中大夫夏官郎中逯府君（貞）墓誌銘并序：「君諱貞，字仁傑，河内河陽人也。……弱冠歲賦明經，解褐果州相如、杭州餘杭、魏州頓丘等縣尉，非其好也。……尋授左司禦左金吾衛録事參軍。累遷朝散大夫、行司府丞、兼知地官事。……及除度支員外郎，又加中大夫，遷夏官郎中。……

粤以萬歲登封元年（六九六）臘月拾叁日，終於行所。春秋陸拾有漆。」

李志　補遺第八輯三三六頁唐故使持節沂州諸軍事沂州刺史李府君（志）墓誌銘：「君諱志，字固業，趙郡元氏人也。……解褐趙王府典籤，時年十九。……轉扶風尉，歷渭南、鄠縣兩尉。……以甲科除乾封尉。……丁内憂，去職。毁瘠過禮。服闋，爲大理丞。哀矜審慎，率由平典。稍遷度支員外郎、刑部員外郎。」以久視元年（七〇〇）九月十一日卒，春秋六十有七。

崔暈　補遺第七輯三四頁李乂撰大唐故特進中書令博陵郡贈幽州刺史崔公（暈）墓誌銘并序：「公諱暈，字玄暐，博陵安平人。……弱冠，明經擢第，解褐汾州孝義雍州涇陽縣尉、高陵渭南主簿、明堂縣尉、萬年縣丞、少府監丞。賢人無輔，久滯於諠卑；君子得朋，稍遷於望劇。尋判度支員外、庫部員外、天官郎中、鳳閣舍人。」崔暈「以神龍中死於白州之官舍，春秋六十有八」。

王翼　蒐佚三編二册六一三頁王端撰唐故朝請大夫黔府都督裴府君（曠）墓誌銘并序（開元二十四年三月二十九日）：「公諱曠，字允升，河東聞喜人也。……度支員外郎王翼，同官義深，撫孤情厚。」

皇甫翼　蒐佚三册六三二頁權寅獻撰唐故青州刺史贈滎陽太守皇甫君（翼）墓誌銘

并序：「君諱翼，字孟友，安定朝那人也。……明經高第，補太子校書，調河陽主簿、河南尉。除監察御史裏行，尋即真遷殿中侍御史。……拜都官、度支二員外，岐州長史，棣州刺史，未之任，授吏部郎中、河東道按察使，遷給事中。……開元廿九年（七四一）十一月十七日薨於東萊郡館，享年五十六。」

薛述

蒐佚三册六七一頁唐前鄴郡成安縣令史公故夫人河東薛氏墓誌：「夫人諱字，河東汾陰人也。……曾祖述，皇兵部、度支員外、左司吏部郎中、雍州治中，汾陰縣開國男。」夫人卒於天寶五載（七四六）七月十四日，享年五十六。

張演

蒐佚第三册八四三頁劉公濟撰唐故池州刺史崔府君夫人襄武縣君李夫人（泛）墓誌銘并序：「唐貞元十四年（七九八）六月十六日，故朝請大夫、守尚書户部郎中、池州刺史、襲齊國公崔府君夫人、襄武縣君隴西李氏遘疾終於京兆府萬年縣光福里之私第，享年六十有一。……長女適監察御史王彪，次適咸陽縣主簿鄭絪，次適度支員外郎張演，次適左庶子李嶸，皆以淑質，遵守教導。」

崔鏞

蒐佚四册一〇〇一頁崔鉉撰唐故朝議大夫行尚書度支員外郎柱國賜緋魚袋博陵崔府君（鏞）墓誌銘并序：「府君諱鏞字希聲，其先博陵人。……俄遷度支員外郎。公素明錢穀，洞見利病，姦猾束手，不敢爲非。」大中三年（八四九）閏十一月七日卒，年五十二。

孫景商　彙編下册二三四四頁蔣伸撰唐故天平軍節度鄆曹濮等觀察處置等使朝請大夫檢校禮部尚書使持節鄆州諸軍事兼鄆州刺史御史大夫上柱國賜紫金魚袋贈兵部尚書孫府君（景商）墓誌銘并序：「公諱景商，字安詩，樂安人也。……大和二年，清河崔公鄲下擢進士甲科。……公亦以國士之道，居於其府。御史丞得其名，奏爲監察，歷殿中侍御史。益有名，入尚書爲度支員外郎。丁繼母裴夫人憂，毁逾於禮。卒喪，除刑部員外郎，轉度支郎中。」大中十年（八五六）八月廿二日卒，年六十四。

孟琯　蒐佚四册一〇五四頁孟球撰唐故朝散大夫使持節都督壽州諸軍事壽州刺史充本州團練使兼御史中丞柱國賜紫金魚袋孟公（珏）墓誌銘：「公諱珏，字廷碩，德州平昌人。……公昆弟九人，四人登進士科，由臺閣清選，皆再領郡符。伯兄琯度支職方二員外、朗隨二州刺史。」孟珏卒于咸通七年（八六六），享年六十三。

李近仁　邙洛三一三頁唐故陝州安邑縣令范陽盧府君（從度）墓銘并序，葬於咸通十年（八六九）八月二十四日，誌署「朝議郎、尚書度支員外郎、柱國李近仁撰」。

卷十五　金部郎中

王德表（七一四頁）注云「無考」。　洛陽新獲八五頁令狐德棻撰大唐故使持節淄州諸軍事淄州刺史上護軍王君（德表）墓誌銘并序（顯慶六年二月十九日）：「君諱德表，字顯，太原祁人。……（貞觀）四年，拜金部郎中。」

殷令名（七一四頁）　彙編上册二九〇頁大唐故開府儀同三司鄂國公尉遲君（融）墓誌并序：「公諱融，字敬德，河南洛陽人也。……顯慶三年（六五八）十一月廿六日終於隆政里之私第，春秋七十有四。……葬事所須，並宜官給，并賜東園秘器，儀仗鼓吹，送至墓所，仍送還宅，并爲立碑。仍令鴻臚卿、琅邪郡開國公蕭嗣業監護，光禄卿殷令名爲副。」此條胡補已收。

裴重暉（七一六頁）注云「無考」。　蒐佚一册一八一頁大唐新野縣主李氏（令）墓誌銘：「縣主諱令，字淑絢，隴西狄道人，景皇帝曾孫，高祖太武皇帝之孫巢剌王元吉第六女也。……以貞觀十一年封新野縣，食一千户，時年十四。明年降於河東裴重暉，則隋鄀州刺史、石城縣公顒之孫，皇朝祠部郎中、使持節、眉州諸軍事、眉州刺史、春陵縣男思莊之元子，早歷清位，見任司膳部員外郎。」 文物二〇一四年一〇期西安馬家溝唐太子司馬閻識微夫人墓發掘簡報載大周朝請大夫行宜州美原縣令閻君夫人裴氏墓誌銘并序，長壽二年（六九三）五月八日葬，「夫人河東聞喜人。……父重暉，唐膳部員外、中書舍人、萬年縣令，襲封春陵男。」

侯知一（七一六頁） 蒐佚三册七〇四頁大唐故鄱陽侯太守第八女墓誌銘并序：「子上谷人也。……曾祖善業，列卿太府，左丞尚書。祖知一，侍郎兵部，詹事儲闈。父令表，佐理益府，牧守鄱陽。」 大唐西市中册三六七頁大唐詹事漁陽郡開國公上柱國侯公（知一）之墓誌并序：「君諱知一，字惟一，上谷人也。……屬高宗晏駕，扈蹕橋巖。紱引是司，容衛無忒。授朝散大夫，除秋官員外郎。……考室之初，圖功克茂。拜金部郎中，封淶水縣開國男。……以太極元年（七一二）三月遘疾卒於長興之里第，春秋八十有三。」

柳秀誠（七一七頁） 彙編續集三八〇頁周故壯武將軍豳州良社府統軍廣州番禺府折衝上柱國柳府君（行滿）墓誌銘并序：「君諱行滿，字無溢，河東解人也。……三子秀誠，文昌金部郎中、銀青光祿大夫、濟彭曹三州刺史、左羽林將軍。」

同書三八一頁唐故壯武將軍豳州良社府統軍廣州都督府番禺府折衝都尉上柱國柳府君夫人永壽郡君河南乙弗墓誌銘并序：「夫人諱玉，字潤，河南洛陽人也。……繼疋於先府君壯武將軍公，蓋潘楊之嘉偶。……長子秀誠，幽州長史、文昌金部郎中、銀青光禄大夫、濟彭曹三州刺史、左羽林衛將軍、上護軍。小子秀立，游擊將軍。」夫人以永隆二年（六八一）三月五日終於官舍，春秋七十三。　蒐佚三編二册四一九頁唐故安州都督女柳二娘墓誌銘并序：「娘子姓柳氏，字二娘，河東解人也。祖行滿，銀青光禄大夫、使持節、饒州刺史。父秀誠，唐銀青光禄大夫、金部郎中、羽林衛將軍、揚州大都督府長史、邢州刺史、使持節都督安隨沔郢泗州諸軍事、安州刺史、上柱國、河東郡開國侯。」柳二娘卒於天授二年（六九一）二月十八日，春秋一十七。

盧萬石（七一七頁）　彙編下册二二七五頁李寬中撰唐故硤州司馬滎陽鄭府君前夫人范陽盧氏墓誌：「夫人盧氏，范陽人也。皇朝司農卿萬石之曾孫，漢州别駕昭之孫，陳州司倉參軍脩之第二女。」夫人卒於元和五年（八一〇）正月。　金石録卷第五目録第九百二：「唐司農卿盧萬石碑，李義撰，八分書，無姓名，先天元年（七一二）十月。」　今按：郎考（四〇四頁）勳外作「盧萬碩」，趙鉞案：「金中有盧萬石，疑即是。」據上引碑誌，當作「盧萬石」爲是，時代亦吻合。胡補已收。

韋奉先（七一九頁）　彙編下册一三六八頁唐故朝散大夫守巴州別駕上柱國朱公（庭瑾）墓誌銘并序：「公諱庭瑾，字庭瑾，吴郡人。……調補衛州司法。詔舉能宰，國子司業韋奉先表薦，制授徐州蘄縣令。」誌主卒於開元十七年（七二九），享年六十六。胡補已收。

衡守直（七二〇頁）　補遺新千唐專輯一三五頁蘇頲撰大唐故仙州刺史衡府君（守直）墓誌銘并序：「臨淄衡公諱守直，字守直。……應文藻流譽高第，授瀛州樂壽丞。……即授河東令，又遷渭南令。廉察使侯令德薦公清苦以聞，遂拜金部員外郎，尋除郎中。又拜長安令。仙臺立議，俠窟懲姦，事以閑達，理稱尤最。乃除匠作少匠。……以開元六年（七一八）八月廿八日，薨於仙州官舍，享年六十有五。」

蕭識（七二一頁）　蒐佚二册五七一頁蕭坦撰唐故商州刺史蕭府君（識）墓誌銘并序：「君諱識，字識，……舉明法，陳留、陝縣、壽安三主簿，大理評事，監察御史，河南司録，司門、刑部二員外，金部、吏部二郎中，陵州刺史。」開元二十三年（七三五）正月十七日卒，春秋六十三。

鄭愿（七二二頁）　補遺第六輯一二三頁杜信撰大唐故侍御史江西道都團練副使鄭府君（高）墓誌并序：「府君諱高，字履中，滎陽開封人也。北齊侍中、度支尚書述祖七代孫，晉州襄陵縣令贈博州刺史進思之曾孫，金部郎中、坊亳二州刺史愿之元孫，大理評事寶之長子。」鄭高卒於貞元二十一年（八〇五）正月四日，春秋六十一。

鄭楚客（七二二頁）　蒐佚續編四册一一二九頁楊無朋撰唐故度支雲安都監官試大理評事兼監察御史鄭府君（鍇）墓誌銘并序：「公諱鍇字公武，其先滎陽開封人也。……祖諱楚客，皇銀青光禄大夫、金部郎中，歷河南令、司農卿、慶王傅。」

劉繹（七二三頁）　歷代名畫記卷三叙古今公私印記：「金部郎中劉繹印。」全唐文卷四四七竇臮述書賦下：「義仰彭城金部郎中劉繹書印。」

竇紹（七二四頁）　彙編下册一八一七頁唐故河南府洛陽縣尉竇公（寓）墓誌：「公諱寓，扶風平陵人。……父紹，給事中，公即給事君之長子也。」卒於大曆十四年（七七九）七月。　宋高僧傳卷十七唐越州焦山大歷寺神邕傳：「方欲大闡禪律，倏遇禄山兵亂，東歸江湖，經歷襄陽，御史中丞庾光出鎮荆南，邀留數月。時給事中竇紹、中書舍人苑咸，鑽仰彌高，俱受心要。」全唐文卷三二五王維給事中竇紹爲亡弟故駙馬都尉於孝義寺浮圖畫西方阿彌陀髮讚并序：「西方變者，給事中竇紹敬爲亡弟故駙馬都尉某官之所畫也。」胡補已收。

王邕（七二五頁）彙編下册一六九一頁唐故汝陰郡司法參軍姚公（希直）墓誌銘并序，天寶十二載（七五三）十月卅日葬，誌署「秘書省正字王邕撰」。補遺新千唐專輯二四八頁唐故銀青光禄大夫行光禄少卿賜太子賓客張公（佶）墓誌銘并序，大曆四年（七六九）二月三日，誌署「朝請大夫、前金部郎中王邕撰」。

陸紹（七三四頁）洛陽新獲三三七頁孫玉汝撰唐故中大夫使持節信州諸軍事守信州刺史上柱國賜紫金魚袋陸府君（紹）墓誌銘并序（大中六年五月十七日）：「公諱紹，字德祖，吴郡人。……會昌三年，復除虞部郎中，其年冬，……改金部郎中。」

趙璘（七三六頁）彙編下册二三九四頁唐故處州刺史趙府君（璜）墓誌：「君諱璜，字祥牙。……君與再從兄璉同時登進士第，余是時亦以前進士吏部考判高等，士族榮之。……及刺縉雲也，余前此自祠部郎守信安，浙河之東，封疆隣接，雖非顯達，稍慰孤悴。」咸通三年（八六二）四月十一日卒，年五十九。誌署「兄中大夫、守衢州刺史璘撰」。

令狐纁（七三八頁）　蒐佚三編四册一〇八九頁唐故好時縣令狐府君（緯）墓誌銘并序，葬於咸通六年（八六五）十月十五日，誌署「仲兄、朝議郎、守尚書金部郎中、上柱國、賜□□□□□」「上柱國賜」後所泐文字，當是「緋魚袋纁撰」五字，理由有二：一、郎考金中姓令狐者僅一人，即令狐纁。所處時代約大中時，與墓誌卒葬在咸通六年連接。二、誌云：「王父承簡，皇太原□□□參軍，贈太尉。烈考定，皇桂管都防禦觀察處置等使、檢校□散騎常侍、兼御史大夫、贈司空。……府君諱緯字厚之，生而温愿，幼彰孝謹。大和中專經上第，調補梓州梓潼主簿。秩滿復授華州華陰尉。……九月十二日，終於隴州官舍，享年四十有二。」新唐卷七五下宰相世系五下：太原府功曹參軍令狐承簡孫，桂管觀察使定子緘，字識之。緘爲長子，其餘諸子新表缺載，據墓誌撰者爲誌主仲兄又官金部郎中，筆者疑即郎考金中之令狐纁，誌主緯爲定之第三子也。緘、纁、緯名皆從「糸」旁，亦可知爲昆仲也。

崔彦回（七三八頁）　洛陽新獲七朝墓誌三七六頁崔彦昭撰唐故秦國太夫人贈晉國太夫人鄭夫人合祔墓誌：太夫人「生子男四人。……次子彦回，舉進士，歷拾遺、補闕、工部員外郎、金刑考功郎中。佐丞相令狐鳳翔幕職，累授檢校左庶子兼御史中丞、賜紫金魚袋」。

呂焜（七三八頁）注云「無考」。彙編續集二三三四頁呂焕撰唐故中散大夫秘書監致仕上柱國賜紫金魚袋贈左散騎常侍東平呂府君（讓）墓誌銘并序：「先府君諱讓，字遜叔，其先炎帝之胤也。……公五子，長曰焕，抱病無□，永負慈訓，長號向天，淚盡繼血；次曰焜，前鄉貢進士，克嗣門業，能成家道；次曰煜、曰炫，修文紹進，已獲時譽；季曰烜，不幸染勞疾，先公十有二旬而夭。」呂讓卒於大中九年（八五五）十月二十四日，年六十三。

盧律師（七四〇頁）蒐佚三編二册五八四頁故朝議大夫濟州陽穀縣令鄭府君夫人范陽盧氏墓誌銘并序：「夫人諱，字，齊之苗裔也。夫人即有唐銀青光禄大夫、工部侍郎、虢州刺史義恭之孫，秘書少監、大理卿、刑部侍郎、尚書右丞律師之女，朝議大夫、濟州陽穀縣令滎陽鄭元彬之妻。」夫人「享年八十，開元廿六年（七三八）二月十八日遘疾終於河南府正俗里之私第」。

李思諒（七四一頁）新著録不記其金中，而記倉中、祠外。新考訂云「金倉二字上截相同，可能傳訛，應有疑。」今李思諒墓誌於二〇〇五年冬，在河南省洛陽市洛龍區龍門鎮出土，拓本見載蒐佚第一册一七五頁故倉部郎中李府君（思諒）墓誌并序，亦不載其官金部郎中，誌云「又除職方員外郎、祠部員外郎，遷倉部郎中。上應列宿，贊務百揆」。

【新補遺】

王某　蒐佚三编一册一八二頁大唐故使持節淄州刺史王府君夫人隴西郡君辛氏墓誌銘并序：「夫人諱媛，隴西成紀人也。……年甫及笄，歸於王氏，即皇朝尚書金部郎中、使持節、淄州刺史王府君。夫人府君令譽日隆，高班屢踐。」夫人辛媛以總章元年（六六八）七月十八日寢疾，薨於永寧里第，春秋三十有七。

韋恪　補遺第九輯三五〇頁王仲亨撰大唐故瀘州都督府參軍韋君（昱）墓誌銘并序：「君諱昱，字照容，京兆杜陵人也。……曾祖元禮，隋任太常卿、淅州刺史、鄘城郡公。祖恪，皇朝侍御史、金部郎中、洺州別駕，襲爵鄘城郡公。」韋昱卒於永淳二年（六八三）七月四日，春秋卅有八。

陽儉　補遺新千唐專輯八四頁大周故銀青光禄大夫尚方監陽君（儉）墓誌之名并序：「君諱儉，字守節，本北平無終人，近貫洛州永昌縣惟新鄉苑洛之里也。……文明元年（六八四），有敕授金部郎中。再遊仙署，甫階榮寵。又除洛州永昌縣令。」

吴太玄　蒐佚三編二册五四九頁故吴夫人墓誌銘并叙：「夫人渤海吴氏，……父諱太玄，七歲以神童昇朝。……歷位尚書金部郎中、荆州大都督府司馬。賢聲能政，稱傳到今。惠化英風，謳謡可覆。夫人即司馬府君第四女也。」夫人吴氏開元廿四年（七三六）正月八日卒，春秋廿有五。　補遺新千唐專輯二〇五頁僧湛然撰袁氏孝女（梵仙）墓誌銘并叙：「孝女袁氏字梵仙，……尚書金部郎中、荆州左司馬吴太玄之甥也。」

賈升　釋録一〇七頁崔翹撰唐故陳王府長史崔君（尚）誌文：「君諱尚，字庶幾，清河東武城人。……歷秘書郎、起居舍人、著作郎。載筆西掖，舒錦東觀。帝難其選，僉謂得人。無何，外轉竟陵郡太守。俗好墮胎，境多暴虎，下車未幾，虎去風移。時金部郎賈升廉問作詩頌美，略云：『育子變頹俗，渡獸旌深恩。』其從政有如此者。」崔尚卒於天寶四載（七四五）七月九日，時年六十六。

韋基　蒐佚第三册七一一頁皇唐故濟陰郡南華縣丞京兆韋公（承光）墓誌銘并序：「君諱承光，字承光，京兆人也。門傳鐘鼎，家習功□，略□言焉。曾祖基，皇金部郎中。」韋承光卒於天寶九載（七五〇）十二月，年四十七。以此推溯，韋基約唐玄、高宗時人。

王伷　蒐佚續編四册九〇四頁劉復撰唐故太子贊善大夫賜緋魚袋琅邪王公（伷）墓誌銘并序：「維大曆十四年（七七九）太子左贊善大夫王公終於東都私第，春秋六十有六。……寶應初，大軍臨東都，……汾陽王表授尚書司門郎兼河東縣令，遷金部郎中，領河東少尹。」

蔡希寂　全唐文卷四四七竇臮述書賦下「粉署之敦閱蔡希寂，濟陽人。金部郎中。習學潤身，假借盈愜。」

王邑　彙編續集六九六頁唐故開府儀同三司檢校户部尚書知省事贈太子太師御史大夫鄧國公張公（獻誠）墓誌銘并序，葬於大曆四年（七六九）二月三日，署「朝請大夫、前金部郎中王邑撰」。

韓羣　大唐西市下册七三三頁唐故朝請郎殿中侍御史内供奉韓公（卓）墓誌銘并叙，貞元二十一年（八〇五）四月葬，誌署「從父弟朝議郎守尚書金部郎中羣撰」。

卷十六　金部員外郎

唐不占（七四七頁）　河洛下册三六二頁大唐故金部員外郎唐府君墓誌銘并序：「君諱不占，字思勇，北海人也。……釋褐任千牛備身，導前疑後承光，左補右弼，既爲羽翼，寔謂股肱。累遷金部員外郎，封成安縣開國男。」唐不占卒於垂拱元載（六八五）四月十九日。

齊璿（七四七頁）　文物雜志二〇〇九年第八期大唐故太中大夫益州大都督府長史贈禮部尚書高陽公齊府君（璿）碑銘并序：「公諱璿字仲寶，高祖後魏朔州刺史諱登，因官家於太原，故爲太原人也。……乃還金部員外郎。……詔除禮部員外郎。」

王宏之（七四七頁）注云「無考」。　補遺第六輯四六〇頁唐故遂州長史王公（鈞）墓誌：「唐故遂州長史王公名鈞，太原祁人也。自周靈王太子晉，世有令名榮任。曾祖文霸，監察御史。祖宏之，金部員外郎。父悌，司門郎中。齊杭二州刺史。」

王鈞享年八十一，大曆十一年（七七六）二月十五日卒。

李幾道（七四八頁）無注，屬無考之列。蒐佚三編三册六九七頁盧深撰大唐故仙州襄城縣丞頓丘李公（珙）墓誌銘并序：「公諱珙，字璵，太上玄元之裔孫也。……考幾道，皇尚書金部員外郎，襲頓丘男。咸以英髦入仕，翹楚見稱。克廣前脩，德垂後裔。」李珙葬於天寶十三載（七五四）閏十一月五日。

李頎（七四八頁）補遺新千唐專輯一八七頁大唐故鉅鹿郡平鄉縣主簿李公（湛）墓誌銘并序：「公諱湛，字萬頃，其先隴西人也。……考諱頎，兵部郎中、宣州刺史、左領軍衛將軍，東都留守、上柱國、姑臧縣開國侯。名亞臺司，位毗元宰。出入華省，優游禁門。妙簡帝心，政允人望。」李湛卒於開元廿九年（七四一）四月廿八日，春秋六十有八。今按：郎考引新宗室表蔣王房欽福子頎，不詳歷官，當非。

衡守直（七四九頁）補遺新千唐專輯一三五頁蘇頲撰大唐故仙州刺史衡府君（守直）墓誌銘并序：「臨淄衡公諱守直，字守直。……授河東令，又遷渭南令。廉察使侯令德薦公清苦以聞，遂拜金部員外郎，尋除郎中，又拜長安令。」

李守直（七四九頁）注云「無考」。蒐佚二册四〇二頁唐故左監門率府兵曹參軍李君（貞）墓誌銘并序，李貞卒於景龍三年（七〇九）十一月，葬於十二月三日，誌署「右内率府録事參軍李守直書」。

鄭長裕（七五〇頁）　彙編下册一四九三頁大唐故通議大夫鄂州刺史上柱國盧府君夫人清河郡君墓誌銘并序，葬於開元二十七年（七三九）八月十二日，誌署「中散大夫、守光禄少卿鄭長裕撰」。　同書同册一六一五頁宋鼎撰唐故上黨郡大都督府長史宋公（遥）墓誌銘并序，葬於天寶六載（七四七）二月五日，誌署「前河東郡永樂縣尉鄭長裕書」。　同書同册一九〇六頁陸復禮撰唐故河南府河南縣主簿崔公（程）墓誌銘并序：「貞元十四年（七九八）秋九月辛酉，河南府河南縣主簿崔公卒於東都福先之佛寺。……公兩娶一門，女弟繼室，即潁川太守長裕之曾孫。」胡補已收。

鄭少微（七五〇頁）　彙編下册二一一二頁盧商撰唐故滑州司法參軍范陽盧君（初）墓誌銘并序：「范陽盧初，字子端，皇唐黄門侍郎獻府君之曾孫，鄂州刺史翊府君之孫，殿中進馬晏府君之子，刑部侍郎滎陽鄭少微之外孫也。」卒於大曆十年（七七五）七月，壽四十四。　同書同册二三八九頁崔峴撰唐故懷州録事參軍清河崔府君後夫人范陽盧氏墓誌銘并序：夫人盧氏「祖妣滎陽鄭氏，故刑部侍郎少微之女也」。夫人卒於大中十三年（八五九）冬十二月，春秋六十九。胡補已收。

陽潤（七五三頁）注云「無考」。　河洛上冊三六〇頁唐故工部員外郎陽府君（修己）墓誌銘并序，天寶四載（七四五）十月二十五日葬，署「猶子、通直郎、左補闕、内供奉潤撰」。

邊承裴（邊斐七五四頁）　郎考引文苑英華云一作邊斐。蒐佚二冊五七七頁皇四從叔故太中大夫行青州長史上柱國府君墓誌銘并序，葬於開元二十四年（七三六）正月十六日，署「宣義郎、行右威衛倉曹參軍長、楊縣開國男邊斐撰」。補遺第六輯八四頁故范陽郡君盧尊師（起信）墓誌銘并序，葬於天寶十三載（七五四）十一月十八日，署「司金員外郎邊斐撰」。今按：疑「邊斐」即「邊承裴」，當從兩墓誌，作「斐」義長。

吴通微（七六〇頁）　蒐佚續編四冊九一六頁唐太子中允河東縣開國公裴嬰妻崔氏墓誌銘并序（原誌無首題，此爲筆者自擬），建中四年（七八三）八月十六日葬，「京兆府士曹參軍吴通玄撰，尚書金部員外郎、翰林學士吴通微書」。

趙計（七六一頁）　蒐佚三編三冊八一二頁王顏撰唐故朝議大夫守殿中監上柱國天水趙公（計）墓誌銘：「天水趙府君諱計，字九玄，河中郡人也。……早歲郡舉進士，首登甲科，由超絶授秘書省校書郎。……遇賊泚構亂，僞詔來逼，强卧莫興，玉質冰姿，皎然不污，大駕復宫闕，以忠節稱，拜尚書祠部員外，卓立今世，不媿古賢，遂爲户部尚書班公奏充寧、慶等州和糴使。莅事多方，俾足軍食，歸省轉金部員外郎。」趙計葬於貞元十五年（七九九）二月廿二日。

崔從（七六二頁） 崔從附見舊唐書卷一七七崔慎由傳、新唐書卷一一四崔融傳，皆未言及其官金部員外郎。補遺新千唐專輯三一一頁唐故朝散大夫惠陵臺令清河崔公（歈）墓誌銘并序，葬於元和六年（八一一）四月二十一日，署「從父弟、承議郎、行尚書金部員外郎從撰」。

李弘休（七六八頁） 蒐佚四册九七二頁唐故亳州司倉參軍隴西李府君（寘）墓誌銘并序：「公諱寘，字，其先隴西人也。……開成三年（八三八）歲在戊午五月廿四日遘疾，終於亳州之私第，以其年十月廿五日歸葬於洛城……有男二人……有女兩人……皆始童齓，親兄監察御史弘休哀號痛毒，輯而爲銘，不假手於他人者，懼其叙述之不詳也。」

張特（七六八頁） 蒐佚三編四册一〇三六頁唐故進士鉅鹿魏君（讜）墓誌銘并序，大中五年（八五一）八月十四月葬，「朝請郎、守尚書金部員外郎、賜緋魚袋張特撰」。

楊範（七七一頁）　補遺第六輯一九九頁楊篆撰我大唐故天平軍節度副大使知節度事鄆曹濮等州觀察處置等使銀青光祿大夫檢校户部尚書使持節鄆州諸軍事兼鄆州刺史御史大夫上柱國弘農郡開國公食邑二千户贈司徒楊公（漢公）夫人越國太夫人韋氏（媛）墓誌銘并序：「夫人諱媛，釋號圓明性，僕射公之長女也。……余之昆姊弟妹二十有一人焉。……兄籌，進士及第，皇監察御史；範，進士及第，皇歷太常博士、虞祠金職方四外郎。」

源蔚（七七一頁）注云「無考」。補遺第八輯二〇五頁盧占墓誌：「有唐河南府兵曹參軍范陽盧君，以咸通七年（八六六）閏三月十日，疾殁所在。其年五月十一日，歸葬河南縣伊汭鄉段村，附於先塋。洛陽縣尉源蔚爲之志。」河洛下册六四〇頁唐故申州刺史盧府君（槃）墓誌銘：「府君諱槃，字子隱，以乾符六年（八七九）六月廿四日捐殁申州所任。……河南少尹源蔚與府君有平昔之厚，故磨石爲誌，以備變遷。」

奚陟（七七二頁）　參見本書卷一左中條。

【新補遺】

李述　彙編續集五二二頁席豫撰大唐故中散大夫守少府監上柱國趙郡李府君（述）墓誌銘并序：「君諱述，字處直，趙郡元氏人。……未幾爲中書舍人韋嗣立所薦，對策甲科，授洛陽縣尉。俄授太常博士，累遷太子文學、金部員外郎、贊善大夫、給事中、將作少匠、少府少監、齊州刺史，重授少府少監。」葬於開元十八年（七三〇）十一月十日。

張埱　蒐佚續編三册八一六頁韋述撰唐故給事中宜春郡司馬廣陽子張府君（埱）墓誌銘并序：「有唐哲士范陽張埱，字正平，左丞相贈太師燕文貞公之少子，憲部尚書太常卿之季弟也。……推恩受封廣陽縣子，家艱去職，禮授河南功曹换京兆府法曹，歷藍田令、金部員外郎、太子中舍人、光禄少卿。其在京掾，則綱紀庶務，輕重必舉。」春秋四十四，天寶十三載（七五四）三月十六日卒。

盧士牟　蒐佚續編四册一〇三八頁三品孫前崇陵挽郎博陵崔仲謨故新婦范陽盧氏墓誌銘并序：「范陽盧氏……伯諱士牟，皇朝金部員外郎、和州刺史。」新表有盧士牟，深州司馬清子，未云官金部員外郎，然當即此人。盧氏卒於元和七年（八一二）五月二十六日。

郭錡

蒐佚三編三册九〇二頁李虞仲撰唐故太府少卿上護軍賜緋魚袋太原郭公（錡）墓誌銘并序：「公諱錡字宗器，其先太原人。……大父諱子儀，皇朝太尉、中書令、汾陽郡王、尚父、贈太師。烈考諱曜，皇朝太子少保贈太子太傅，公即太傅之次子。……今地官侍郎楊公時判度支，表請公爲殿中侍御史、東渭橋給納使，旋加章服，轉尚書金部員外郎，領職如舊，尋以本官授安邑解縣兩池摧鹽使，就加祠部郎中。」卒於元和十四年（八一九）三月，年卌有七。

卷十七　倉部郎中

姚黯（七七七頁）注云「無考」。　補遺新千唐專輯一六三頁陳希烈撰大唐故太中大夫使持節冀州諸軍事守冀州刺史上柱國姚君（曒）墓誌文并序：「君諱曒，字曒，有虞之後。永嘉中，南遷吴興，因官徙地，今爲吴興郡人也。……以開元廿年（七三二）歲次壬申二月甲戌朔廿四日丁酉，卜宅於邙山北原。禮也。嗣子黯等，銜棘居苫，力杖安措。」　今按：姚黯之仕履不詳，其爲玄宗時人，與郎官柱之姚黯時代相合。同書一六七頁有魏啓心撰唐故冀州刺史姚府君（曒）夫人弘農郡君楊氏（萬五千）墓誌銘并序，楊氏卒於「開元廿年（七三二）九月十五日」，「即以開元廿一年（七三三）二月廿八日，合葬於邙山之北原先塋」。署「子前太常寺太祝黯書」，此爲目前所知姚黯的另一仕履。

盧雲（七七七頁）　隋唐五代墓誌彙編北京卷附遼寧卷第二册一〇六頁，王兹撰唐范陽郡故盧氏夫人墓誌銘并序：「夫人姓盧氏，□范陽郡人。……祖雲，倉部郎中、長安縣令、明州刺史。」夫人葬於大中四年（八五〇）十月，年四十。

李㫬（七七八頁）　蒐佚三册六三八頁李琚撰大唐故中大夫寧州諸軍事守寧州刺史李府君（孟德）墓誌銘并序：「公諱孟德，字伯夏，魏郡頓丘人也。……祖㫬，考功、倉部二郎中，萊州刺史、頓丘男。」李孟德葬於天寶元年（七四二）十二月二十五日。

李思諒（七七九頁）　洛陽新獲七朝墓誌二一八二頁趙驊撰唐故檢校倉部員外郎趙郡李府君（昂）墓誌銘并叙：「公諱昂字季江，趙郡贊皇人。……曾祖思諒，皇朝倉部郎中。」　同書二九四頁有王顔撰唐故倉部員外郎趙郡李公夫人京兆韋氏墓誌銘并序，誌云：「夫人年十有七，執巾幕於趙郡李氏而公諱昂，尚書倉部郎中思諒之曾孫。」　補遺第八輯七〇頁唐故朝議郎行大理寺丞李公（震）墓誌銘并序：「天寶十四載（七五五）四月二日，大理寺丞李公終於京師長興里之私第，春秋六十。嗚呼嗚呼！公諱震，趙郡人也。曾祖思諒，皇倉部郎中。」　河洛上册一五七頁有李思諒子李節墓誌，其云「君諱節，字行滿，趙郡平棘人也。……父思諒，唐通事舍人。頻使吐蕃，戎虜悦服，累遷鴻臚寺丞，職方祠部員外郎、倉部郎中。器範端肅，詞令抑揚。」李節卒於永昌（六八九）二月。　蒐佚一册一七五頁故倉部郎中李府君（思諒）墓誌并序：「君諱思諒，趙郡贊皇人也。……起家通事舍人……又除職方員外郎、祠部員外郎，遷倉部郎中。」李思諒以顯慶四年（六五九）十月十五日終，春秋五十八。今按：綜上所述，有李思諒曾孫李震、子李節及其本人三墓誌，皆云其官倉部郎中，當可定讞。

朱延度（七七九頁）　蒐佚一册一六八頁大唐故倉部郎中朱府君（延度）墓誌銘并序：「君諱延度，字開士，吴郡錢塘人也。……（永徽）五年（六五四）遷户部員外郎。郎官顯要，禮闈清初。歷處煩劇，咸遺疑滯。望高超謁，聲軼朝行。六年（六五五）除守倉部郎中。顯慶元年（六五六），授兼倉部郎中。」蒐佚三編二册三五三頁大周故趙王府司馬朱府君（景融）墓誌銘并序：「君諱景融，字景融，……父延度，唐雍州司功參軍、户部員外郎、倉部郎中。」葬於證聖元年（六九五）二月十三日。

武志元（七七九頁）　補遺第七輯二五頁蘇頲撰唐故贈太子少保管國公武府君（嗣宗）墓誌銘并序：「公諱嗣宗，字嗣宗，太原文水人。行臺左丞、追贈太保士逸之孫，倉部郎中、追贈河内郡王志元之第三子，則天大聖皇后從父昆弟之子。」

房玄基（七八〇頁）　補遺第八輯三五七頁大唐故汴州司馬博陵崔公夫人清河房氏

墓誌銘并序：「夫人清河人，齊侍中文惠公謨之玄孫，唐太州别駕彦雲之孫，倉部郎中玄基之女。」房氏「以開元八年（七二〇）二月五日，春秋七十六，寢疾終於綏福里之私第」。

王守真（七八〇頁）　珍稀墓誌八九頁大同故使持節都督洪袁等七州諸軍事洪州刺史輕車都尉臨沂縣開國男王府君（守真）墓誌銘并序（天授三年三月一日）：「公諱守真，字元政，琅邪臨沂人也。……儀鳳二年，制轉尚書倉部郎中，尋遷膳部郎中，兼檢校左司郎中。」

李晉容（**李晉客**七八一頁）　彙編下册二〇一八頁唐故譙郡永城縣令趙郡李府君（崗）墓誌：「府君趙郡贊皇人也。諱崗姓李氏。……祖諱晉客，皇倉部郎中、萬年縣令、司農少卿、元氏縣男。」　今按：唐人名秦客、楚客、晉客者甚多，又有墓誌爲證，此「李晉容」當作「李晉客」爲是。

李孟□（**李孟德**七八二頁）　蒐佚三册六四〇頁李琚撰大唐故中大夫寧州諸軍事寧州刺史李府君（孟德）墓誌銘并序：「公諱孟德，字伯夏，魏郡頓丘人也。……解褐補蘇州司功參軍，轉貝州司法參軍充江東道覆囚使，以功授滄州樂陵縣令。……公密與留守會稽王武攸望發兵討襲獲僞璽及指日鞭，事卒，敕賜雜綵一百疋、銀器三事，遷倉部郎中、北都太原縣令，出除寧州諸軍事、寧州刺史。」今按：郎考原注「『孟』下似『德』字」。由墓誌可證，當爲「德」字，勞説甚是也。

□承家（李承家七八三頁）　補遺第八輯一八頁王珣撰大唐故燕國夫人（竇淑）墓誌銘并序：燕國夫人「粤開元九年（七二一）七月十九日甲子遘疾，薨於須政之里第，享年六十有一。皇上震悼，輟朝三日。敕文武五品已上官，詣宅臨吊。所緣葬事，並從優厚。分命京兆尹孟温莅臨監護，長安縣令李承家副，秘書少監王珣撰誌文，前太常卿、楚國公姜皎書蓋」。彙編下册一二四一頁于瀆撰唐故河中府永樂縣丞韋府君妻隴西李夫人墓誌銘并叙：「夫人李姓，燉煌遠孫。曾祖承家，皇越王府司馬。」蒐佚續編三册七一一頁崔宗之撰□□□□□刺史李公（承家）墓誌銘并序：「□□□家（『家』前所缺三字，疑爲『公諱承』）字承家，隴西狄道人也。……存忠謇以察視，不吐剛以茹柔，於是遷倉部郎中，掌九穀之數，均稍食之品。閑習故事，無違典章。尋除長安令。開元十五年（七二七）二月二十八日遘疾，終於貝州之官舍，凡壽六十八。」今按：郎考云：「格審定是御史臺侍御李承家，出東祖房，不詳歷官。」今有燕國夫人墓誌、韋君妻李夫人墓誌及李承家墓誌，三者皆可證實勞格之判斷甚是，其云「不詳歷官」，亦冰釋矣。

戴休珽（**戴休琁**七八五頁）　彙編下册一八五九頁唐齊州豐齊縣令程府君（俊）墓誌銘并序：「公諱俊，字毖□，姓程氏，帝顓頊之後。……烈考藥珍，游擊將軍、蜀州慶漢府左果毅。公廣漢長子也。妣譙縣君戴氏，倉部郎中，饒陽、潁川二太守休珽之伯姊也。」　今按：此亦可證勳外（四一九頁）作「李休珽」，誤，「李」當作「戴」。倉外（八〇五頁）作「戴休琁」，亦爲「戴休珽」之誤。

趙驊（七八七頁）　洛陽新獲七朝墓誌二八二頁唐故檢校倉部員外郎趙郡李府君（昂）墓誌銘并叙，葬於大曆十四年（七七九）八月十七日，「朝議郎、守倉部郎中趙驊撰」。　同書二七〇頁大燕贈魏州都督嚴府君（復）墓誌銘并述，葬於聖武二年（七五七）十月五日，署「宣義郎、守中書舍人、襄陵縣開國男趙驊撰」。兩方墓誌撰者皆爲趙驊，實爲同人，趙驊兩唐書有傳（舊傳誤作曄，當從墓誌及新傳），本傳與嚴復墓誌記載其仕宦之污點。天寶末，趙驊爲陳留採訪使郭納的支使，被安禄山叛軍俘獲，擕至洛陽，授以僞官。趙驊雖非甘心，却接受了僞職，爲安禄山服務。嚴復是安禄山心腹嚴莊之父，安史之亂時，嚴復與其另一子嚴希莊留居河北景城反抗唐軍，因此全家被鎮壓。時嚴莊隨安禄山在洛陽，官至御史大夫、封馮翊郡王。將其父及弟之遺骸從景城運至洛陽安葬，命令趙驊與另一降官房休分別撰寫嚴復、嚴希莊墓誌。墓誌真實記録了趙驊仕僞燕之職官。「乾元初，三司議罪」，趙驊被貶晉江尉。經過二十餘年的努力，又官居省郎。他的政績也不錯，新唐書本傳云「驊位省郎，衣食窶乏，俸單寡，請子至徒步，人爲咨美。涇原兵反，驊竄山谷，病死，贈華州刺史。」

陳諫（七八八頁）　彙編下册二一九八頁陳脩古撰唐故鄉貢進士潁川陳君（宣魯）墓誌：「君諱宣魯，字子周，其先潁川人也。曾祖叔，國子主簿。祖璧，婺州司兵參軍。父諫，倉部郎中、道州刺史。……以開成五年（八四〇）四月三日，終於河南洛陽縣審教里之寓居，享年卅三。」

蘇弁（七九〇頁）　大唐西市中册六八九頁大唐故雅王傅崔公夫人蘇氏墓誌銘并序，貞元十一年（七九五）三月十六日葬，誌署「族叔父尚書倉部郎中弁撰」。

談峯（七九〇頁）無注，爲「無考」之人。蒐佚三編三册九二八頁唐故正議大夫通王傅上柱國京兆韋公（庠）墓誌銘并序，葬於長慶四年（八二四）七月十四日，誌署「中散大夫、守循王傅、上輕車都尉談峯撰。朝議郎、守殿中少監、雲騎尉、賜緋魚袋李貞素書」。

趙真齡（七九二頁）　蒐佚四册四三五頁鄭澣撰唐故金紫光禄大夫守司空致仕贈司徒相國趙公（宗儒）墓誌銘并序：「公諱宗儒，字秉，天水人也。……嗣子真齡，前倉部郎中。茂範令才，朗若圭彝。」趙宗儒卒於大和五年（八三一）二月二十六日。

鄭舫（七九二頁）　補遺新千唐專輯三九三頁張孟撰唐故前泗州臨淮縣尉鄭府君（長誨）墓誌銘并序：「君諱長誨，字子遵，滎陽人也。……考曰舫，倉部正郎。」河洛下册五五七頁陳商撰唐故尚書倉部郎中滎陽鄭府君（舫）墓誌銘并序：「府君諱舫，字嘉魚，滎陽人。……君忠恪敢直言，素所藴蓄，咸切時病，諫書屢奏，聞者壯之。滿秩，除侍御史，留臺東都，入爲尚書屯田員外郎。公雅以長人，施化爲心，郎吏優簡，非吾安也。求典郡以自効。除權知江州刺史，能周通事理，以直其法，誤欺屏息，德澤布濩，政成即真。尋以倉部郎中徵赴闕，至池州感疾，大和八年（八三四）八月廿四日終於旅館，享年五十八。」

樊驤（七九四頁）　彙編下册二四五四頁王鉦撰唐故南陽樊府君（駰）墓誌：「府君諱駰，字自牧，其先河南人也。……昆伯五人：驤，進士登第，終倉部郎中。馴，牧登州。駉，早亡。驌，試左武衛兵曹。鈞，前任太僕寺丞。」河洛下册六二一九頁庾崇撰有唐朝散大夫尚書倉部郎中柱國賜緋魚袋樊公（驤）墓誌銘并序：「公諱驤，字彦龍，河南人也。……他年集調，乃授河南府參軍。公秉心金玉，勢利莫奪。……後廿餘年，方以倉部外郎登於省闥，未周歲，又轉正郎。咸通庚寅歲（八七〇）春仲月廿一日，以寒疾氣滯終於客第，享年六十。」

韋慶植（七九五頁）　彙編上册一二〇三頁蘇晉撰大唐故銀青光禄大夫衛尉卿扶陽縣開國公護軍事韋公（項）墓誌銘并序：「公諱項，字勵己，京兆杜陵人也。……父慶植，皇秦國公府録事參軍、秦王府司馬、倉部郎中、舒密二州刺史。」韋項以開元四年（七一六）四月十日薨於京師，春秋八十有一。　又見其孫韋銑墓誌，蒐佚續編二册五四四頁大唐故銀青光禄大夫使持節邢州諸軍事邢州刺史上柱國汶陽縣開國男韋府君（銑）墓誌銘并序：「公諱銑，……大父慶植，倉部郎中、魏王府司馬。」

【新補遺】

元禧　大唐西市上册一八三頁大唐故襄州都督府長史常山縣男元公（禧）墓誌銘并序：「公諱禧，字善禕，河南洛陽人也。……（武德）二年，詔曰：爰自參虚，從入關輔。草昧之始，便預驅馳。顧彼勤誠，宜加中散大夫、行都官郎中。……六年，授倉部郎中。八年，封常山縣開國男。」貞觀元年（六二七）正月廿八日薨於任，春秋四十。

李素立　蒐佚三編二册三一八頁蘇瓌撰唐故朝散大夫梓州郪縣令李府君（重）墓誌銘并序：「公諱重，字休烈，趙國高邑人也。……父素立，皇尚書倉部郎中、鴻臚卿、□州刺史。」李重葬於垂拱四年（六八八）十二月六日。今按：郎考倉中無，而户外有李素立，時代亦吻合，今據其子李重墓誌補之。

白君恕　蒐佚三册六〇五頁張鼎撰大唐故襄州司馬襲邵陵郡開國公墓誌銘并序：「君諱慎言，其先軒轅之裔爲重黎也。……封於太原，其後因菜居焉，公爲彼郡人也。……祖君恕，國初員外散騎常侍、倉部郎中、太常少卿，封邵陵郡開國公。」白慎言於開元二十六年（七三八）九月十六日卒，春秋五十有三。

于乾長　彙編續集四四八頁大唐故朝散大夫澤州晉城縣令上柱國于府君（惟敬）墓誌銘并序：「君諱思□，字惟敬，河南洛陽人也。……祖乾長，唐倉部郎中、平恩縣開國男。」于惟敬卒於太極元年（七一二）四月，春秋六十四。

韋師　河洛上册一四六頁大唐故博州刺史韋府君（師）墓誌銘并序：「公諱師，字玄模，京兆杜陵人也。……（武德）五年，遷倉部郎中。」可參度支郎中條。

楊倨（楊涺）郎考無楊涺，新考訂據新唐書宰相世系表補倉中作「楊涺」，今再作補充。

蒐佚三編三册八二〇頁李嚴撰河南府户曹參軍賜緋魚袋李伷亡妻弘農楊氏墓誌并序：「夫人即觀國王雄之後也。高祖思謙，隋中書舍人，遷雍州牧。曾祖履言，皇左中大夫、懷州别駕，遷兖府都督。父倨皇虞部員外，改倉部郎中，遷河南少尹。……夫人即倨之第九女也。」夫人葬於貞元十六年（八〇〇）九月五日。新表作「楊涺」，墓誌作「楊倨」，當是一人。

韋珽

河洛下册四四五頁李貢撰唐故京兆府武功縣令蔡府君韋夫人墓誌銘并序：「夫人韋氏，京兆人也。……父珽，倉部郎中。奕世盛業，積德洪曼，詔厥燕翼，美冠天下。」韋夫人卒於天寶元年（七四二）四月一日，享年五十九。

蕭儹

大唐西市下册九三三頁裴寅撰唐故光禄卿贈右散騎常侍蕭府君（儹）墓誌銘并序：「公諱儹，字思本，蘭陵中都人也。……轉河南縣令，貪俗歸厚，群吏自清。遷主客郎中，旋授倉部郎中，復改駕部郎中。」

卷十八　倉部員外郎

王師順（八〇二頁）　彙編續集五〇三頁張閑撰大唐故朝散郎行潞州上黨縣尉王少府公（嵩）墓誌銘并序：「公諱嵩，字，大凉人，即瑯瑘王子晉之後也。……父師順，唐睦州遂安縣令、沂州長史。」　彙編上册一一〇三頁梁載言撰大唐故朝議大夫行洋州長史上柱國王府君（震）墓誌銘并序：「君諱震，字伯舉，琅耶臨沂人也。……父師順，監察御史，倉部員外郎、司門郎中、硤州刺史、雍州司馬。」王震卒於神龍三年（七〇七）三月十六日，年五十九。

柳儒（八〇三頁）　補遺第八輯六六頁盧子昇撰唐文部常選柳氏字岳故隴西李夫人墓誌銘并序：「夫人夫之祖諱儒，皇倉部員外、户部郎中、北海等六郡太守、銀青光禄大夫、河東縣開國男。」

袁仁敬（八〇四頁）　洛陽新獲七朝墓誌二〇七頁大唐故大理卿上柱國袁府君（仁敬）墓誌銘并序：「公諱仁敬，字道周，陳郡陽夏人也。……天授年從國子進士，應養志丘園，科舉對策高第，解褐敕授相州湯陰縣尉。……轉司直丞，以持法不撓，朝廷嘉寬裕之，大拜倉部、司勳二員外，刑部、左司、兵、吏部四郎中。」

吴太玄（八〇四頁） 參見本書卷十五金中新補遺條。

李昂（八〇五頁） 蒐佚三編三册七六一頁王溆撰唐宣州太平縣令韋公故夫人趙郡李氏墓誌銘并序：「夫人諱現，字現，趙郡人也。……父昂，倉部員外郎。」夫人葬于建中四年（七八三）二月七日。 同書蕭休之撰唐故揚州海陵縣令韋府君（翺）墓誌銘并序（元和三年十月）：「公諱翺，字翺，京兆杜陵人。……夫人趙郡李氏，倉部員外郎昂之女。」

崔譚（八〇六頁） 蒐佚三册八二九頁李周南撰夫人博陵崔氏墓誌銘并叙：「夫人姓崔，博陵人也。大父譚，德烈官明，羽儀當代，終唐倉部、左司二郎中。」今按：崔譚見郎考左中、倉外，今墓誌云官「倉部、左司二郎中」，倉中、倉外未知孰是？

李喬年（**李喬聿**八〇八頁） 郎考作「李喬聿」，注云「無考」。并案云：「『喬聿』疑是『喬年』之誤。喬年見左中補，時代亦合。」甚是，今有墓誌爲證。 蒐佚三編三册七〇〇頁陽浚撰唐故朝散大夫補尚書司儲員外郎上柱國平鄉縣開國伯李府君

（喬年）墓誌銘并序：「公諱喬年，字壽卿，趙郡堯山人也。……弱冠以門蔭補弘文生，調秘書省校書郎、京兆府渭南縣尉，拜右拾遺、右補闕、殿中侍御史，俄轉侍御史、起居舍人。……尋除太子司議郎，遷尚書司儲員外郎，加朝散大夫。……天寶十五載（七五六）五月十一日遘疾終於西都安興里第，春秋五十有二。」

趙玗（八一一頁）　大唐西市中冊六一七頁唐故正議大夫成都少尹上柱國賜紫金魚袋郭公（幼儒）墓誌銘并序，大曆八年（七七三）七月廿九日葬，誌署「左補闕趙玗撰，前河中府猗氏縣主簿趙牧書」。

薛成慶（**薛存慶**八一四頁）　蒐佚續編四册一〇六六頁唐故正議大夫守左散騎常侍致仕上柱國博陵縣開國伯食邑七百户賜紫金魚袋贈越州都督崔公（珽）墓誌銘并叙，「朝議郎、行尚書倉部員外郎、上柱國薛存慶撰」，元和十二年（八一七）十月五日葬。

李宗河（**李宗何**八一五頁）　郎考云「『河』字未確，二本『何』」。今按：新著録、新考訂皆作「何」，今下文引墓誌亦作「何」，當是。　蒐佚續編五册一二五六頁張孟撰大唐河南府澠池縣主簿府君及夫人盧氏墓誌銘并序：「有子二人：長曰孟，娶信州刺史姑臧李宗何第二女。次曰璟，司門郎中姑臧李君何長女。」夫人於元和十二年（八一七）十一月十一日卒。

趙從約（八一七頁） 彙編下册二二四九頁唐清河崔隋妻趙氏夫人墓誌：「唐會昌六年（八四六）歲次景寅五月五日……清河崔隋妻趙氏夫人終于上都常樂里之第，享年卅有五。……父曰從約，常歷重諸侯之府，四立於朝，今爲都官郎，清不受汙，規以自檢，官於時，爵於朝，罽者憚而德者師，故有淑女媲予焉。」

楊魯士（八一七頁） 彙編下册二一九三頁唐故濮陽郡夫人吴氏墓誌并銘，署「朝議郎、行尚書水部員外郎分司東都、上柱國、賜緋魚袋楊魯士撰」。

崔翬（八一九頁）注云「無考」。 彙編下册一九四九頁唐清河崔氏女墓誌「唐永貞元年（八〇五）十月五日，清河崔氏十六女夭於楊□行旅之次，時年十三。……貞元庚辰歲，先府君從檄南征，十六女與長兄翬等亦尋赴寧覲。嗚呼，旻天不吊，禍酷潛遘，府君前年七月即代，嗣子翬、章等號奉靈輿，浮江北歸」。 補遺第四輯一九四頁崔干撰□故□書郎使持節曹州諸軍事守曹州刺史賜紫金魚袋清河崔府君（翬）墓誌銘并序：「府君諱翬，字遐舉，清河東武城人。……乃以明經隨貢，一舉上第。釋褐河中府參軍事。歲滿，調左衛兵曹，轉河南縣尉。……未幾，徵拜侍御史。孤標峻望，霜署風生。……居未旬朔，詔除倉部員外郎。」 王補已收。

盧近思（八一九頁）　補遺新千唐專輯三八一頁盧罕撰唐故杭州餘杭縣尉范陽盧府君（厚）墓誌文并序：「君諱厚，字子處，范陽涿人也。……君年未及娶。卒無子息。至大中四年（八五〇）歲次庚午十月乙巳朔十七日辛酉，長兄屯田郎中近思，稟太夫人之命，自揚州啓君之殯，歸葬於河南府河南縣萬安山之南原，祔先大夫之塋，禮也。」

魏鏞（八二〇頁）注云「無考」。　彙編續集八七六頁令狐綯撰唐故銀青光禄大夫檢校司空（下泐）分司東都上柱國樂安縣開國侯食邑一千户□□□孫公（簡）墓誌銘并序：「公諱簡，字樞中。……女六人：長適吴興沈稱師，早世。次適隴西李稠。次適鉅鹿魏鏞。」孫簡卒於寶曆間。

裴思猷（八二〇頁）　補遺第七輯四五九頁韋行規等興州靈崖寺題名：「興州刺史韋行規、河中府參軍裴思猷、處士劉防、進士孟元植，大唐開成二年（八三七）丁巳歲十一月十九日同游此。」時代亦合。

樊驤（八二二頁）　河洛下册六二九頁庾崇撰有唐朝散大夫尚書倉部郎中柱國賜緋魚袋樊公（驤）墓誌銘并序：「公諱驤，字彦龍，河南人也。……後廿餘年，方以倉部外郎登于省闈，未周歲又轉正郎。咸通庚寅歲（八七〇）春仲月廿一日，以寒疾氣滯，終于官第，享年六十。」

韋虛心（八二三頁）　參見本書卷十一户中條。

【新補遺】

趙慎微　蒐佚三編二册四四九頁裴漼撰大唐故正議大夫使持節湖州諸軍事守湖州刺史上柱國天水趙府君（慎微）墓誌銘并序（開元五年八月二十三日）：「公諱慎微，……改授洛州司法參軍，尋遷倉部員外郎。」

王仁表　補遺第九輯四五一頁唐故朝議郎行冀州棗强縣令上柱國崔府君（同）墓誌銘并序：「府君諱同，字立忠，博陵人也。……夫人太原王氏，唐倉部員外、祠部郎中、太子僕仁表之孫，益府士曹冲之女也。」夫人卒於開元廿五年（七三七）九月四日。

李印　彙編續集八七五頁裴縝撰唐故亳州司兵參軍趙郡李府君（群）墓誌銘：「府君諱群，享年四十有九。……寶曆二年（八二六），歸閑於洛陽。以四月十七日，終於伊川之別墅。……祖印，尚書倉部員外郎。」

杜正元

蒐佚第四册九六四頁侯能撰唐故承務郎前河南府王屋縣丞河東薛府君（掄）墓誌銘并序：「君諱掄，字安維，河東人也。……君夫人京兆杜氏倉部員外郎正元女也。」杜氏卒於大和六年（八三二）春三月。

鄭澍

彙編續集九一八頁唐故揚州大都督府法曹參軍京兆韋府君故夫人滎陽鄭氏墓記：「夫人第十五，姓鄭氏，其先滎陽人也。……烈考澍，皇朝尚書倉部員外郎。夫人即倉部之次女。」　同書八一五頁裴次元撰唐故□崇陵挽郎滎陽鄭府君（紹方）墓誌銘并序：「君諱紹方，字統正，滎陽人也。……皇鴻臚寺丞、贈左贊善大夫景之。贊善生烈考皇尚書倉部員外郎澍。君即倉部之元子也。」

韋塤

補遺第八輯一七二頁温琯撰大唐故明州刺史御史中丞韋公（塤）夫人太原温氏（瑗）之墓誌：「公諱塤，字導和。大和開成中，天子知公吏理明幹，處劇若閑。嚴明清貞，注意重用。昔前賢有吏不能欺者，公之是也。自釋褐後，累歷難宦，諸侯争請者無數。位至河南糾，其聲大震。入遷倉部員外判户部案，又轉長安令。」

李澹

補遺第八輯二一三頁夏侯放撰唐故虢州司兵參軍李府君（仲舒）玄堂記：「君諱仲舒，字益之。曾祖澹，倉部員外郎。」李仲舒卒於咸通十年（八六九），享年三十一。

卷十九　禮部郎中

薛稷（八二八頁）　大唐西市上册三四三頁大唐故左千牛將軍贈左金吾大將軍清河郡開國公房（先忠）墓誌銘并序，景龍二年（七〇八）二月廿七日，誌署「鴻臚卿李迥秀撰，禮部郎中薛稷書，左屯衛長史王朔脩狀」。

崔融（八二九頁）　補遺第九輯三六八頁唐故銀青光祿大夫禮部尚書上柱國清河縣開國男贈江陵郡大都督謚曰成崔府君（翹）墓誌銘并序「公諱翹，字明微，清河東武城人。……昔我烈考文公以春官郎中獨知制誥，昔我元兄貞公以禮部員外郎兼知制誥。」烈考文公即崔翹父崔融也。　蒐佚三册七七三頁崔巨撰唐故朝議郎使持節渠州諸軍事守渠州刺史仍知本州團練守捉使賜緋魚袋崔君（異）墓誌銘并序：「唐水部郎、渠州刺史、清河崔君諱異，字，給事乃其後也。皇朝通議大夫、禮部郎中、知制誥、中書舍人、上柱國、清河子、贈衛州刺史文公諱融，則我之烈祖也。」崔異卒於大曆六年（七七一）七月十八日。

崔宗之（八三〇頁）　高陽原六九頁大唐故工部尚書東都留守上柱國南皮縣開國子贈揚州大都督韋公（虚心）墓誌銘并序，天寶元年（七四二）正月十五日，「外甥、朝散大夫、守禮部郎中、上柱國齊國公崔宗之撰」。

程浩（八四二頁）　洛陽新獲二二九頁唐夔州刺史班公故夫人崔氏墓誌銘并序（大曆十三年正月二日），「尚書禮部郎中程浩撰」。

【新補遺】

李公淹　河洛上册一六二頁大周故朝請大夫隨州長史上輕車都尉李府君（自勖）墓誌銘并序：「公諱自勖，字儀兄，趙郡欒城人也。……父公淹，唐吏部員外郎、禮部右司二郎中、使持節、滑建二州諸軍事、二州刺史。」李自勖卒於載初元年（六九〇）六月五日，春秋七十三。

岑某　邙洛八〇頁大唐禮部郎中岑君故妻蘭陵縣君徐夫人之銘：「大唐禮部郎中岑君故妻蘭陵縣君徐夫人之銘，以咸亨三年（六七二）八月九日，於伊水鄉華陽里殯，西去官道二百步内。」

李亶　蒐佚二册三五二頁崔融撰周故給事中太子中允李府君（亶）墓誌銘并序：「府

君諱亶，字景信，隴西成紀人，凉武昭王之九代孫。……擢授太子舍人，尋遷尚書禮部、吏部二郎中，進爵爲子，遷給事中。」卒於大足元年（七〇一）六月，春秋六十。

李尚善　蒐佚三册六八〇頁唐故寧遠將軍易州脩政府左果毅裴府君夫人李氏墓誌銘并序：「夫人隴西人也。皇五從姉故禮部郎中、唐睦二州刺史尚善之息女，其薰灼榮耀，可勝言哉。」李氏卒於開元十五載（七二七）四月十三日，春秋六十有六。

韓雲卿　高陽原八四頁大唐故樂安郡太君贈貝國太夫人墓誌銘并序，大曆九年（七七四）六月十八日葬，「朝議郎、守禮部郎中、上柱國韓雲卿撰」。

陳谿　補遺第七輯九一頁徐元一撰唐故潁川陳氏（從悉）季女墓誌銘并序：「陳氏妹，其先潁川人也。即南朝忠壯王之裔。曾王父谿，皇禮部郎中。」陳氏妹春秋廿有二，元和十年（八一五）十二月卒。

蕭諒　蒐佚續編三册七五七頁韋述撰唐故臨汝郡太守桂陽郡司馬蘭陵蕭府君（諒）墓誌銘并序：「公諱諒，字子信，其先蘭陵人也。……在開封，則兵部尚書王公引爲朔方管記；其在長安，則禮部尚書信安王奏充節度判官，參戎幕之謀猷，總軍行之書奏，二尚書美聲洋溢，抑皆公之助焉。使迴，擢拜監察御史、殿中侍御史、比部司封二員外郎、禮部郎中、長安令。」卒於天寶六年（七四七）二月。

崔玘　補遺第六輯一一八頁崔遂撰唐故洛陽縣尉崔府君（可準）墓誌銘并序：「府君諱可準，字允中。……曾祖玄泰，徐州司馬。司馬有德而生顯祖禮部郎中玘，玘生顯考鋋，鋋任河陰令。……鋋生府君。」崔可準年五十二，卒於貞元十七年（八〇一）六月二日。

唐昭明　新唐卷七四下宰相世系四下唐氏：沂水令貞松子昭明，益都令。　蒐佚三編三册九一一頁袁師服撰唐太子通事舍人李公（景詢）故夫人鉅鹿魏夫人墓誌銘并序：「李公充延州防禦判官故室，以長慶二年（八二二）九月十六日疾没於官舍。夫人……顯考懿文，歷官御史、尚書郎，訖于邵州牧。……邵州其出北海唐氏，國朝詞宗禮部郎中諱昭明爲其外祖，有文卅卷，祕於延閣。」

張載華　蒐佚三編三册八四〇頁杜省躬撰唐故京兆杜府君（湑）墓誌銘并序：「府君姓杜氏，諱湑，字湑，本家京兆杜陵人。享年五十四，以元和歲次丙戌八月廿九日寢疾，終于河南府温縣之私第。……前娶禮部郎中清河張載華女，無子而歿。」葬于元和二年（八〇七）二月十四日。

韓汯　蒐佚續編四册一〇〇七頁韓章撰唐故諫議大夫韓公（汯）墓誌銘并序：「父諱

泫，字泫，其先潁川人也。……肅宗於靈武踐祚，密詔追公赴行在，授考功員外郎專知制誥，……所有制詔備傳於人，以忠直爲權臣所惡，除禮部郎中，又出爲資陽太守。」

孫簡 彙編續集一一一〇頁令狐綯撰唐故銀青光禄大夫檢校司空兼太子少師分司東都上柱國樂安縣開國侯食邑一千户贈太師孫公（簡）墓誌并序：「公諱簡，字樞中，……寶曆元年（八二五）以司勳員外郎判，吏部廢置，轉禮部郎中。又罹裴太夫人之禍，殆不勝喪。及出，除左司郎中，加朝散階，轉吏部郎中，又加朝散大夫。」

李當 蒐佚續編四册一三一二頁李昭撰唐故金紫光禄大夫刑部尚書上柱國隴西縣開國子食邑五百户贈尚書左僕射姑臧李公（當）墓誌銘并序：「公諱當，字子仁，世爲隴西狄道人。……大中四年（八五〇），遷禮部郎中。」

崔鼎 補遺新千唐專輯三八二頁王憑撰唐故龍崗縣令王府君繼夫人（崔緼）墓誌銘并序：「夫人諱緼，姓崔氏，其先博陵安平人。曾王父成州刺史諱裕。王父禮部郎中諱鼎。」夫人以大中六年（八五二）二月廿三日，捐背于東都時邕里之私第，春秋六十。

李昭　蒐佚四册一〇五八頁唐故尚書户部員外郎滁州刺史隴西李公（詔）墓誌銘并序，葬於咸通十年（八六九）十一月七日，署「季弟、朝議郎、守尚書禮部郎中、充集賢殿學士昭撰」。

卷二十　禮部員外郎

班思簡（八四五頁）　蒐佚三編三册八五七頁班贄撰唐故京兆府華原縣主簿田府君夫人扶風班氏墓誌銘并序：「夫人，其先衛人也。……大父春官于長安，今則京兆人也。曾祖思簡，仕至文昌春官員外郎，生祖銀青光禄大夫祕書監、贈右僕射景倩，秘书有子七人，夫人則第五子。」葬于元和三年（八〇八）十一月十八日。

同書三册八九一頁宇文佶撰唐故京兆萬年縣丞班府君（贄）墓誌銘并序：「班公諱贄，字允古，扶風安陵人。……思簡，禮部員外，贈許州刺史，即公之大王父。」

王仲丘（八四六頁）　新考訂已有考證，所據徐州滕縣主簿王君及夫人張氏合誌，今再作補充。彙編下册一三九五頁大唐故右領軍衛將軍上柱國新城縣開國伯薛府君（璿）墓誌文并序，卒於開元二十年（七三二）七月，春秋五十二。誌署「子婿、左補闕、内供奉、集賢院修撰琅邪王仲丘撰」。

李孟犨（八四六頁）　彙編下册二一三六頁崔栯撰唐故朝議郎守尚書比部郎中上柱國賜緋魚袋隴西李府君（蟾）墓誌銘并序：「公諱蟾，字冠山，景皇帝八代孫，淮安王之後，族系源流，著在國諜。曾祖孟犨，皇任泗州刺史，襲膠西郡公。」享年五十一，以大和七年（八三三）五月四日卒。

楊仲昌（八四七頁）　彙編下册一四五四頁大唐故隴州刺史薛府君（璿）妻弘農楊夫人（祁麗）墓誌銘并序，葬於開元二十四年（七三六）五月十七日，誌署「季弟、禮部員外郎仲昌撰」。

陶翰（八四八頁）　蒐佚三册七三〇頁唐故雲麾將軍右金吾將軍上柱國鄧國公張府君（履冰）墓誌銘并序，葬於天寶十二載（七五三）八月四日，誌署「禮部員外郎陶翰撰」。

張賈（八五四頁）　陳尚君撰全唐文補編又再補卷五憲宗皇帝李純除禮部員外郎張賈制：「以賈之賜筆禮闈，進序天台之屬。」

崔備（八五五頁）　補遺新千唐專輯三二四頁張惟素撰唐故諫議大夫清河崔府君（備）墓誌銘并序：「元和十一年（八一六）春三月，諫議大夫崔公，寢疾終于長安安邑里之私第，春秋七十。公諱備，字順之，其先清河人也。……門下侍郎同平章事武公出鎮西蜀，盛選賓佐。其所奏請，皆朝之髦彦。……武公思展其才，密有論薦，除起居舍人。記言之司，僉以爲允。遷禮部員外郎，中臺極文章之選，時謂得人。轉工部、考功二郎中，後以本官加知制誥。」

【新補遺】

盧承基　補遺新千唐專輯一八頁大唐故使持節郢州諸軍事郢州刺史盧君（承基）墓誌：「君諱承基，字子構，范陽人也……（貞觀）十八年（六四四），内甫丁家憂。……尋轉禮部員外郎、守主客郎中。文昌五曹，仙臺六尚。」

齊璿　文物二〇〇九年八期大唐故太中大夫益州大都督府長史贈禮部尚書高陽公齊府君（璿）碑銘并序「公諱璿，字仲寶，高祖公魏朔州刺史諱登因官家於太原，故爲太原人也。……乃遷金部員外郎，……詔除禮部員外郎」。

薛道旻　新考訂據新表已補，今再補充之。珍稀墓誌二七頁唐故乾封縣尉薛君（元貞）墓誌銘并序：「君諱元貞，字元貞，河東汾陰人也。……父道旻，唐汾陰本縣令、禮部員外、貝州别駕、朝散大夫、舒吴二王府諮議，濮滑安梁等四州司馬。」薛元貞卒於總章二年（六六九）五月廿六日，春秋四十一。

徐孝德　大唐西市上册一九七頁徐令堅撰大唐故前西臺舍人徐府君（齊聃）墓誌銘并序：「先君諱齊聃，字希道，本高平人也。……因家於吴興之長城，又爲彼人焉。……父孝德，皇朝禮部員外郎、水部郎中、沂、果二州刺史。」徐齊聃卒於咸亨四年（六七三）六月二日。

裴爽　補遺第六輯三七頁裴允初撰□銀青光禄大夫貝州刺史上柱國聞喜縣開國公裴君（仲將）墓誌「君諱仲將，字亘，河東聞喜人也。……祖爽，禮部員外郎。父承嗣，懷州武德縣令」。葬於開元九年（七二一）四月。　彙編上册七六〇頁大唐衛州長史裴君（胤）墓誌銘：「君諱胤，河東聞喜人也。……父爽，禮部員外郎、婺州刺史。」　蒐佚二册五八〇頁魏方進撰故陝州别駕李公主人壽昌郡裴氏墓誌銘并序：「夫人諱，字，河東聞喜人也。……曾祖爽，皇朝禮部員外郎、婺州刺史。祖承嗣，懷州武陟縣令。」　蒐佚補編三册六三六頁唐故朝議郎行左補闕裴府君墓誌銘并序：「公諱烱，字含光，河東人也。……曾祖朝散大夫、禮部員外郎、婺州長史爽。」據以上墓誌推之，裴爽約爲貞觀時人。

孫處約　彙編上册五五七頁唐故司成孫公墓誌并序：「公諱處約，字茂道。……永徽元年（六五〇），禮部尚書、驃騎都尉申公應詔舉，遊情文藻，下筆成章，射策甲科。蒙敕授著作佐郎，又遷授禮部員外郎，轉考功員外郎、弘文館直學士。」

崔禹錫　補遺第九輯三六八頁唐故銀青光禄大夫禮部尚書上柱國清河縣開國男贈江陵郡大都督謚曰成崔府君（翹）墓誌銘并序：「公諱翹，字明微，清河東武城人。……遷尚書主爵員外郎，所在必有能政。先是公之元兄貞公禹錫爲禮部郎，及遷中書舍人，公乃繼入郎署。……昔我烈考文公以春官郎中獨知制誥，昔我元兄貞公以禮部員外郎兼知制誥。」烈考文公乃崔翹之父崔融，元兄貞公乃崔翹之兄崔禹錫。翹以天寶九載（七五〇）冬十二月卒。

韋承慶　彙編續集四二〇頁岑義撰大唐故銀青光禄大夫□□□侍郎贈禮部尚書韋府君（承慶）墓誌銘：「公諱承慶，字延休，京兆杜陵人也。……敕授魏州頓丘縣令。公操履端潔，心存博愛。……尋加朝散大夫，遷太府寺丞，轉禮部員外郎。……丁納言府君憂而去職。……服闋，除鳳閣舍人、內供奉、兼掌天官選事。」以神龍二年（七〇六）十一月卒，春秋六十七。

鄭齊丘　補遺第八輯二〇頁崔沔撰唐故朝請大夫守都水使者滎陽鄭府君（齊丘）墓誌銘并序：「公諱齊丘，字千里，滎陽開封人也。……唯公獨升上第，拜詹事府司直。……直繩克舉，華坊肅然。遷著作佐郎，兼判禮部員外郎。外史載言，夕郎草奏。汗竹推善，握蘭有光。遷起居舍人。」卒於開元十二年（七二四）四月。蒐佚三編二册四四八頁唐故韶州録事參軍蕭府君（德珪）墓誌銘并序，開元五年（七一七）二月廿五日葬，誌署「禮部員外郎鄭齊丘撰」。

程浩

蒐佚三編三册七二五頁唐故朝請大夫行蜀州長史崔府君墓誌銘并序：「子婿尚書禮部員外郎程浩篹」，葬于大曆六年（七七一）十一月二日。今按：禮中有程浩，今墓誌又載其官禮部員外郎，郎考缺載，今補之。

崔充

蒐佚三編四册一一〇三頁唐故前明經崔氏子權厝墓誌銘并序：「亡男諱睦，字廣孝，姓崔氏，清河東武城人。……今禮部員外、集賢殿直學士充之子。……咸通九年（八六八）歲次戊子三月乙未朔二日景申夭折于長安城新昌里之舊第。粤以其年四月九日權窆于京兆府萬年縣龍首鄉西陳村，享年三十二。」誌又署「禮部員外、集賢學士崔充撰」。

周敬復

蒐佚四册九七一頁唐尚書吏部郎中趙公亡妻范陽盧氏夫人墓誌銘并序，開成三年（八三八）八月，署「皇太子侍讀、朝議郎、行尚書禮部員外郎、充史館修撰周敬復撰」。

歸融

蒐佚續編五册一三〇四頁歸仁紹撰唐故光禄大夫吏部尚書長洲郡開國公食邑

二千贈左僕射歸公（仁晦）墓誌銘并序：「公諱仁晦，字韜之，……今爲吴郡人也。……烈考贈太師公諱融，進士及第，歷御史補闕，替否鯁切，不爲偷避。拜起居、禮部員外郎。」歸仁晦卒於乾符三年（八七六）六月二日。

裴澈（**裴徹**）　彙編續集一一二五頁唐故廣王墓誌銘并序，葬於乾符四年（八七七）四月十四日，署「翰林學士、朝議郎、守尚書禮部員外郎、柱國、賜緋魚袋裴澈奉敕撰」。郎考中有户中、户外之裴徹（户外作澈「一作徹」），爲德宗、憲宗時人。此裴澈爲晚唐懿宗、僖宗時人。

崔安潛　補遺第六輯二〇三頁崔就撰唐故□□□□□太子太師上柱國清河郡開國公食邑二千户贈開府儀同三司太尉清河崔公（安潛）墓誌銘并序：「□諱安潛，字延之，其先東武城人也。……甲科擢進士第，釋褐試秘校……入授萬年縣尉、直弘文館，拜監察御史。……會丞相欲補右史缺，難其當仁，因以授公。仍充史館修撰，改禮部員外（下缺）公□出鎮河中。」卒於乾寧五年（八九八）五月三十日。

卷二十一　祠部郎中

王仁表（**王表仁**八七一頁）　補遺第九輯四五一頁唐故朝議郎行冀州棗强縣令上柱國崔府君（同）墓誌銘并序：「府君諱同，字立忠，博陵人也。……夫人太原王氏，唐倉部員外、祠部郎中、太子僕仁表之孫，益府士曹冲之女也。」夫人卒於開元二十五年（七三七）九月四日。　彙編續集五四〇頁大唐故王君（祖）墓誌銘并序云「君諱祖，字知道，太原人也。……汾州司馬仁表，君之祖也」。以上崔同墓誌、王祖墓誌均作「仁表」，又彙編上册四三六頁麟德貳年拾月伍日洛州洛陽縣上東鄉嘉善里王仁表墓誌銘亦作「王仁表」。然釋録二九〇頁温商撰唐故相州滏陽縣尉隴西李公（收）夫人太原王氏墓誌銘并序：「夫人姓王氏，太原晉陽人也。……大王父表仁，官至祠部郎中」。又洛陽流散下册四八九頁王澄墓誌云「王公諱澄，字深源，太原晉陽人也。皇朝祠部郎中表仁皇孫，晉陵公敬同元子」。以上五方墓誌前三方作「王仁表」，後二方作「王表仁」，其實是一人，當作「王仁表」爲是。

裴公緯（八七一頁）　補遺第七輯二九五頁裴君妻皇甫氏墓誌「上元二年（六七五）歲次乙亥八月壬申朔十三日甲申，大唐故祠部郎中裴府君夫人皇甫氏，權瘞於郎中府君先殯塋東帶北七十步許翟村王師地内。長子瑾之、次子琰之」。墓誌未云裴君名字。新唐書卷七十一上宰相世系表一上南來吴裴：隋魏郡丞羅子公緯，祠部郎中。公緯長子瑾之，倉部郎中。次子琰之。　今按：墓誌所載裴府君二子瑾之、琰之與新表相合，裴府君乃裴公緯也。

李太沖（八七一頁）　河洛下册四五四頁張少博撰唐故殿中侍御史趙郡李公（若）墓銘并序：「有唐建中二祀（七八一）龍集辛酉冬十有壹月己卯殿中侍御史李公終於洛師之勸善里，享年五十有二。……皇尚書祠部郎中太沖，其曾祖也。」

高嵊（八七三頁）　蒐佚續編三册八一七頁高熊撰故昌化郡長史高府君（濟物）墓誌：「府君濟物，渤海人也。……父嵊，祠部郎中。」

崔尚（八七四頁）　蒐佚第二册五〇八頁唐故京兆府藍田縣主簿李府君（仲思）墓誌銘并序，葬於開元十二年（七二四）閏十二月二十四日。誌署「著作郎、上柱國、清河崔尚撰文」。　同書五八四頁唐故平原郡太君盧氏合袝之銘，葬於開元二十五年（七三七）五月二十三日。誌署「太中大夫、前尚書祠部郎中清河崔尚造」。　釋録一〇七頁崔翹撰唐故陳王府長史崔君（尚）誌文「君諱尚，字庶几，清河東武城人。……歷秘書郎、起居舍人、著作郎。……無何，外轉竟陵郡太守。……尋授汝陰郡太守，其政化復如竟陵焉。入爲虞部郎中，月餘，轉祠部。」崔尚以天寶四載（七四五）七月卒，時年六十六。

庾光烈（**李光烈**八七九頁）　彙編下册二四〇四頁庾道蔚撰唐朝散大夫前行尚書司勳員外郎柱國苗紳妻故新野縣君庾氏夫人墓誌銘并序：「咸通癸未（八六三）歲冬季月既望，夫人遇疾殁于上都昭國里第，享年四十八。……夫人南陽新野人也。……曾祖諱光烈，皇尚書祠部郎中、大理少卿。清德懿範，澡身文雅。」度支郎中（郎考六七一頁）作「李光烈」，此墓誌的出土，可證當作「庾光烈」爲是。

盧瀰（八八〇頁）　河洛下册六〇〇頁崔濯撰唐故京兆府三原縣尉盧府君（遜）墓誌銘并序：「府君諱遜，字子順，其先范陽人也。曾祖瀰，皇尚書祠部郎中。」盧遜卒於大中十三年（八五九）五月，享年卌四。　補遺新千唐專輯三三六頁盧士玟撰唐故蘇州長洲縣尉范陽盧府君（士珩）墓誌銘并序：「公諱士珩，字景瑜，其先范陽人也。……尚書祠部郎中、贈兵部尚書府君諱瀰，公之皇考也。盛業充内，高文發外，而全德懿範，于時宗之。公即尚書府君之第六子也。」　新中國出土墓誌河南叁千唐志齋貳唐故集賢校理京兆府萬年縣尉范陽盧公（公亮）墓誌銘：「公諱公亮，字子佑，范陽涿人也。……祖府君灄，終祠部郎中，累贈太子少保。」

盧汝弼（八八二頁）　補遺第七輯一六四頁唐故河東節度觀察處置等使開府儀同三司守太師兼中書令晉王（李克用）墓誌銘并序，卒於天祐五年（九〇八）正月二十日，誌署「門吏、節度副使、朝議郎、前充尚書祠部郎中、知制誥、柱國、賜紫金魚袋盧汝弼奉命製」。

【新補遺】

劉野王　參見本書十二卷户外新補遺條。

杜文紀　彙編上册一一一〇頁康子元撰大唐虞部郎中右監門衛中郎將上柱國贈曹州諸軍事曹州刺史杜府君（昭烈）墓誌銘一首并序：「公諱昭烈，字，京兆杜陵人也。……祖文紀，皇朝祠部郎中。」彙編續集三五八頁周故朝散大夫洛州永寧縣令上柱國杜府君（謐）墓誌銘并序：「公諱謐，字慎微，其先京兆杜陵人也。……父文紀，唐雍州録事參軍，考功員外郎，水部、祠部、司勳三司郎中。」

裴思莊

蒐佚一册一八一頁大唐新野縣主李氏墓誌銘：「縣主諱令，字淑絢，隴西狄道人，景皇帝曾孫，高祖太武皇帝之孫，巢剌王元吉第六女也。……以貞觀十一年封新野縣，食一千户，時年十四。明年降于河東裴重暉，□隨鄀州刺史、石城縣公顒之孫，皇朝祠部郎中、使持節、眉州諸軍事、眉州刺史、春陵縣男思莊之元子也。」　文物二〇一四年一〇期唐故朝議大夫行太州司馬閻君（識微）墓誌文：「君諱智，字識微，河南人。……夫人河東裴氏，唐銀青光禄大夫、春陵公莊之孫，中書舍人春陵公重暉第五女，母曰新野縣主。」　今按：閻識微墓誌「春陵公莊之孫」，「莊」即思莊，唐人名字常有省略。

韋銑

蒐佚續編二册五四四頁大唐故銀青光禄大夫使持節邢州諸軍事邢州刺史上柱國汶陽縣開國男韋府君（銑）墓誌銘并序：「公諱銑，字，京兆杜陵人也。……俄以親累貶授舒州司馬遷鄭州司馬，尋拜尚書祠部郎中、洛州永昌縣令、雍州司馬。」　今按：郎考卷十三度支郎中（六六八頁）有韋銑，實爲誤入，今墓誌亦未云其官度支可證。

尉亮（尉大亮）

蒐佚二册三六八頁大周故曹州刺史尉府君（亮）墓誌銘并序：「君諱亮，字克明，河南洛陽人也。……尋除高陵令、秋官員外郎。黄香之宿，仙臺方斯尚劣，卜式之居，緱氏未足偁多。加朝散大夫、祠部郎中、檢校尚方少監、合宮縣令。」尉亮卒於延載元年（六九四）九月，年七十四。疑此尉亮與度中之尉大亮時代吻合，均爲武后時，爲一人也。

楊再思　補遺第七輯二七頁岑羲撰大唐故尚書右僕射贈特進并州大都督鄭國公楊恭公（再思）□□并序：「公諱□，字再思，其先居於恒農之華陰，今爲鄭州原武人也。……俄拜校書郎□□□□外郎、祠部郎中。」景龍三年（七〇九）六月卒。

崔思約　補遺第六輯三八九頁大唐故朝議郎行岐王府西閣祭酒崔府君（祖）之誌銘并序：「君□祖，字同穎，其先清河東武城人也。……祖思約，□任左千牛，皇朝太常寺丞、祠部郎中、曹王府長史、使持節、璧復和三州刺史。」崔祖卒於開元七年（七一九）七月，春秋六十四。

杜元志　彙編續集五〇四頁故洋州刺史獨孤府君（思行）墓誌銘并序，開元十四年（七二六）七月廿六日葬，署「祠部郎中杜元志撰」。

劉昂　彙編下册一三六五頁大唐故十學士太子中舍人上柱國河間縣開國男贈卒更令劉府君（濬）墓誌：「公諱濬，字德深，汴州尉氏人也。……以開元十七年（七二九）六月三日薨於道政里之私第，春秋七十有九。……嗣子秘書少監晃，次子祠部郎中昂，昊天罔極，泣血過禮。」

沈從道　蒐佚三編二册六二五頁高歔庭撰唐故中大夫廣平郡太守上柱國吴興沈君（從道）墓誌銘并序：「公諱從道，字希言，姓沈氏，其本吴興烏程人也。代禄伊峻，今居洛京焉。……弱冠，進士及第，解褐絳州翼城縣主簿。……歷汴州司户參軍。累遷比部員外郎、祠部郎中。」卒於天寶元年（七四二）。

司馬垂　全唐文補編又再補卷四李華撰燕故魏州刺史司馬公（垂）誌銘：「河内温人司馬氏諱垂，字工卿，唐開元天寶中受任中外。……郭公鎮蜀漢，表爲採訪判官，召見禁中，恩禮優異，遷祠部郎中。……天寶十五年（七五六）十二月十八日卒，享年五十九。」

李敬方　蒐佚續編五册一一八七頁唐故汾州刺史郭府君（鉟）墓誌并序，葬於會昌元年（八四一）十月，「再從外甥、宣德郎、守尚書祠部郎中、上騎尉、賜緋魚袋李敬方撰」。　今按：李敬方見于本書卷十三度中，新考訂云「石柱原有祠中題名，趙、王二本均誤入度中，勞未雖剔出若干，然大半仍留在度中之内」。岑説是，郎考卷十三度中（六七五頁）李敬方即是誤入度中者，應移入祠部，以上郭鉟墓誌可證。

郭錡　蒐佚三編三册九〇二頁李虞仲撰唐故太府少卿上護軍賜緋魚袋太原郭公（錡）墓誌銘并序：「公諱錡，字宗器，其先太原人。……今地官侍郎楊公時判度支，表請公爲殿中侍御史、東渭橋給納使，旋加章服，轉尚書金部員外郎，領職如舊，尋以本官授安邑、解縣兩池推鹽使，就加祠部郎中。澤池之賦，近鹽之利。方駕聯檣，倍他年之入；天子聞之，遂有今任之拜。」錡卒於元和十四年（八一九）三月廿九日，享年卌有七。

張正甫　蒐佚三編三册八六三頁张元夫撰尚書祠部郎中南陽張公夫人河東裴氏墓誌銘并序（元和五年七月十一日），誌署「姪鄉貢進士元夫撰」。誌又云「猶子元夫承叔父之命敬述」，與舊唐書卷一六二張正甫傳云：「張正甫字踐方，南陽人。……正甫兄式，……式子元夫」，兩者吻合，首題「祠部郎中南陽張公」，即張正甫也。

吕周　補遺第八輯一八〇頁劉從政撰大唐故道沖觀主三洞女真吕仙師（玄和）誌銘并序：「仙師號玄和。曾祖霽，青州刺史。祖周，祠部郎中、秦府都督。」吕仙師以大中四年（八五〇）正月廿二日，解化於道沖觀，春秋卅八。

李羽　蒐佚第四册一〇七八頁崔安潛撰唐故通議大夫檢校工部尚書守太子賓客上柱國賜紫金魚袋贈兵部尚書清河崔公（彦沖）墓誌銘：「公彦沖，字友勝，清河東武城人。……女六人，長適祠部郎中李羽。」葬於乾符六年（八七九）二月。

崔凝

補遺第六輯二〇一頁狄歸昌撰唐故刑部尚書崔公府君（凝）墓誌并序：「公諱凝，字得之，博陵人也。……遷祠部郎中、知制誥。未周月，拜中書舍人，面賜金紫。」乾寧二年（八九五）八月廿五日卒，享年五十八。

卷二十二　祠部員外郎

盧文洽（八八七頁）注云「無考」。　蒐佚三編一册二〇九頁大唐故蔣王府典籤盧君（正玄）墓誌銘并序：「君諱正玄，字子默，涿郡范陽人也。漢侍中植之十三世孫。……父文洽，皇朝尚書祠部員外郎、常州治中。」盧正玄貞觀年舉孝廉射策甲科，授蔣王府典籤。貞觀十九年（六四五）十二月廿三日卒于許州，時年卅有九。

爾朱義深（八八八頁）注云「無考」。　河洛上册一七一頁大周故秋官尚書秀密縣開國男爾朱府君（杲）誌石文：「公諱杲，字玄明，河南洛陽人也。……父義深，唐司僕少卿、司刑少常伯、司刑卿、銀青光禄大夫、定州刺史，贈勝州都督、上柱國。」爾朱杲卒於垂拱四年（六八八），春秋五十八。

李思諒（八八八頁）　河洛上册一五七頁唐故資州司倉參軍李君（節）墓誌銘并序：「君諱節，字行滿，趙郡平棘人也。……父思諒，唐通事舍人。頻使吐蕃，戎虜悦服，累遷鴻臚寺丞、職方祠部員外郎、倉部郎中。」　蒐佚一册一七五頁故倉部郎中李府君（思諒）墓誌并序：「君諱思諒，趙郡贊皇人也。……又除職方員外郎、祠部員外郎，遷倉部郎中。」李思諒以顯慶四年（六五九）十月十五日卒，春秋五十八。

許偉（八八八頁）　彙編上册一二一四頁唐故正議大夫龍州刺史上柱國許君（觀）墓誌銘并序：「君諱觀，字玄觀，汝南平輿人也。……父諱偉，字仲禕，皇朝京兆府士曹參軍，庫部、祠部二員外郎。」

李範丘（八八九頁）注云「無考」。　蒐佚一册二四六頁大唐故太子中舍人兼檢校尚書刑部侍郎李府君（睿）墓誌銘并序：「君諱睿，字範丘，渤海蓨人也。……秩滿授揚州大都督府户曹參軍。邗溝贊務，六條均坐嘯之娱；禮問求材，八座佇舍香之彦。敕授中臺司禋員外郎，轉司封、司戎二員外郎，又轉尚書兵部員外郎。」卒於永隆二年（六八一）六月，年六十二。

袁利貞（八八九頁）　蒐佚三編一册三〇〇頁大唐故祠部員外郎贈許王府諮議參軍袁府君（利貞）墓誌銘并序（光宅元年十一月十三日）：「府君諱利貞，字義幹，陳郡人也。轉太常寺博士，嘗上書正諫，特賜物一百段，俄勅授祠部員外郎。」

薛穎（八八九頁）注云「無考」。　蒐佚二册三二〇頁唐故使持節泉州諸軍事泉州刺史上柱國河東薛府君夫人張氏墓誌銘并序，夫人張氏卒於證聖二年（六九六）十二月四日，「男朝議大夫、祠部員外郎潁自撰序銘，未就而潁亡」。

裴懷古（八九〇頁）　補遺第九輯三五一頁魏煊撰大唐故幽州都督左威衛大將軍兼左羽林軍上下贈使持節都督兖州諸軍事兖州刺史河東郡開國公裴府君（懷古）墓誌銘并序：「公諱懷古，字德度，河東聞喜人也。……尋而褒舉，射策高第，除監察御史，又殿中侍御史内供奉。……上嘉其節，乃疇厥庸，授朝散大夫、尚書祠部員外郎。……又除尚書主爵郎中。」

崔沔（八九一頁）　彙編下册一七九九頁李邕撰有唐通議大夫守太子賓客贈尚書左僕射崔公（沔）墓誌：「公諱沔，字若沖，博陵安平人也。……擢左補闕。無何，拜殿中侍御史，復换起居舍人，累祠部員外郎，擢給事中。居數月，轉中書舍人。」

姚奕（八九二頁）　蒐佚二册四五二頁唐故常州長史宗君（瑾）墓誌銘并序：「君諱瑾，字彦淑，南陽安衆人也。……（開元）五年（七一七）十一月丁酉朔廿四月庚申葬於洛陽北邙山之原。嗣子嶠等，營丘喪事，敬副先旨。故人祠部員外郎姚弈交辟相失，拊棺爲慟，登九京而佇想，縈萬恨而兼懷，爰課不逮之文庶，傳無媿德。」奕、弈古書中常混，當是同一人。

裴積（八九三頁）　彙編下册一八五八頁唐故法界寺比丘尼正性墓誌銘并序：「闍梨裴族，釋號正性，河東聞喜人。……祖諱積，祠部員外郎、贈太子賓客、正平公。」　蒐佚四册九五八頁裴鐇撰唐故河南府陸渾縣丞王公亡夫人河東裴氏墓誌銘并叙：「夫人河東聞喜人也。祖節公諱積，尚書祠部員外郎、諫議大夫、贈太子賓客，直諫聞於時。」　蒐佚續編三册七三二頁韋述撰唐故侍中贈太師裴公（光庭）夫人武氏墓誌銘并序：「夫人姓武氏，……司空梁宣王三思之女。……嗣子曰積，仕歷起居郎、祠部員外。」　大唐西市下册七三五頁常次儒撰唐故華州司法參軍范陽盧府君（暠）夫人河東裴氏墓誌銘并序：「夫人姓裴氏，代爲河東右族。……尚書祠部員外郎、諫議大夫贈太子賓客、正平公積之孫。」

司馬垂（八九四頁）　全唐文補編又再補卷四李華撰燕故魏州刺史司馬公（垂）誌銘：「河内温人司馬氏諱垂，字工卿，唐開元天寶中受任中外。……貶象山尉。郭公爲言於上，上亦悔之，特復本官，充水陸運使，賜雜綵時服，手詔褒稱。遷祠部員外郎，加朝散大夫。禮部尚書席豫黜陟河北，奏爲判官，轉户部。郭公鎮蜀漢，表爲採訪判官，召見禁中，恩禮優異，遷祠部郎中。……天寶十五年（七五六）

十二月十八日，終於德州凝虛寺，享年五十九。」

田南□（八九六頁） 參見本書卷十二户外田南鷗條。

王後己（八九七頁） 注云「無考」。 補遺第七輯四五四頁党曄等洛陽龍門題名：「党曄、趙驊、盧政、王後己、王銷、崔縱、王澄、盧誧，大曆七年（七七二）二月十二日，同宿此寺。」

趙計（八九八頁） 蒐佚三編三册八一二頁王顔撰唐故朝議大夫守殿中監上柱國天水趙公（計）墓誌銘：「天水趙府君諱計字九玄，河中郡人也。……遇賊泚構亂，偽詔來逼，彊卧莫興，玉質冰姿，皎然不汙，大駕復宫闕，以忠節稱，拜尚書祠部員外，卓立今世，不媿古賢。」葬于貞元十五年（七九九）二月廿二日。

于公異（八九八頁） 彙編下册一八七六頁唐故朝議郎行尚書屯田員外郎上柱國梁縣開國子賜緋魚袋河南于君（申）墓誌銘并序「維唐貞元九年（七九三）歲次癸酉八月十三日，尚書屯田員外郎于君歿於開化里私第，春秋卌，嗚呼哀哉！君諱申，字伯厚，河南洛陽人也」。署「從叔、朝散大夫、前行尚書祠部員外郎公異撰」。

丘丹（八九九頁） 蒐佚三册八三六頁唐故尚書左司郎中蘇州刺史京兆韋君墓誌銘并序，貞元十二年（七九六）十一月二十七日合葬，署「守尚書祠部員外郎、騎都尉、賜緋魚袋吴興丘丹纂」。

徐放（九〇〇頁）　補遺新千唐專輯三二七頁元佑撰唐故朝散大夫守衢州刺史上柱國徐君（放）墓誌銘并序：「公諱放，字達夫，……考秩未滿，敕除京兆府功曹參軍。京尹李鄘以吏事責群掾法曹疑獄，公悉平反，著名京師，日有弘益。遷尚書祠部員外判度支案。」元和十二年（八一七）正月卒，享年五十二。

尉遲汾（九〇二頁）　補遺第七輯四五七頁尉遲汾等濟源題記：「洛陽縣令尉遲汾、攝濟源縣令、守温縣丞韋珩，元和十四年（八一九）八月廿三日，員外準制祭清源公畢，同赴化城寺宿，便遊懸泉。」

李虞仲（九〇三頁）　蒐佚續編四册一一五九頁盧鈞撰唐故正議大夫守尚書吏部侍郎贊皇縣開國男食邑三百户賜紫金魚袋贈吏部尚書趙郡李公（虞仲）墓誌銘并序：「公諱虞仲，字見之，姓李氏，趙郡人。……尋以府遷改荆南觀察判官，擢太常博士、祠部員外郎。」

趙璘（九〇七頁）　彙編下册二二三九四頁唐故處州刺史趙府君（璜）墓誌：「君諱璜，字祥牙，其先自秦滅同姓，降居天水，在漢號六郡良家，魏晉分裂之後，世仕北朝，軒冕相繼。……君與再從兄璉同時登進士第，余是時亦以前進士吏部考判高等，士族榮之。……及刺縉雲也，余前此自祠部守信安，浙河之東，封疆隣接，雖非顯達，稍慰孤悴。……以咸通三年（八六二）四月十一日，遭大病于郡廨，享年五十九。……是歲十月景申十四日，以君歸葬河南縣平樂鄉伯樂原。」誌署「兄中大夫、守衢州刺史璘撰」。

高綽（九〇七頁）原注「無考」。　大唐西市下册九六五頁崔坦撰唐故尚書祠部員外渤海高綽長男（璠）墓誌并序：「高氏之先，起於渤海蓨公之裔也。祠部諱綽，有子二人，長曰璠，次曰瓚，皆出于側室。……祠部進士上第，累佐名藩，洎昇臺閣，雅望鬱然。璠年纔十六，遘疾半歲，以咸通六年（八六五）七月八日，殁于京師。」

楊範（九〇八頁）　補遺第六輯一九九頁楊篆撰楊漢公夫人韋氏（媛）墓誌銘并序：「夫人諱媛，釋號圓明性，僕射公之長女也。……兄籌，進士及第，皇監察御史；範，進士及第，皇歷太常博士、虞祠金職方四外郎。」

薛洿（九〇八頁）　蒐佚續編五册一一九二頁唐故郢州刺史李公夫人墓誌銘并序，葬於咸通十五年（八七四）正月二十五日，署「朝議郎、使持節、婺州諸軍事、守婺州刺史、柱國薛洿撰」。

王愔（九〇九頁）　補遺第一輯四三〇頁盧光濟撰唐故清海軍節度掌書記太原王府君（渙）墓誌銘：「府君諱渙，字文吉。……烈考諱愔，皇尚書祠部員外郎，贈禮部郎中。」　今按：新考訂一三七頁引王渙墓誌作「『烈考諱愔，皇尚書禮部員外郎，贈禮部郎中』。今禮外已全泐，惟祠外尚見愔之名，意謂愔迭任禮部、祠部二員外，而禮部爲頭司，故誌止舉禮部而省祠部歟？」岑氏誤「祠部員外郎」爲「禮部員外郎」，一字誤認，又想方設法自圓其説，可謂誤上加誤也。

【新補遺】

苗含液　彙編下册二三二二頁苗恪撰唐故朝議郎守殿中少監兼通常舍人知館事上柱國賜紫金魚袋苗公（弘本）墓誌銘：「公諱弘本，字天錫，其先命氏於楚，後徙晉，而又因官於壺關，遂爲上黨人。……大父諱含液，進士策名，官至尚書祠部員外郎。」大中九年（八五五）三月卒，春秋五十九。

薛裳　補遺第七輯一〇八頁李蚡撰唐故河東薛府君（弘實）墓誌銘并序：「府君諱弘實，字亞卿，河東人也。……父裳，祠部員外郎。」

卷二十三　膳部郎中

楊孝怡（九一三頁）　蒐佚三編二册三七六頁大周故殷王執仗楊府君（弘嗣）墓誌銘并序：「公諱弘嗣，字廣宗，弘農人也。……父孝怡，唐尚書膳部郎中、滕王府別駕。曳組仙臺，題柱光於八座；飛文碣館，汗藺超於七發。」楊弘嗣卒于聖曆三年（七〇〇）一月二日，春秋六十有三。

盧文勵（九一三頁）　珍稀墓誌八九頁大周故使持節都督洪袁等七州諸軍事洪州刺史輕車都尉臨沂縣開國男王府君（守真）墓誌銘并序（天授三年三月一日）：「公諱守真，字元政，琅邪臨沂人也。……夫人范陽盧氏……唐尚書膳部郎中文勵之第二女也。」

鄭博雅（九一四頁）　補遺新千唐專輯一六一頁裴總撰大唐故淄州刺史鄭府君（博雅）墓誌銘并序：「公名博雅，滎陽人也。……門蔭出身，兖州參軍、幽府户曹、相王府倉曹、鴻臚寺丞、朝散大夫、司議郎、太子洗馬、膳部郎中、金淄二州刺史。……以開元十九年（七三一）二月十四日，薨于京靜恭里，春秋六十七。」

裴會（九一六頁）　補遺第八輯二二六頁裴謡撰唐故河南府河南縣丞河東裴府君（讓）墓誌銘并序：「公諱讓，字周叟，河東聞喜人也。十九代祖曄，後漢度遼將軍。自曄十六代至唐黄門侍郎、贈太保、謚貞孝，諱遵慶。貞孝公生會，皇膳部郎中、贈常侍，即公之顯祖也。」　同書一五八頁令狐讓唐故銀青光禄大夫明州刺史河東裴公（定）墓誌銘并序：「公諱定，字山立，聞喜人。」「父會，皇膳部郎中、衛尉少卿」。裴定卒於開成二年（八三七），享年六十二。

白行簡（九一七頁）　蒐佚補編五册一二四六頁唐故太原白府君（邦彦）墓誌并序：「君諱邦彦，其先太原人也。……王父行簡，皇任尚書膳部郎中。」白邦彦卒於咸通四年（八六三）二月二十二日。

【新補遺】

柳保隆　大唐西市上册二八三页唐故駕部郎中柳公（保隆）墓誌銘并序：「公諱保隆，字保隆，河東解人也。……解褐擢爲秦府典籤。……乃除同州司户參軍事。俄以材望所歸，詞令推美，授爲通事舍人，累遷尚書工部、兵部員外郎、朝散大夫，膳部、駕部郎中。含香有裕，起草稱工。置言爲百行之宗，摇筆爲四方之則。……（貞觀十五年）十月六日，終於洛陽之淨土寺，春秋卌有六。」今按：柳保隆郎考膳中缺載，新考訂一六八頁據新唐書卷七三上宰相世系三上載「保隆，膳部郎中」，補入備考，今又得柳保隆墓誌證其官膳部郎中。

爾朱杲　河洛上册一七一頁大周故秋官尚書秀容縣開國男爾朱府君（杲）誌石文：「公諱杲，字玄明，河南洛陽人也。……貞觀六年，唐高祖神堯皇帝崩，以公卿子弟爲挽郎。解褐兗州都督府參軍、兼魯王府參軍……丁定州府君憂去職，服闋，除隴州長史，尋改授司門郎中。丁太夫人憂，起服膳部郎中，轉秋官郎中，封秀縣開國男，食邑三百户。」春秋五十八，垂拱四年（六八八）卒。

房玄静　彙編下册二〇六六頁王師正撰大唐洛陽縣尉王師正故夫人河南房氏墓誌銘并序：「夫人諱敬，字都賓，河南洛陽人也。……高祖玄静，爲尚書膳部郎中、涇州刺史。」夫人房氏卒于長慶二年（八二二）五月二日，享年廿三。新考訂一六八頁已收，然岑氏未見以上史料。

崔日知　彙編續集四二九頁唐故司農寺主簿崔君（日新）墓誌銘并序：「君諱日新，字子昇，安平博陵人也。……景龍二年（七〇八）太歲戊申七月辛卯朔五日乙未，卒於河南承義里之私第，享年卌有七。……君之弟尚書膳部郎中日知，從父弟雍州司馬日用，事上之節，朝廷許其才器；居家之風，天下推其邕睦。」

崔洽

蒐佚三編二册五八七頁唐故孝廉博陵崔公（春卿）墓誌銘并序：「公諱春卿字春卿，博陵安平人也。曾祖洽，唐膳部郎中。」崔春卿卒于開元廿七年（七三九）卒，春秋五十。

李敏

彙編上册一一一九頁大唐故左金吾衛大將軍廣益二州大都督上柱國成王（千里）墓誌銘并序：「王諱千里，字仁，隴西成紀人也。神堯皇帝之曾孫，高宗天皇之猶子。……神龍四年（七〇八）七月五日遇害，春秋六十有二。……仍使膳部郎中李敏監護喪事。榮哀所加，幽明知感。」

崔紹

蒐佚二册五五六頁盧絢撰唐故正議大夫使持節鄆州諸軍事鄆州刺史上柱國崔府君（紹）墓誌銘并序：「君諱紹，字繼初，清河東武城人也。……弱冠以孝廉擢第，調補寧之溧水、冀之南宮尉。……天子聞而嘉之賜帛百疋，旌異能也。俄拜虞部員外。列在丹地，覩夫青天。遷膳部郎中。綜覈典章，弥綸故實。僉議所重，朝望歸焉。」崔紹卒於開元二十年（七三二）六月，年七十一。蒐佚三編四册九八七頁唐故昭義軍節度參謀監察御史裏行崔公（郕）墓誌并叙：「唐開成五年

（八四〇）夏有前昭義軍節度參謀、監察御史裹行崔公終于東都宣教里之私第，享年六十五。公諱郕，字孟封，其先清河東武人也。……曾祖紹，膳部郎中。芳躅仁化，洽于前代。」今按：崔紹官膳中，新考訂一六八頁已收，所據史料爲盧瞻故妻崔氏誌，上引崔紹墓誌、崔郕墓誌皆近年出土，爲岑氏所未見也。

李胄 洛陽新獲七朝墓誌二九四頁王顔撰唐故倉部員外郎趙郡李公（昂）夫人京兆韋氏墓誌銘并序：「錫胤九子，早世六人。胄承訓登尚書省膳部郎。」韋氏葬於貞元五年（七八九）十一月十一日。

王守真 參閲本書卷十七倉中條。

吕讓 彙編續集二三三四頁吕焕撰唐故中散大夫秘書監致仕上柱國賜紫金魚袋贈左散騎常侍東平吕府君（讓）墓誌銘并序：「先府君諱讓，字遜叔，其先炎帝之胤也。……府罷，除膳部郎中，改萬年縣令。」大中九年（八五五）卒，享年六十三。

皇甫敖 蒐佚續編四册九五四頁李直方撰故膳部郎中皇甫府君（敖）墓誌銘并叙：「公諱敖，字敖，安定朝那人。……乃拜殿中侍御史，無何，遷都官員外郎，久之，加膳部郎中，不幸遘厲，啓手足于長安永樂里之私第，享年五十六。」

卷二十四　膳部員外郎

蘇味玄（九二二頁）　蒐佚三編二册五九七頁大唐故寧州司法參軍蘇府君（偡）墓誌銘并序：「君諱偡，字叔卿，本蘇國子，今常山人也。……父味玄，皇膳部員外郎、太子洗馬。」蘇偡卒于開元廿八年（七四〇）十二月廿一日，春秋三十五。

崔藏之（九二三頁）　補遺第八輯一六〇頁崔鈞撰唐故大理評事博陵崔府君（元夫）墓誌銘并序：「府君諱元夫，字大端，其先博陵安平人也。……王父藏之，尚書膳部員外郎。」　蒐佚四册一〇七三頁鄭脩撰故朝散大夫郢州刺史賜紫金魚袋崔公（元膺）墓誌銘并序：「公諱元膺，字獻臣，其先博陵人。祖諱藏之，朝散大夫、尚書膳部員外郎。」　補遺新千唐專輯二二四頁徐浩撰唐故朝議大夫行尚書膳部員外郎上柱國崔府君（藏之）墓誌銘并序：「君諱藏之，字含光。……公以進而無位，退不得隱，遂應進士，一舉登科。……京兆尹兼刑部尚書蕭公炅奏授藍田令。疲人用康，能事畢舉。朝廷曰能，擢拜膳部員外郎。稟命不融，以天寶九載（七五〇）十一月廿日，遘疾終于京兆懷真私第，春秋五十七。」

魏萬成（九二九頁）　蒐佚續編四册一一四九頁楊嗣復撰唐故尚書司封郎中衡州刺史潁川韓府君夫人鉅鹿縣君魏氏墓誌銘并序：夫人魏氏「祖萬成，皇膳部員外、澧州刺史」。夫人魏氏葬於大和九年（八三五）八月二十九日。

李自勖（九二九頁）　補遺第八輯五九頁鄭慈柔撰大唐故遊擊將軍河南府轘轅府折衝都尉兼横海軍副使上柱國趙郡李府君（全禮）墓誌銘并序：「公諱全禮，字具儀，趙郡欒城人也。……祖諱公淹，皇吏部員外、左司郎中、建渭二州判史。才行過人，平嶺南諸州，撰適越記三卷，爲天下所知。父諱自勖，皇朝請大夫、膳部員外、幽府司馬。」

【新補遺】

裴重暉　蒐佚一册一八一頁大唐新野縣主李氏（令）墓誌銘：「縣主諱令，字淑絢，隴西狄道人，景皇帝曾孫，高祖太武皇帝之孫，巢剌王元吉第六女也。……以貞觀十一年封新野縣，食一千户。時年十四降于河東裴重暉。□隋鄀州刺史、石城縣公顒之孫。皇朝祠部郎中、使持節、眉州諸軍事、眉州刺史、春陵縣男思莊之元子也。早歷清位，見任司膳員外郎。」文物二〇一四年一〇期大周朝請大夫閻君（識微）夫人裴氏墓誌銘并序：「夫人河東聞喜人。……父重暉，唐膳部員外、中書舍人、萬年縣令，襲封春陵男。」裴氏卒於天授二年（六九一）。同書唐故朝議大夫行太州司馬閻君（識微）墓誌文：「君諱智，字識微，河南人。……夫人河東裴氏，唐銀青光禄大夫、春陵公莊之孫，中書舍人春陵公重暉第五女，母曰新野縣主。」聖曆二年（六九九）十二月卒，年五十八。

柳胤

蒐佚第三册八二八頁鄭緄撰大唐洺州平恩縣令河東柳府君（震）墓誌銘并序：「公諱震，字□，河東人也。……曾祖胤，皇朝散大夫、膳部員外郎。」柳震葬於貞元十一年（七九五）四月二十三日。

蔡希周

補遺第六輯七四頁張階撰唐故朝請大夫尚書刑部員外郎騎都尉蔡公（希周）墓誌銘并序：「公諱希周，字良傅。……涇陽滿歲，遷監察御史裏行，仍充河北道支度營田判官，轉殿中侍御史内供奉，尋除膳部員外郎。朝廷以公吏跡詳知，可以寄三尺之法，加朝請大夫，稍轉刑部。」天寶六載（七四七）四月十五日終於官寺，春秋六十。

寇錫

彙編下册一八〇五頁崔祐甫撰有唐朝議郎守尚書工部郎中寇公墓誌銘并序：「上谷

寇錫，字子賜。……天寶季年，虜馬飲於瀍澗，公拔身無地，受羈僞職，乘輿返正，以例播遷。……復以才能授高安令，俄轉大理司直，擢爲監察御史，風憲克舉。受命監嶺南選事，藻鑒惟精。遷殿中侍御史，累遷尚書膳部員外郎、工部郎中，謹於法度，修其廢缺，臺署之職行焉。」寇錫卒於大曆十二年（七七七）十月，享年七十一。

于公異

蒐佚第三册八一五頁唐故大理主簿清河崔公（譓）墓誌銘并序，葬於貞元五年（七八九）八月十五日，署「尚書膳部員外郎于公異撰」。

劉從倫

蒐佚第四册九四一頁楊磧撰大唐故宣德郎行蘇州海監縣尉吴郡陸府君（巽）墓誌銘并序：「公諱巽，字希言，其先吴郡人也。……及冠，任宣德郎行蘇州海監縣尉。……元和首歲（八〇六），免袟逾祀，署職鹽曹，充巡覆官。時主人膳部員外郎劉公從倫，任以政清，不知手之足之爲僅及，劉改牧滁州。」

獨孤寔

彙編續集一〇三一頁獨孤霖撰唐故兖海觀察支使朝散大夫檢校秘書省著作郎兼侍御史河南獨孤府君（驤）墓誌銘并序：「君諱驤，字希龍，臨川八世孫也。……皇考諱寔，尚書膳部員外郎、國子博士。……咸通元年（八六〇）閏十月二十三日暴疾，一夕而終，年五十七。」

孟珏

蒐佚第四册一〇五四頁孟球撰唐故朝散大夫使持節都督壽州諸軍事壽州刺史

充本州團練使兼御史中丞柱國賜紫金魚袋孟公（珏）墓誌銘：「公諱珏，字廷碩，德州平昌人。……孫公範鎮青州，辟爲節度副使，賜緋魚袋。時以濮州冤獄未辦，敕公往，始之旬日折然，校上下考，相國裴公休爲鹽鐵使，署推官，遷膳部員外郎，復爲河南縣令，静理明斷，都人安適。入拜虞部郎中。」珏卒於咸通七年（八六六）八月七日，享年六十有三。

盧峻

補遺第七輯一六三頁盧峻墓誌：「唐故尚書外膳部范陽盧峻，字子翰。襟度夷曠，思致恬敏。生知孝悌，善與人交。……享年五十有二，乾寧甲寅歲（八九四）六月癸巳，終厥位。」

崔潔

蒐佚四册一〇八九頁崔膝撰唐故尚書工部侍郎博陵崔府君墓誌銘并序：「先考諱潔，字鑒之。……黄巢犯闕，逃難東歸，先皇帝巡幸西川，除太常博士，遷膳部員外轉比部員外。大駕還京，詔除刑部郎中轉駕部郎中，加朝散大夫，自趙州赴闕。」以乾寧三年（八九六）九月三日薨，……享年六十六。

裴尋

大唐西市中册六一三頁程浩撰大唐故太中大夫太子左庶子絳郡開國公上柱國裴公（尋）墓誌銘并序：「公諱尋，字，河東聞喜人。至德中，皇輿反正，墨詔交聘，拜尚書膳部員外郎。」

卷二十五　主客郎中

盧承基（九三四頁）　新考訂一七八頁已引徵盧復、盧寂墓誌，今再補充李景獻墓誌。補遺第九輯三六五頁盧績撰大唐故景城郡録事參軍上柱國隴西李府君（景獻）墓誌銘并序：「君諱景獻，字景獻，隴西人也。……夫人范陽盧氏，皇主客郎中、郢州刺史承基之孫，皇揚府功營元衡之女。」

杜續（九三四頁）　新考訂一七九頁有補正，今再作補充。彙編下册一八〇二頁有唐朝散大夫守汝州長史上柱國安平縣開國男贈尉少卿崔公（暟）墓誌：「伊博陵崔公諱暟，……沛王府功曹曮，公之仲昆，京兆杜續，公之姊婿，以主客郎中終，而兄亦早歿。」崔暟卒於神龍元年（七〇五），年七十四。

獨孤元愷（九三四頁）　彙編續集五〇四頁杜元志撰故洋州刺史獨孤府君（思行）墓誌：「君諱思行，河南郡人也。……父元愷，主客度支吏部郎中、給事中、大理少卿，昆岳之英，公輔之器也。」誌主卒於開元十三年（七二五）十一月二十六日，春秋七十二。

李仲康（九三七頁）　彙編下册一七八三頁獨孤及撰皇五從叔祖故衢州司士參軍府君（濤）墓誌銘并序：「公諱濤，皇唐太祖景皇帝六代孫也。……父仲康，官至尚書主客郎中、楚州刺史。」李濤卒於乾元二年（七五九）六月，年五十。

張洌（九三八頁）　補遺新千唐專輯二三六頁包佶撰大唐故朝請大夫盛王府司馬諸王侍書上護軍范陽張公（懷瓌）墓誌銘并序：「公諱懷瓌，字恪，姓張氏，世族范陽，僑居於廣陵。累葉皆以儒學著稱於世。……天寶十四載（七五五）六月六日，遘疾終于東京歸德里之私第，享年六十四。……有子四人：長曰洌，官至楚丘尉。次曰涉等。」　今按此張洌官楚丘尉，僅是其早期官職，時代吻合，是否即主中張洌，尚待深考耳。

吕向（九三八頁）　彙編下册一五六五頁大唐故銀青光禄大夫太僕卿駙馬都尉中山郡開國公豆盧公（建）墓誌銘并序，署「正議大夫、行中書舍人、侍皇太子及諸王文章集賢院學士吕向撰」。葬於天寶三載（七四四）八月十二日。

楊休烈（九三九頁）　補遺新千唐專輯二七七頁盧建撰唐故通議大夫國子司業崇□館學士太清宫使判官贈濟陰郡太守弘農楊府君（休烈）墓誌銘并序：「公諱休烈，

字休烈，弘農華陰人也。……時玄宗方弘至道，創立玄宮，詔公宮博士。尋充大學士，加宮使判官。拜主客郎中，轉國子司業。」休烈以天寶九載（七五〇）八月十三日，春秋七十二。

趙漣（九四〇頁）　大唐西市下册七六五頁李逢撰大唐故宣德郎行京兆府昭應縣丞趙府君（藤）墓誌銘并序：「公諱藤，字麻之，本天水人也。曾祖玄俊，皇朝仕至太常丞，生鄜州長史、贈冀州刺史懷璡，冀州生主客郎中、鳳翔少尹漣。公即主客之長子。」誌主趙藤卒於元和五年（八一〇）十一月五日，春秋五十五。

王後己（九四〇頁）注云「無考」。補遺第七輯四五四頁党曄等洛陽龍門題名：「党曄、趙驊、盧政、王後己、王銷、崔縱、王澄、盧誧，大曆七年（七七二）二月十二日，同宿此寺。」

蕭儹（九四三頁）　蒐佚續編四册一一六一頁大唐贈工部尚書蕭公夫人贈范陽郡太君盧氏墓誌銘并序，「族子、朝散大夫、行尚書刑部員外郎、上柱國儹撰」，大和九年（八三五）十月二十五日葬。大唐西市下册九三三頁裴寅撰唐故光禄卿贈右散騎常侍蕭府君（儹）墓誌銘并序：「公諱儹，字思本，蘭陵中都人也。九代祖梁武帝，後梁明帝之七代孫。……公跡其功行，褒貶是非。衆推直筆，無媿於人。擢授侍御史，以持綱不撓，風望日高。改刑部員外郎，用法之司，必盡誠敬。轉河南縣令，貪俗歸厚，群吏自清。遷主客郎中，旋授倉部郎中，復改駕部郎中。優游南宮，累歷清貫。休問益洽，指期顯榮。」大中十年（八五六）七月五日卒，享年七十有六。

楊思立（九四四頁）注云「無考」。　彙編下册二四七八頁楊知退撰唐故朝議大夫前鳳翔節度使檢校尚書兵部郎中兼御史中丞上柱國賜紫金魚袋弘農楊府君（思立）墓誌銘并序：「君諱思立，字立之，其先華陰人。……今分洛李司空蠙，節鎮上黨，辟君爲節度判官檢校刑部郎中，賜緋魚袋，旋改副使。……李公司大計，復請君判計案，授户部員外郎，轉主客郎中如故，稍遷都官郎中。」卒於乾符二年（八七五）六月，享年五十有六。

【新補遺】

李立言　補遺第六輯二三六頁唐故大將軍主客郎中蓨縣男李君（立言）墓誌銘：「君諱立言，字義方，渤海蓨人。……武德初，授太子舍人，尋遷中舍人，又加中散大夫。九年，除主客郎中。貞觀初，賜爵蓨縣男。」

姚景之　蒐佚續編二册五一二頁成敬荷撰大唐故中散大夫宗正少卿上柱國魏縣開國子吴興姚君（景之）墓誌銘并序：「君諱景之，字元昭，吴興人也。……垂拱年射策擢第，尋授衛州新鄉縣尉。……滿丁母憂去職，……三年服闋，拜太廟令、主客郎中，即入太廟，浴蘭晨興於禋祀；又參列宿，起草朝侍於明光。且河洛爲天地之中，伊瀍卜帝王之宅。」姚景之卒於開元二年（七一四）十一月十六日，春秋五十有二。

張歸貞　蒐佚三編三册六六八頁劉敞撰唐故銀青光禄大夫信王傅張府君（摶）墓誌銘并序「公諱摶，字執中，南陽西鄂人也。……曾祖玄素，皇給事中、左庶子、銀青光禄大夫。大父仲方，皇職方郎中、長安縣令。顯考歸貞，皇主客郎中、潁州刺史。」張摶享年七十一，卒於天寶九載（七五〇）十一月廿五日。

赫連欽若　邙洛一四八頁皇唐故坊州刺史赫連府君（欽若）墓誌銘并序：「君諱欽若，字惟臣，本河南人，其先出於大夏之國。……以國子監明經，解褐滑州參軍，歷越府倉曹、益府法曹、京兆户曹，遷主客員外，轉主客郎中，加朝散大夫，拜率更令。……春秋六十七，以開元十七年（七二九）十二月十四日，薨於坊州公館。」

裴伷先

補遺第八輯四四頁權□撰故銀青光禄大夫守工部尚書上柱國翼城縣開國公贈江陵郡大都督裴府君（伷先）墓誌銘并序：「公諱伷先，字係宗，河東聞喜人也。……時西戎爲大，疑我與匈奴連和，詔擇信臣武士可使絶國者，於是公爲舉首，召見前殿。公鬚髯數尺，腰帶十圍，進止端詳，敷奏閑雅。主上歎息，即拜司農丞。無何，除贊善大夫，遷主客郎中。有頃，加朝散大夫兼鴻臚少卿，將命西聘。……以天寶二載（七四三）九月廿三日，薨於永寧里第，春秋八十。」

卷二十六　主客員外郎

崔萬石（九五二頁）　蒐佚二册三〇二頁唐故司宰少卿崔府君（萬石）墓誌銘并序：「君諱萬石，字大素，博陵安平人也。……學而優則仕，以門調補太子右備身。……授通聲舍人，侍□丹墀之下矣。遷主客員外郎，四方之賓客親矣。轉兵部員外郎，力法而邦，政平矣。遷給事中，典署其事矣。」　大唐西市中册四一九頁唐故婺州金華縣丞鄭君夫人崔氏墓誌：「夫人號上尊，姓崔氏，博陵安平人也。……父萬石，歙州刺史。……夫人即歙州府君第二女。」

韋志仁（九五二頁）注云「無考」。　參見本書卷四吏外條。

盧獻（九五三頁）　河洛上册一二一頁大唐故前□□□□□安州高府君（真行）墓誌銘并序，葬於垂拱元年（六八五）十月三十日，署「朝散大夫、給事中、容城縣開國男盧獻書」。

王玄覽（九五三頁）注云「無考」。　彙編續集六六三頁李琦撰唐故華封觀主王君

（楚玉）誌銘：「君諱楚玉，京兆鄠縣人也。……夫生也不留，俄聞順化。時天寶十四載（七五五）十月十四日歸真也。道門威儀閾□，驃騎高公咸聞之而出涕。則況於士庶乎！門人王玄覽、輔玄德、袁玄悟等，攀切無從，以其載十一月十七日安神於滻川之原。」郎考之王玄覽爲玄肅時人，時代吻合，當是同人。

崔安儼（九五五頁）　釋録八二頁韋子金撰唐故朝散大夫漢州長史上柱國博陵崔公（安儼）墓誌銘并序：「公諱安儼，字安儼，博陵安平人也。……弱冠，明經擢第，解褐滑州參軍。歷絳州聞喜、華州華陰縣尉。俯拾青之志，馳五色之聲。首出衆寮，頓耀立見。遂擢遷監察御史，歷殿中侍御史、朝散大夫、上柱國、尚書主客員外郎。石室生風，雲臺應宿。登車應埋輪之望，題柱當賜筆之榮，出爲襄州、靈府二司馬，遷大理正、漢州長史。……以開元廿六（七三八）年正月十八日，遇疾終於東都歸仁里之私第，春秋八十二。」

赫連欽若（九五五頁）注云「無考」。　邙洛一四八頁皇唐故坊州刺史赫連府君（欽若）墓誌銘并序：「君諱欽若，字惟臣，本河南人，其先出於大夏之國。……以國子監明理，解褐滑州參軍，歷越府倉曹、益府法曹、京兆户曹，遷主客員外。」開元十七年（七二九）卒，年六十七。

李詢甫（九五六頁）　邙洛一六七頁唐故雍州録事參軍隴西李府君（超）墓誌銘并序：「公諱超，字超，隴西成紀人也。……烈考義琰，中書侍郎平章事兼右庶子。……有七子，長曰詢甫，官至尚書郎，早卒。」　今按：郎考引新表云「高宗朝義琰孫、起子詢甫，主客員外郎」。今墓誌僅云詢甫「官至尚書郎」，當指主客員外郎也。新唐書卷七十二上宰相世系二上云詢甫父起，當從墓誌作「超」，形近致訛耳。

王璿（九五七頁）　彙編下册一三五七頁趙不爲撰唐故太中大夫使持節泗州諸軍事泗州刺史瑯耶王公（同人）墓誌銘并序：「公諱同人，周太子晉之後，家於河東。……考璿，兵部尚書、同中書門下平章事、殿中，贈越、衢、温、婺等四州刺史。」開元十六年（七二八）七月卒，春秋五十有七。

鄭昉（九五七頁）　彙編續集五四七頁大唐絳州龍門縣尉崔温故妻滎陽鄭夫人誌文：「夫人姓鄭氏，名意意，滎陽人。亳州長史府君之第四女，昉之妹也。……以開元廿三年（七三五）四月九日，終於洛陽進德里第，春秋卅七。」誌署「第二兄主客員外郎昉撰」。

李珝（李珝九六〇頁）　蒐佚三册八三三頁唐故左司郎中兼景城郡太守李府君（珝）

墓誌：「公諱珝，其先趙人。……弱冠孝廉上第，調司經正字，歷汜水簿、大理評事，再爲太常博士、右補闕、主客户部二員外、晉陽河南令、左司郎中兼范陽司馬，又兼景城守。」李珝以永泰元年（七六五）八月卒，春秋六十。　今按，本書户外作「李翊」，主外作「李珝」，與墓誌吻合，當作「珝」爲是。

蕭遇（九六六頁）　蒐佚續編四册（九六二頁）齊抗撰唐故朝散大夫守太僕少卿上柱國襲彭城縣開國男蕭公（遇）墓誌銘并序：「公諱遇，字同人，梁宣帝之七代孫。……弱歲以門資補左清率府録事，累遷至太原府司録河南府兵曹，皆參其軍事，拜主客員外郎，轉屯田郎中。」貞元十三年（七九七）三月卒，年七十一。

李崟（九六七頁）　彙編下册二三二六頁劉旭撰唐故朝散大夫使持節丹州諸軍事守丹州刺史充本州防禦使上柱國弘農楊公（乾光）墓誌銘并序：「公諱乾光，字耀卿，其先弘農人也。……考焠，安州刺史。公安州之次子也，絳郡李氏之出，明州刺史李崟，則其外祖也。」乾光卒於大中七年（八五三）十月，享年六十。

劉伯芻（九六八頁）　大唐西市下册七九三頁（上闕）通議大夫尚書刑部侍郎賜紫金魚袋贈工部尚書廣平劉公（伯芻）自譔誌文并序：「……拜右補闕内供奉。洎居諫署，……必密疏上論，無所諱忌。德宗器之，……俄遷主客員外郎，執德不回，公望益茂。無何，爲醜正者所構，貶虔州司户參軍。」

蕭傑（九七一頁）彙編下册二二〇五頁尉恭仁撰唐故朝議郎使持節光州諸軍事守光州刺史賜緋魚袋李公（潘）墓誌銘兼序：「公名潘，字藻夫，先世趙郡贊皇人。……其爲官也，以儉潔自守，疾苦者必問，惸困者必活，懲勸必行，奸蠹必息，凡至所理，人多懷思。故長安令崔瑝、金州刺史從父弘慶、主客郎蕭傑交舉自代。在御史府亦累累薦請，則爲官之業可得是矣。」李潘以開成五年（八四〇）八月三日卒，享年五十。

劉三復（九七一頁）彙編下册二〇三四頁前河南府福昌縣丞隴西李君故夫人廣平劉氏（媛）墓誌銘并叙，葬於元和十三年（八一八）八月十五日，署「從姪、滁州軍事判官、將仕郎、前太常寺奉禮郎三復撰」。

崔渠（九七二頁）補遺新千唐專輯三九三頁張孟撰唐故前泗州臨淮縣尉鄭府君（長誨）墓誌銘并序：「君諱長誨，字子遵，滎陽人也。……奄以大中十一年（八五七）七月廿六日，永逝於洛陽縣依仁舊里。夫人主客郎中博陵崔渠長女。」今按：崔渠官主客員外郎，並見於郎考及新著録，墓誌却云「主客郎中」，但郎考主中無崔渠，疑墓誌記載有誤。

李當（九七三頁） 蒐佚續編四册一三一二頁李昭撰唐故金紫光禄大夫刑部尚書上柱國隴西縣開國子食邑五百户贈尚書左僕射姑臧李公（當）墓誌銘并序：「公諱當，字子仁，世爲隴西狄道人。……俄又丁繼太夫人艱，免喪除京兆府興平尉直弘文館，旋拜右拾遺，轉右補闕。……滿歲，轉尚書主客員外郎，從班列也。」

韓乂（九七四頁） 彙編下册二三八五頁唐故長殤男子韓勒潭墓誌：「嗚呼！秀而不實者，吾家之勒潭乎？……十九以咸通二年（八六一）四月十日不幸短命死矣。……以其年十月廿一日葬于洛陽縣成村之東原。」誌署「朝議郎、前隨州刺史、賜緋魚袋韓乂譔」。

皇甫煒（九七五頁）注云「無考」。彙編續集一〇三三頁高璩撰唐故開府儀同三司守太傅致仕上柱國太原郡開國公食邑二千户贈太尉白公（敏中）墓誌銘并序：「公諱敏中，字用晦。……公前娶博陵崔夫人，解縣令寬第五女。有女三人，二人早歿，一女適今主客員外郎皇甫煒，亦歿。」

參考文獻

〔一〕趙君平、趙文成編河洛墓刻拾零，北京圖書館出版社，二〇〇七年。

〔二〕趙君平、趙文成編秦晉豫新出墓誌蒐佚，國家圖書館出版社，二〇一二年。

〔三〕吴鋼主編全唐文補遺第一至第九輯，三秦出版社，一九九四至二〇〇七年。

〔四〕周紹良主編唐代墓誌彙編，上海古籍出版社，一九九二年。

〔五〕趙文成、趙君平編秦晉豫新出墓誌蒐佚續編，國家圖書館出版社，二〇一五年。

〔六〕趙君平、趙文成編秦晉豫新出墓誌三編，國家圖書館出版社，二〇一九年。

〔七〕周紹良、趙超主編唐代墓誌彙編續集，上海古籍出版社，二〇〇一年。

〔八〕吴鋼、趙跟喜、張建華主編全唐文補遺千唐誌齋新藏專輯，三秦出版社，二〇〇六年。

〔九〕齊運通編纂洛陽新獲七朝墓誌，中華書局，二〇一二年。

〔一〇〕胡戟、榮新江主編大唐西市博物館藏墓誌，北京大學出版社，二〇一二年。

〔一一〕陳尚君全唐文補編，中華書局，二〇〇五年。

〔一二〕西安市長安博物館編長安新出墓誌，文物出版社，二〇一一年。

〔一三〕楊作龍、趙水森等編洛陽新出墓誌釋録，國家圖書館出版社，二〇〇四年。

〔一四〕中國文物研究所、千唐誌齋博物館編新中國出土墓誌，文物出版社，待出。

〔一五〕毛陽光、余扶危主編洛陽流散唐代墓誌彙編，國家圖書館出版社，二〇一三年。

〔一六〕胡戟著珍稀墓誌百品，陝西師范大學出版社，二〇一六年。

〔一七〕陝西省考古研究院編長安高陽原新出隋唐墓誌，文物出版社，二〇一六年。

〔一八〕齊運通、楊建鋒編洛陽新獲墓誌二〇一五，中華書局，二〇一七年。

〔一九〕趙君平編邙洛碑誌三百種，中華書局，二〇〇四年。

附録

唐御史臺精舍題名考補考

唐御史臺精舍題名考和唐尚書省郎官石柱題名考兩書淵源於御史臺精舍碑、郎官石柱兩方石刻，它分别記載了唐代三院御史和左司諸曹郎官姓名，某種意義上講，這是用石刻形式保存下來的唐人職官檔案。傳至清代，方受到學者的重視。趙鉞、勞格在唐人題名下輯録有關史料，勞格在兩稿大體完成之際，因病憂傷而逝世，後經其友人丁寶書整理並刊入月河精舍叢鈔，爲我們提供了兩部查考唐人事迹和研究御史、郎官史料的重要工具書。

一九八九年十月，中國唐史學會年會在西安舉行，組織參觀西安碑林博物館。御史臺精舍碑赫然陳列，供人瞻觀。親睹素善八分梁昇卿之書藝，又見唐代諸御史之題名，千年遺碑，手澤猶存，令我陶醉不已，踟躕碑前，淹留移時。自西安歸來，即點校唐御史臺精舍題名考。

自勞格至今，已逾一個半世紀，其間出土唐人墓誌已達萬計，皆爲勞氏未見。唐史學者岑仲勉對御考、郎考作過考訂，但其主要着力郎官石柱題名考，對三院御史注意不多，僅考得八人而已。〔一〕拙文即是利用唐誌對御考作全面之補考。

清代學者朱楓雍州金石記〔二〕卷九云：「余記金石，每於零落之餘，偶有所得，可以正史傳之缺謬，闡前人之未發，爲可喜也。」筆者以唐人墓誌校證御考，日積月累，竟考得九十九人，其中二十一人勞氏認定爲無考之人，查索文獻典籍確是無考，然求諸金石，其事迹隱晦千餘年，今却歷歷在目，重現於世，此亦可謂託貞石而不朽者也。

倪若水（**倪泉**卷一，七頁）　倪若水所見史料甚多，兩唐書亦有傳，其墓誌已出土，今載彙編續集四七〇頁大唐故尚書右丞倪公（泉）墓誌銘并序云：「公諱泉，字若水，中山槀城人也。……俄授右御□□□御史，充劍南按察，加朝散大夫，轉左臺侍御史，尋遷吏部員外郎。憲闈珥筆，已□□□□□；明光覆被，更參列宿之榮。以公事出爲宋州長史，稍遷慈州刺史，徵拜中書舍人，無何，拜尚書右丞。」倪若水卒於開元七年（七一九）正月廿六日，春秋五十有九。

慕容珣（卷一，一〇頁）　慕容珣墓誌見彙編續集五五五頁唐中散大夫守秘書監致仕上柱國慕容公（珣）墓誌銘：「公諱珣，昌黎棘城人也。……擢拜左御史，□監察御史，尋遷本臺殿中侍御史，内供奉。……今上即位，誅極群醜，甄揚正人，加朝散大夫，徵拜左御史臺御史。……臺閣增氣，風霜凜然。轉主爵員外郎，仍兼侍御史。鐵冠餘雄，錦帳推妙。尋遷主爵郎中，俄轉吏部郎中。……開元廿四年（七三六）六月廿四日，終於東都殖業里第，春秋六十有八。」

王旭（卷一，一三頁）　御考記載王旭史實甚多，前引慕容珣墓誌，亦載其事，殊爲罕見，其云「□侍御史王旭挾邪縱慝，怙寵作威，豕行負塗，無往不突，虺□于轍，莫之與□。上聞其奸，委公繩按」。

吴訢（卷一，一四頁）　彙編續集六一二頁大唐故右威衛兵曹參軍吴府君（巽）墓誌銘并序云：「夫子諱巽，字晋卿，濮陽人。……父訢，倜儻不羈之才，官至侍御史。夫子即侍御史之次子。」吴巽卒於天寶七載（七四八），其父吴訢約爲武后時人。元和姓纂卷三誤作「吴訴」，當從吴巽墓誌。

李承家（卷一，一七頁）御考只引新表，其云「趙郡李氏東祖房梓州司馬挺立子承家。不詳歷官」。　補遺第八輯一八頁王珣撰大唐故燕國夫人（竇淑）墓誌銘并序云，燕國夫人「粤開元九年七月十九日甲子遘疾，薨於須政之里第，享年六十有一。皇上震悼，輟朝三日。敕文武五品已上官，詣宅臨吊。……分命京兆尹孟温莅臨監護，長安縣令李承家副，秘書少監王珣撰誌文，前太常卿、楚國公姜皎書蓋」。　蒐佚續編三册七一一頁□□□□□□刺史李公墓誌銘并序：「公諱承家字承家，隴西狄道人也。……以調選授懷州河内縣丞，換潞州司功。帶清白，尤異狀，除并府法曹。……無何，拜侍御史，加朝散大夫。」開元十五年（七二七）二月卒，凡壽六十八。

張説（卷一，一七頁）御考注「見郎官左外」，今查郎考卷二左外有張説，但無其官御史之史料。　補遺第八輯四六頁王利器撰唐故通議大夫使持節東陽郡諸軍事守東陽郡太守上柱國李府君（先）墓誌銘并序：「府君諱先，字開物，成紀人也。……後授晉州司倉，轉同州司户。時相國姚元崇典郡，知公識量經遠，獨以國士遇之。巡按使、御史張説亦以清白乾蠱，從而昇之，制授京兆府兵曹，類能也。」　蒐佚三册六二一〇頁趙良玉撰大唐故太中大夫使持節同州諸軍事守同州刺史上柱國張府君（涗）墓誌銘并序云：「公諱涗，字尚潔，魏郡人也。……特授監察御史，旋除正監察轉殿中侍御史内供奉。」張涗卒於開元二十八年（七四〇）五月，時代亦合。

馮紹烈（卷一，一八頁）御考注「見郎官金外」。今郎考卷一金外只有馮紹烈官兵部郎中、給事中、御史中丞之記載，獨缺御史史料。　蒐佚三册七二二頁郭翿撰唐故朝請大夫行陽城郡長史上柱國柴府君（温恭）墓誌銘并序云：「公諱温恭，平陽人也。……御史馮紹烈奏公充推僞濫判官，乃俠霜臺之班，而輔驄馬之職。」葬於天寶十載（七五一）十二月十七日。　彙編續集八一四頁翟約撰大唐五通觀威儀兼觀主馮仙師墓誌銘并序：「仙師法號得一，長樂馮氏，贈工部尚書昭泰之孫，鴻臚卿紹烈之季女。」馮仙師享齡七十有一，以元和四年（八〇九）五月廿二日卒。

張樽（**張搏**卷一，一九頁）　蒐佚三編三册六六八頁劉敞撰唐故銀青光禄大夫信王傅張府君（搏）墓誌銘并序（天寶十載二月十八日）：「公諱搏，字執中，南陽西鄂人也。……解褐同州參軍。……公年始十五，遂定知己之分，稍遷壽安縣丞。……尋擢監察御史。……歷殿中侍御史，稍遷右司員外，再任刑部郎中。」今按：樽、摶古通，唐人書寫「木」旁常寫作「扌」旁。

喬夢松（卷一，一九頁）御考載喬夢松官三原縣尉及大理正等，而無御史史料。補遺第七輯四四頁陶翰撰唐故朝請大夫上柱國檢校尚書屯田郎中梁郡喬府君（夢松）墓誌銘并序：「惟十一年……敕公攝監察御史，勾劍南租税，仍覆囚使。使終，正除監察御史裏行。更一年，除監察御史。更一年，除殿中侍御史。更一年，除侍御史。抗簡三載，凌霜一質。雄以雕鶚，視之紀綱然。後遷大理正，執國之憲，惟刑之恤。」喬夢松卒於開元廿年（七三二）正月十日，春秋六十有二。又喬夢松妻馮氏及父崇隱、伯父崇敬墓誌，俱見彙編下册一三二一至一三二八頁，並可參資。

宋遥（卷一，一九頁）彙編下册一六一五頁宋鼎撰唐故上黨郡大都督府長史宋公（遥）墓誌銘并序：「公諱遥，字仲遠，廣平列人人也。……自國子進士補東萊郡録事參軍，舉超絶流輩，移密縣尉，擢監察御史、殿中侍御史、侍御史内供奉，遷司勳員外郎，度支郎中，拜中書舍人，除御史中丞，賜緋魚袋。」又二〇〇六年春，河南省洛陽市出土宋遥妻鄭氏墓誌，見蒐佚二册五八六頁，誌云：「夫人滎陽郡原武人……既笄而醮歸於我宋公。公諱遥，弱冠進士擢第，入臺累遷三御史，南省兩郎官，拜中書舍人。」

班景倩（卷一，二〇頁）蒐佚三編四册一一〇一頁大唐故河中少尹扶風班府君（圖源）墓記自述（咸通八年五月十二日卒）：「府君諱圖源，字義符，其先扶風安陵人也。府君曾祖景倩，皇秘書監，贈尚書右僕射。」

姚㻇（卷一，二〇頁）御考未列史料，當屬無考之人。補遺新千唐專輯一六三頁大唐故太中大夫使持節冀州諸軍事守冀州刺史上柱國姚君（㻇）墓誌文并序：「君諱㻇，字㻇，有虞之後。……執剛用直，息奸止暴。威勵動容，權豪斂迹。攝監察御史，能稱其職。無何即真。又轉殿中御史、侍御史，言議謇諤，志氣慷慨。心無回避，能於察舉。」

鄭觀藝（卷一，二一頁）御考無史料，屬無考之列。彙編下册一五三七頁唐故吏部常選滎陽鄭公（瑨）墓誌銘并序云：「公諱瑨，字瑨，滎陽開封人也。尚書屯田郎、彭州長史觀藝之次子。」鄭瑨終於開元廿年（七三二）九月，春秋卅有九。

雍惟良（卷一，二〇頁）彙編續集五〇五頁唐故朝散大夫懷州長史上柱國京兆韋公（希舟）墓誌銘并序，葬于開元十四年（七二六）十一月十一日，誌署「朝議郎行萬年縣尉雍惟良撰」。

裴曠（卷一，二二頁）

蒐佚三編二册五五二頁王端撰唐故朝散大夫黔府都督裴府君（曠）墓誌銘并序：「□諱曠，字允升。河東聞喜人也。……弱冠以國子進士擢第。……授太府主簿。介然立朝，可以軌物，故授監察御史，其風可尚也。故授殿中侍御史，其義可崇也。故授侍御史，其才可寵也。故授右司郎中，乃兼侍御史，貞節既亮，直道既弘，則可以獨坐而紀綱百辟矣，故授御史中丞。」以開元廿三年（七三五）六月廿七日遘疾，即代於黔之官舍，春秋六十有四。

郭虚己（卷一，二二頁）有關郭虚己的記載，御考甚多，却未有官三院御史史料。彙編下册一四二六頁唐故朝散大夫國子司業上柱國開君（休元）墓誌并序，志主葬於開元廿一年（七三三）十一月九日，撰者爲「朝請郎前行侍御史太原郭虚己」。

又補遺第八輯五六頁顔真卿撰唐工部尚書贈太子太師郭公（虚己）墓誌銘并序：「公諱虚己，字虚己，太原人也。……未冠，授左司御率府兵曹。秩滿，授邠州司功，充河西支度營田判官，拜監察御史裏行。改充節度判官，正除監察御史，轉殿中侍御史，判官仍舊。屬吐蕃入寇瓜沙，軍城凶懼。公躬率將士，大殄戎師。皇帝聞而壯之，拜侍御史。俄遷虞部員外郎、檢校凉州長史、河西引軍司馬，轉本司郎中，餘如故。」郭虚己卒於天寶八載（七四九）六月十五日，春秋五十有九。

裴令臣（卷一，二四頁）御考屬無考之人。蒐佚三編三册七七八頁封演撰唐故密州司馬張府君墓誌銘并序，貞元九年（七九三）正月卅日葬。「君諱瑶，字子石，南陽人也。……夫人河東裴氏户部郎中令臣之女，宗門望郁若樹蘭。開元末，遇疾卒。」

李喬年（卷一，二五頁）蒐佚三編三册七〇〇頁陽浚撰唐故朝散大夫補尚書司儲員外郎上柱國平鄉縣開國伯李府君（喬年）墓誌銘并序：「公諱喬年，字壽卿，趙郡堯山人也。……弱冠以門蔭補弘文生調秘書省校書郎、京兆府渭南縣尉，拜右拾遺、右補闕、殿中侍御史，俄轉侍御史、起居舍人。」卒于天寶十五載（七五六）五月十一日，春秋五十有三。

王履道（卷二，三四頁）御考無王履道史料，屬無考之人。彙編下册一四八二頁大唐故太原王君（忌）墓誌銘并序云：「君諱忌，其先太原人也。子孫奕葉，因官相部家焉。其後英賢間出，代不乏仁，或莅職而錫名，或因官而命氏。……嗣子履道，攀風樹而不追，痛寒泉之永隔，懼金石頹移，陵谷遷易，爰採芳石，故爲銘曰。」據墓誌王履道祖籍太原，後因官徙居相地（今河南省安陽市）。其父王忌卒於開元十九年（七三一）正月十八日，春秋七十七，以此推算，時代吻合，惜墓誌未載王履道仕履，尚待細考耳。

邵炅（卷二，三五頁）　補遺新千唐專輯一四六頁姚重曒唐故朝請大夫行尚書考功員外郎上柱國魏郡安陽邵府君（炅）墓誌銘并序：「公諱炅，字炅，安陽鄴人也。……初以鄉賦進士擢第。居無何，制授蒲州汾陰縣尉，又改汴州浚儀尉。……遂還大理評事、左御史臺監察御史。中年爲文吏巧詆，出爲歙州司倉。天鑒孔明，逾歲昭洗。又徵爲右御史臺監察御史，遷殿中侍御史、判考功員外郎事，累月而政除焉。……其執憲也，則曰風規審正；其爲郎也，則曰風憲是揚。」邵炅卒於開元四年（七一六）五月二十二日，春秋卌有九。

敬昭道（卷二，三七頁）　彙編下册一三一〇頁唐故太子舍人敬府君（昭道）墓誌銘并序：「公諱昭道，字皎，河南緱氏人也。……及乎弱冠，擢以孝廉，於是君子知其大成矣。……時西戎叛唤，虔劉邊邑。……公料其賊形，無庸必斃，乃抗表剋日，請罷巡邊。……天子嘉之，擢拜監察御史。時鄴郡妖賊□聚千餘，俘馘黎人，郡縣不之禁，朝廷特使公杖斧鑕而督其罪焉。……但誅其元惡，餘一切奏免。恩詔許之。……俄遷殿中侍御史。」敬昭道卒於開元十三年（七二五）九月十四日，春秋五十有三。

柳澤（卷二，三八頁）　河洛上册二九一頁唐故右庶子鄭州刺史贈兵部侍郎河東柳府君（澤）墓誌并序：「公諱澤，字廣成，今尚爲河東人也。……解補恒州參軍，未赴職，丁家艱，服除，授内率府鎧曹參軍。……因上封皆叙當代要務，蒙召入，一拜監察御史，朝廷倬之。……以公有幹辦之用，使臨統選務，家宰之劇，悉以咨之。尋擢殿中侍御史，屢陳得失，皆合聖旨，遷尚書左司員外郎。……以開元廿有二載（七三四）秋八月，終於洛陽會節里私第，春秋六十四。」

崔安儼（卷二，三八頁）　釋録八二頁韋子金撰唐故朝散大夫漢州長史上柱國博陵崔公（安儼）墓誌銘并序：「公諱安儼，字安儼，博陵安平人也。……弱冠明經擢第，解褐滑州參軍，歷絳州聞喜、華州華陰二縣尉。俯拾青之志，馳五色之聲。首出衆寮，穎耀立見。遂擢遷監察御史、歷殿中侍御史、朝散大夫、上柱國、尚書主客員外郎。」卒於開元二十六年（七三八），春秋八十二。

張敬輿（卷二，三九頁）　蒐佚續編三册七三六頁席豫撰大唐故義王傅南陽張府君墓誌銘并序：「公諱敬輿，字敬輿，南陽西鄂人也。孝廉擢第，解褐登甲科，授丹陽郡曲阿主簿。……以能允用，分按巴梁，課奏第一，拜監察御史，豈唯直指無回，抑乃方書見用，遷殿中侍御史，兼東京留臺，鐵冠埋輪，則豺狼當路，繡衣持斧，則朝廷側目，遷户部員外。」

高力範（卷二，四〇頁）御考高力範無史料，屬無考之人。今有其女墓誌載其事迹。補遺新千唐專輯二二二頁大唐故柳氏高夫人墓誌銘：「夫人，渤海人也。……父力範，華州鄭縣令，次綬侍御史，次綬諫議大夫。」高夫人乃力範之女，卒於天寶十載（七五一）三月三十日，春秋四十。

許景先（許杲卷二，四一頁）彙編上册一一九三頁唐故通議大夫行廣州都督府長史上柱國朱府君（齊之）墓誌銘并序，撰者署「朝議郎、殿中侍御史、高陽許景先詞」，葬於開元五年（七一七）十月七日。又補遺新千唐專輯一六〇頁韓休撰大唐故吏部侍郎高陽許公（杲）墓誌銘并序：「君諱杲，字景先，高陽人也。……尋以文吏兼優舉對策甲科，授揚府兵曹參軍。尋有制特徵直中書省。俄除左補闕，轉侍御史。直繩正色，臺閣生風，朝廷肅然，莫不聳懼。未幾，除職方員外兼判外官考事。」

韓琬（卷二，四二頁）蒐佚三編二册四四一頁□□故并州大都督府法曹參軍隴西李公（辯）墓誌銘，開元三年八月十一日葬，「殿中侍御史韓琬撰」。

陸景獻（卷二，四二頁）蒐佚二册五一〇頁賀知章撰大唐故大理正陸君（景獻）

墓誌銘并序：「君諱景獻，字聞賢，吴郡吴人也。……俄應詞藻宏麗科試策高第，擢授河南尉，理繁摘鈦，聞於朝野，無何，拜監察御史裏行，滿歲即真，轉殿中侍御史，歷屯田員外郎、起居舍人。」陸景獻於開元十三年（七二五）四月十八日卒，春秋三十有九。

趙冬曦（卷二，四二頁）　彙編續集六三〇頁唐故國子祭酒趙府君（冬曦）墓誌銘并序：「府君諱冬曦，字仲慶，博陵鼓城人也。……奏以進士試，對策甲科。是歲調集有司，即授校書郎，旌異等也。慈州刺史倪若水舉文藻絶倫，對策上中第，除右拾遺，還監察御史，以他事聯及，放于岳州。歲滿□恩，名家㬋停。私服闋，重操本官，兼掌國史，轉殿中侍御史、集賢院學士，遷考功員外、中書舍人、太僕少卿，以親累貶合州刺史。」趙冬曦春秋七十有四，卒於天寶九載（七五〇）二月。

皇甫翼（卷二，四三頁）　蒐佚三册六三二頁權寅獻撰唐故青州刺史贈滎陽太守皇甫（翼）墓誌銘并序：「君諱翼，字孟友，安定朝那人也。……明經高第，補太子校書，調河陽主簿、河南尉。除監察御史裏行，尋即真遷殿中侍御史。」皇甫翼以開元二十九年（七四一）十一月十七日卒於東萊郡館，享年五十六。

楊瑊（卷二，四六頁）　彙編下册一三六一頁大唐故商州司馬楊府君（瑊）墓誌銘：「公諱瑊，宣義郎，初應制拜宋州襄邑主簿，後遷汴州浚儀縣丞，恩制拜監察御史，次殿中侍御史，出爲文水縣令，除商州司馬，未上而歿。……開元十七年（七二九）二月十六日歿于文水縣官第。」　今按：御考徵引史料共二條，一爲五燈會元云：「永泰元年（七六五）五月五日，代宗夢六祖大師請衣鉢。七日，敕刺史楊瑊于本寺如法安置。」墓誌云楊瑊「除商州司馬，未上而歿」，卒於開元十七年（七二九），焉能三十六年後在永泰元年（七六五）官刺史？此當另一人也。二爲太平廣記卷三五四引玉堂閑話云「楊瑊爲朱瑾書記」。朱瑾爲朱瑄之弟，朱瑄舊唐書卷一八二有傳，爲唐末僖宗時人，此楊瑊既非官御史之人，亦非永泰間官刺史之人，唐有三楊瑊，御考徵引二條史料時代不合，皆誤。

宋宣遠（卷二，四七頁）　補遺新千唐專輯一九〇頁唐故餘杭郡於潛縣尉宋君（裕）墓誌銘并序：「君諱裕，字幼寬，廣平經城人也。……父宣遠，皇朝進士擢第，歷侍御史、左司員外郎、京兆少尹、絳州刺史。……遂以天寶二年（七四三）歲九月，遇疾而歸。以是歲十月五日終於睢陽郡，春秋卅有七。」以此推算，其父宋宣遠爲中宗至玄宗開元間人，時代亦合。又同書一九八頁有大唐故絳郡太守宋府君夫人滎陽郡君鄭氏墓誌銘并序，此爲宋宣遠夫人鄭氏墓誌，可參閲。

何千里（卷二，四七頁）　補遺第九輯鄭譽撰唐故朝請大夫上柱國南賓郡太守隴西李公（雲卿）墓誌銘并序：「維天寶七載（七四八）歲次戊子七月己巳朔廿九日丁酉，遷家于河南府偃師縣首陽鄉之原，禮也。公諱雲卿，字獻，皇四從弟，秩二千。……侍御史何千里持斧霽威，公方見許。」

馬光淑（卷二，四九頁）御考注「見郎官左中補」，今查郎考卷一左中補，僅有其官左司郎中，而無御史史料。　蒐佚三册六八五頁張翃撰唐故兵部郎中張公（具瞻）墓誌銘並序：「公諱具瞻，安定人也。……本道按察使御史馬光淑、郭庭倩繼踵而來，聞風相得，或以課最舉，或以清白聞。」

徐惲（卷二，五三頁）　河洛下册三六六頁唐通議大夫使持節陳留郡諸軍事守陳留郡太守河南采訪處置使上柱國徐公（惲）墓誌銘并序：「公諱惲，字輯，東海人也。……弱冠，明經，拜國子大成。進經，授寧陵丞。用能標映儒林，發揮風政。尋調鉅鹿司户參軍，轉河東録事參軍。信詞曹之楷模，乃糾司之繩准。明以洞物，清而畏知。正身而令行，持綱而禁止。威不振而自肅，惠常孚而必懷。體鑒高融，公方峻直。心傾白日，氣凜飛霜。憲司藉其生風，聖主待其成務。俄而制授監察御史，轉殿中侍御史。志雄逐鳥，情鄙向狐。威能止行，色不可犯。無何，以公事貶北海令，入遷太府丞。」天寶四載（七四五）十月七日卒，春秋六十有六。

陽潤（卷二，五三頁）御考注「見郎官金外」，郎考卷一六金部員外郎陽潤，其名下卻注「無考」，陽潤確爲事迹罕見之人，今從碑誌中覓得片段史料。河洛上册三六〇頁唐故工部員外郎陽府君（修己）墓誌銘并序：「公諱修己，字仲容，右北平無終人也。」陽修己葬於天寶四載（七四五）十月二十五日。該誌署「猶子通直郎左補闕内供奉潤制」「從侄曾書」。綜上史料，可知陽潤，右北平無終人。工部員外郎陽修己之侄，天寶間官左補闕。

李元璥（卷二，五四頁）　補遺新千唐專輯二二九頁李鍠撰大唐故隴西李夫人（盧君妻）墓誌銘并序：「夫人李氏，成紀人也，魏姑臧公之胄。……祖玄運，隨州隨縣令。父元璥，監察御史、慈濟二州刺史。並以賢嗣德，繼踵軒車。或踐霜臺，或鎮方岳。」新唐書卷七二上宰相世系表二上僅載李元璥官濟州刺史，脱監察御史及慈州刺史之仕履。

陸大亨（卷二，五六頁）御考無史料，當屬無考之人。彙編上册一二〇〇頁故某官吴郡陸府君（大亨）墓誌銘并序：「君諱大亨，字利貞，吴郡吴人也。昔三方鼎跱，四海沸騰，孫氏之割據江東，惟先君是賴，備乎史筆，無假施床。祖敦，父邠，並克崇堂構，聿遵弓冶，譽重龍樓，名高驥足。君風儀峻肅，胸襟淳和。與物無忤，在人猶己。歷試清署，美聲播流。敷化名邦，懿績弘遠。遭時不造，謫居憬俗。逢國之泰，效勛邊城。功庸既崇，晷漏亦盡。粤大唐開元六年（七一八）歲次戊午正月丙申朔十九日甲寅，暴終於永豐里第，春秋卌七。即以其年二月丙寅朔七日壬申，葬於洛陽北某里，禮也。空阡寂寞，幽隴荒涼。悲風斷腸，愁雲痛目。人生到此，天道寧論。嗣子某，攀援號絶，瞻望崩圮。其往如慕，其返如疑。恐天地長久，陵谷遷貿，洒刻兹翠石，貽芳黄壤。銘曰：猗歟哲人，名官早申。彼我唯泯，風儀若神。八翼方邁，中道忽屯。翩翩服鳥，止於坐側。命不可增，哀何有極。」

這方陸大亨墓誌，與其他唐代墓誌，至少有三點不同：

一、首題常例當列出亡者仕履之最高官銜，以炫示其身份及門第，而陸大亨墓誌有意隱而不述，僅云「故某官」，在唐誌中絶無僅有，必有原因。

二、墓誌當詳述亡者仕履，而陸大亨墓誌文字閃爍，語言隱晦，其云「歷試清署，美聲播流。敷化名邦，懿績弘遠」，銘文亦云「猗歟哲人，名官早申」，據以上文字似乎誌主陸大亨仕途順利，政績甚佳。又云「遭時不造，謫居憬俗。逢國之泰，效勳邊城。功庸既崇，晷漏亦盡」，「人生到此，天道寧論」。銘文云「八翼方邁，中道忽屯。翩翩服鳥，止於坐側。命不可增，哀何有極」。這段文字，更爲隱晦。陸大亨「遭時不造」，受到貶謫。後又「效勳邊城」，立下功勳，却「晷漏亦盡」，言陸大亨政治生命到此完結，具體原因，有難言之隱。肯定受到嚴重打擊，慘遭貶斥，甚至更爲不好的結局。無論陸大亨得意與失意，絶不具體言述，當有原因。

三、墓誌對陸大亨子嗣僅云「子嗣某」，對其先世云：「祖敦，父邠，並克崇堂構，聿遵弓冶，譽重龍樓，名高驥足。」據此，陸敦、陸邠當爲朝廷重臣，查唐代史籍皆無以上兩人事迹，後見新唐書宰相世系表三下吴郡吴縣有陸敦信、陸邠卿，今抄録如下：

陸敦信見載兩唐書陸元朗傳，舊傳云「子敦信，龍朔中官至左侍極，同東西臺三品」。陸敦信之歷官與墓誌「譽重龍樓，名高驥足」相吻合。墓誌之陸敦、陸邠，當是陸敦信、陸邠卿。新表缺陸邠卿職官，蒐佚三册八五〇頁唐陸翹墓誌有記載，云「曾祖邠卿，皇朝洛州長史。祖大訓，宣州司户參軍。父泌，汝州臨汝縣令。公即臨汝府君之次子也」。陸大亨與陸邠卿三子大訓、大盈、大鈞排名同，陸大亨當是陸邠卿之子，據大亨名及其字「利貞」，很可能是長子，陸翹爲大亨堂侄孫。

綜上所述：陸大亨墓誌首題爲何只説「故某官」；墓誌文字爲何隱晦不明言其仕履；墓誌爲何删改陸大亨祖父、父親名字，又不列子嗣名字。完全因爲陸大亨在仕途上遭受重大打擊，留下不光彩的結局，陸敦信家族怕連累，急於切割和洗清關係，其手法就是在陸大亨墓誌上做文章，除删改祖、父兩代名字外，甚至不把陸大亨列入家譜族譜，這一手法唐宋人亦受騙，唐林寶元和姓纂、宋人歐陽修等撰新唐書宰相世系表，皆不載陸大亨之名，筆者因對御考中無考人物，尤爲注意，在這方空洞乏味陸大亨墓誌的祖父、父親名字入手，居然發現了背後的隱情，這個迷團尚缺乏更多的史料，無法知道陸大亨生死之迷。但御考之陸大亨與墓誌之陸大亨，當是同人，自可無疑。

蒐佚續編二册四九一頁大唐□部常選羗承先故夫人程氏墓誌銘并序，夫人程氏（小奴）卒于景龍四年（七一〇）四月二十日，春秋一十有九。誌署「左臺監察御史陸大亨撰」。這是新近出土的墓誌，明確了其官監察御史的年代。

嚴識玄（卷二，五七頁）　御考僅載全唐文小傳，岑仲勉據千唐誌輯得其官兵部郎中一條。今尚可補充以下石刻史料。彙編續集四三五頁大唐故鄭州司馬王府君（晏）墓誌銘并序，「洛州鞏縣令嚴識玄撰」，景龍三年（七〇九）十月二十六日葬。　同書四六五頁張希迥撰大唐故朝議大夫行尚書兵部郎中上柱國馮翊嚴府君（識玄）墓誌銘并序：「公諱識玄，字識玄，馮翊重泉人也。……久視年，天后追于麟臺修書。方史筆高著，價競班揚，忽丁外憂，孝齊參閔。服闋，制授雍州長安縣尉。雖職號神仙，朝廷惜其利用，遂除左御史臺監察御史裏行。時以爲烏臺得人，乘驄有望，轉雍州司法參軍。」嚴識玄卒於開元五年（七一七）六月二十四日，春秋六十四。

盧微明（卷二，六〇頁）　補遺第六輯四四頁盧若虛撰盧璥妻李晉墓誌：「夫人諱晉……明惠柔順，居家以仁孝稱。既笄之後，繼室歸於我先府君。……府君先有兩子，曰微明、藏用。夫人自誕一子曰若虛。……睿宗時，藏用遷黃門，微明任御史，並宦達，有恩詔授贊皇縣太夫人，尋又加趙郡太夫人。每正朔朝覲皤皤然，微明戴鐵冠，藏用拽朱紱，左右自扶侍入禁內，儒者榮之。開元八年（七二〇），從微明宰竣儀。……至十三年秋七月，寢疾大漸。……以其月廿九日夜，奄垂棄背於武德丞廨宇，春秋七十三。」

韓昭尤（**韓昭元**卷二，六五頁）御考列爲無考之人。河洛下册四〇二頁唐弘農劉氏夫人昌黎韓氏墓誌文并序：「祖昭元，萬年縣尉、監察御史。」夫人韓氏「年一十九，適武部常選弘農劉氏……年二十有一，天寶十二載（七五三）六月二十七日，因産中風，殞於洛陽縣感德里之别業也」。韓昭元爲武后時人，時代亦合，唯御考作「韓昭尤」，此當碑誌漫漶，誤認「元」爲「尤」耳。

李如璧（卷二，六六頁）彙編上册一二一二頁李稹撰唐故處士李君（强友）墓誌銘并序：「君諱强友，字剛克，隴西成紀人也。……父前監察御史如璧，以直道謫爲硤州宜都縣尉。君即宜都之元子也。」李强友年十五，卒於開元七年（七一九）五月十七日。

慕容琦（卷二，六九頁）彙編下册一七三五頁河南慕容府君（曉）墓誌銘并序云，慕容曉「祖知廉，皇朝左臺侍御史；父琦，皇朝殿中御史、鄭州管城令。並文武不墜，世濟其名。或韜術孫吴，七擒七縱；或建隼郡邑，言發雨從；或白簡不回，驄馬咸畏；信積善之餘慶，及代繼其明哲」。

楊至玄（卷二，七〇頁）　彙編續集四四五頁韋希撰大唐故司勳郎中楊府君夫人韋氏扶陽郡君墓誌銘并序：「夫人號浄光嚴，京兆杜陵人也。……以景雲二年（七一一）五月七日終於静安里第，春秋六十。……夫人有四子：伯至玄，朝散大夫、左臺殿中侍御史。」新表有「志玄，殿中侍御史」，疑誤，當從其母墓誌作「至玄」。

李諶（卷二，七〇頁）　彙編下册一六六八頁大唐故監察御史趙郡李府君夫人博陵崔氏墓誌銘并序：「夫人博陵人也。……秦晋匹也，歸我府君焉。……府君之履憲臺也，以持斧之雄，受登車之任，江湖風靡，甌越星馳，時霽威嚴，亦由輔佐。府君之没世也，夫人纔二十九矣，位登柏署，朝廷嗟不慭之遺；年若舜華，中表忉未亡之痛。……天寶十載（七五一）正月遘疾，十二月終於東京仁和里之私第，春秋六十。……愛子懿文，不幸早世。長子前東海郡司法宅心。次子前許昌尉居中等。倉卒無地，充窮靡依，雖而不言，願述先志。」監察御史趙郡李府君爲何人？新唐書卷七二上宰相世系表二上趙郡李氏東祖房云「諶，監察御史」。其子「懿，浚儀尉。居中，光禄主簿」等。「懿」即墓誌之「愛子懿文」，稍有出入，新表當據墓誌訂正。次子居中，兩者相同，由此可知，墓誌首題之監察御史李府君當是李諶也。

盧金友（卷二，七〇頁）　彙編下册一七九七頁有唐盧夫人墓誌：「初，夫人之終也，以開元二十五年（七三七）二月二十八日權窆于河南萬安山北原，叔太子賓客崔孝公爲誌曰：夫人姓盧氏，諱梵兒，字舍那，涿郡范陽人也。……考金友，監察御史、大理丞、滁州刺史，杖清節以升朝，貽素風以訓後。」

胡景濟（卷二，七一頁）御考列爲無考之人。　彙編下册一六三四頁大唐安定郡參軍陸豐妻胡夫人墓誌銘并序：「夫人姓胡氏，安定臨涇人也。……考景濟，皇朝監察御史，稍遷大理正。坐柏臺而秉憲，志在澄清；毗棘署以詳刑，榮參列宿。夫人即正公之第五女也。……以天寶八載（七四九）八月八日構疾，終於洛陽縣時邕坊之私第，春秋二十。」

崔譚（卷二，七二頁）　蒐佚三册八二九頁李周南撰夫人博陵雀氏墓誌銘并叙：「夫人姓崔，博陵人也。大父譚，德烈官明，羽儀當代，終唐倉部、左司二郎中。」夫人崔氏卒于貞元十一年（七九五）四月二十七日，春秋廿有二。

張具瞻（卷二，七三頁）御考注「見郎官左中」，實爲無考之人。　蒐佚三册六八五頁張翃撰唐故兵部郎中張公（具瞻）墓誌銘并序：「公諱具瞻，安定人也。……尋有詔除監察御史裏行，一考正除，監察河北覆屯户河南按囚徒，遣殿中侍御史，監左藏庫。……公因彈劾盡欲勾徵，雖豸冠之威，本以糾慝而狼心之黨，率皆好利聞庭上訴者。……銘曰：惟我烈考，生乎聖唐。高標人傑，獨擅詞場。三遷御史，五拜仙郎。」同書同册七六五頁有張具瞻妻韋氏墓誌，亦可參閲。

賈晉（卷二，七五頁）彙編下册一八四三頁尹雲撰唐故汝州司户參軍張君（侕）墓誌銘并序：「君諱侕，字侕，清河人也。……建中四年（七八三）十月七日寢疾，終於鄭州私第，享年七十八。夫人賈氏，殿中侍御史、江南道采訪使晉之女。」

常無欲（卷二，七八頁）蒐佚續編二册五一九頁唐故朝散大夫行豫州司功參軍崔府君墓誌銘并序，葬于開元三年（七一五）十月，誌署「秘書省著作局校書郎常無欲纂」。

徐履道（卷二，七八頁）蒐佚續編三册七八一頁唐故中大夫守饒陽郡太守徐府君（履道）墓誌銘并序：「有唐饒陽太守徐府君諱履道，字中虚，高平金鄉人也。……弱冠以冑子入太學，至神龍初應孝廉舉擢第，解褐廣平郡肥鄉主簿。其筮仕也，清白着操，法理持平。……國家舉賢擢才，激風厲俗，遂拜公監察御史，轉殿中，又轉侍御史。尋拜比部員外，又遷刑部焉。」葬于天寶十載（七五一）十月十一日。

莫行愔（卷二，七九頁）御考謂「張謂有道林寺送莫侍御詩」。趙鉞案云此莫侍御與莫行愔同時人，「雖不言行愔，與此時代正合，疑是此人」。趙説甚是，今有莫行愔子莫藏珍墓誌爲證。補遺第八輯五六頁陳章甫撰唐故東陽郡義烏縣尉莫公（藏珍）墓誌銘并序：「公諱藏珍，字湊，江陵人也。……公十七，丁侍御府君憂。……弱冠，孝廉擢第，授義烏尉。……天寶八載（七四九）九月廿六日，遘疾終於廣陵。……高祖耀，隋驃騎大將軍。耀生朝散大夫、永州司馬弘儁，弘儁生宣城郡當塗縣令玄秀，玄秀生監察御史行愔。公即侍御之仲息也。」

郭庭倩（卷二，八〇頁）蒐佚三册六八五頁張翃撰唐故兵部郎中張公（具瞻）墓誌銘并序：「公諱具瞻，安定人也。……本道按察使御史馬光淑、郭庭倩繼踵而來，聞風相得，或以課最舉，或以清白昇。」

何最（卷二，八〇頁）御考列爲無考之人。彙編下册一四七八頁裴泫撰唐故河南府兵曹何府君墓誌銘并序：「公諱最，蜀郡人也。……年弱冠，宿衛通經高第，調選補簡州平泉、邛州臨邛主簿。應制舉，授絳州夏尉，歷壽安主簿，理劇無撓，閑邪不回，貞白逾堅，造次必是，有取其進，不可得而退也。出宰坊州中部令，宣風百里，沿革一變，人翳是賴，帝用嘉之。曾未朞年，制授監察御史，以身許國，與物無競，好直多忤，爲時不容。出爲常州晉陵令。……（開元）廿六年（七三八）春，終於洛陽惠和里私第，春秋七十。」

劉遵睿（卷二，八二頁）御考列爲無考之人。 蒐佚二册四五五頁大唐故通事舍人李君（鳳）墓誌銘并序，「前徐州蕭縣尉易陽縣開國男廣平劉遵睿撰文并書」，李鳳於開元六年（七一八）正月一日葬。劉遵睿事迹甚罕，此爲目前爲止，所見之唯一史料。

明虚己（卷二，八二頁）御考列爲無考之人。 蒐佚三册六〇一頁劉安期撰唐故朝散大夫行申州義陽縣令上護軍平原明府君（琰）臨淮劉夫人墓誌銘并序：「府君諱琰，平原人也。……長子虚己，素以問望，聞于家國，官至監察御史、殿中侍御史、盩厔縣令。」明琰妻劉氏卒於開元十一年（七二三）二月十七日，享年五十六。

郻元昌（卷二，八三頁） 彙編下册一五二三頁大唐故忠武將軍攝右金吾衛郎將上柱國豆府君（善富）墓誌并序：「君諱善富，字暉，其先扶風平陵人也。……開元十三年中，扈從東封，禮畢，加忠武將軍，進絳州□□府折衝都尉。徐國公蕭嵩按節朔方，兼巡河右，請爲裨將，時晋州晋安府折衝都尉。玉潔冰雪，歲寒不凋，理有能名，聲華遠播。侍御史鄔元昌請監東都大和庫，我皇思帑藏任重，罕有克堪，以君衆推，帝曰俞往。積行累功，終始不替。」

顔真卿（卷二，八五頁）　顔真卿，兩唐書有傳，史籍記載其事迹亦甚多，今有兩碑誌記載其官御史的大體年月，故迻録如下：彙編續集六三一頁大唐故冠軍將軍左羽林軍大將軍東莞郡開國公上柱國臧府君（懷亮）墓誌銘并序，「朝議郎行侍御史顔真卿撰」，天寶十載（七五一）四月廿一日葬。全唐文補遺第八輯五六頁唐工部尚書贈太子太師郭公（虚己）墓誌銘并序，「朝議郎引殿中侍御史顔真卿撰并書」，天寶十載（七五一）五月十五日葬。

許論（卷三，九二頁）　補遺新千唐專輯二〇二頁大唐故左武衛大將軍桓公夫人高陽郡君許氏（高陽）墓誌銘并序，「子婿朝議郎、行監察御史許論撰」，天寶四載（七四五）十月二十五日合葬。

崔寓（卷三，九三頁）　蒐佚三册六二六頁大唐故朝議郎鄭州滎澤縣令崔府君（茂宗）墓誌銘并序云，崔茂宗「有子三人：絳州聞喜縣主簿宏，監察御史寓，前魏州冠氏縣尉宥，皆以才知名，自少而立」。崔茂宗葬於開元二十九年（七四一）八月六日。

賈彦璋（卷三，九三頁）　蒐佚三册六九六頁唐故朝議郎相州成安縣令京兆史府君（瓘）墓誌銘并序，「殿中侍御史賈彦璋撰」，天寶七載（七四八）十二月二十四日葬。

鄭愚（卷三，九四頁）　蒐佚三編四册一〇五二頁唐故檢校太子賓客監察御史宇文府君夫人彭城劉氏祔葬墓誌銘并序，大中九年（八五五）二月廿三日葬，誌署「外甥、將仕郎、權知左補闕、充集賢殿直學士鄭愚撰」。

趙陵陽（卷三，九七頁）　補遺第七輯三八〇頁大唐故監察御史天水趙府君（陵陽）墓誌銘并序：「君諱陵陽，字陵陽，其先天水上邽人也。……年十有九，孝廉充賦，一舉登科。……尋補相州鄴縣尉。……于時淮南道按察使元光謙特奏才行，還充判官。是知舉賢任能，講信修睦，公家之事，知無不爲。又轉京兆府新豐縣尉，俄拜監察御史。佐牽絲之化，畿甸乃清；擢執簡之班，憲臺惟肅。」趙陵陽葬於開元二十五年（七三七）。

周子諒（卷三，九七頁）　彙編下册一四八八頁大唐故朝議郎行監察御史周府君墓誌銘并序：「君諱誠，字子諒，分族于周，汝南平輿之著姓也。……弱冠國學生，孝廉擢第，解褐補潤州金壇尉，轉會稽丞，授告城簿。……累遷長安尉，施來光也。……服闋，除監察裏行，滿歲真拜。骨鯁由衷，木强自任，鷹隼翕翼，燕雀避之。……開元廿五年（七三七）四月十七日獻熟内朝，多所掌岠，天子以爲不可，謫而黜之，傳車至藍田而終，時春秋五十有五。」墓誌所記與舊唐書卷一〇三牛仙客傳頗多吻合，可參閲。

蔡希周（卷三，九九頁）　補遺第六輯七四頁張階撰唐故朝請大夫尚書刑部員外郎騎都尉蔡公（希周）墓誌銘并序：「公諱希周，字良傅。天寶五載（七四六）以舉主得罪於朝。……明年四月十五日，終於貶郡之官寺，春秋六十。……少爲諸生，已知名太學。……授公京兆涇陽尉。……涇陽滿歲，遷監察御史裏行，仍充河北道支度營田判官，轉殿中侍御史内供奉。尋除膳部員外郎。」

李彦超（卷三，一〇一頁）無考。　蒐佚續編四册八八九頁李延昌撰前諫議大夫韓公故夫人李氏誌銘并序：「夫人姓李氏，諱字，隴西成紀人。……父彦超，殿中侍御史、户部員外郎。」夫人以大曆八年（七七三）五月九日卒，春秋卌有九。

周德遠（卷三，一〇一頁）御考列爲無考之人。　彙編續集五八四頁大唐故周府君（悳）墓誌銘并序：「公諱悳，字抱朴子，汝南人也。……父□□，頃以調補蜀郡成都令，制錦聲高，鳴絃譽重。王子聞而嘉之，特拜監察御史，郡邑霜肅，臺閣風生。公即嗣子也。……粤以天寶歲八月廿四日遘疾，終於蜀郡之官署，春秋廿有四。」疑周𧦬之父，即周德遠，時代亦合，惜碑文已泐，只因路遥，未親至西安碑林碑下細辨，難確定耳。

胡曼倩（卷三，一〇一頁）　補遺新千唐誌專輯二三五頁王端撰大唐故尚書司勳員外郎河南陸府君（據）墓誌銘并序：「公諱據……廿七，進士擢第，解褐陳留尉。采訪使裴寬藉其能，差攝支使，攬轡而郡邑肅清。無何，裴公遷御史大夫、范陽節度使，復奏掌書記。以功改授左驍衛兵曹、租庸使。殿中侍御史胡曼倩復奏充判官。將命未畢，河西隴右節度使王忠嗣奏充判官。」陸據卒於天寶十三載（七五四）十二月，春秋五十有四。

蔣思之（卷三，一〇二頁）御考列爲無考之人。　彙編下册一五八八頁大唐故汝陰郡汝陰縣令裴府君（琨）之墓誌并序，「殿中侍御史蔣思之撰」，葬於天寶四載（七四五）十月廿五日。

王縉（卷三，一〇二頁）　蒐佚三册六二六頁大唐故朝議郎鄭州滎澤縣令崔府君（茂宗）墓誌銘并序，「朝議郎行監察御史王縉撰，前大理評事馬巽書」，開元二十九年（七四一）八月六日葬。

孟匡朝（卷三，一〇三頁）　邙洛一八九頁唐故梓州司户參軍彭府君（紹）墓誌銘并序，「監察御史孟匡朝撰」，天寶元年（七四二）十月十四日葬。

姚閎（卷三，一〇三頁）　釋録一六〇頁姚栖筒撰唐節士姚君（栖雲）墓銘并叙：「君字栖雲，其先吴興人也。……祖諱閎，西臺侍御史。」姚栖雲年廿七，卒於元和四年（八〇九）五月廿五日。

劉濛（卷三，一〇四頁）　御考列爲無考之人。　補遺新千唐專輯三六一頁劉伉撰故彭城劉府君（談經）博陵崔夫人（達）墓誌銘并序：「唐開成景辰歲，博陵崔夫人享年七十八。初，子濛捧檄南梁，參相國李公軍事，夫人從之。其年四月辛卯，寢疾薨殁。……有子四人，女四人：長男曰濛，進士及第，殿中侍御史、山南西道節度判官。」崔夫人卒於開成元年（八三六），享年七十八。　蒐佚二册五九一頁崔珪撰唐故太子詹事劉府君故夫人范陽郡夫人盧氏墓誌銘并序：「夫人諱字，涿郡范陽人也。……笄年十有五，歸于我公詹事府君。」夫人卒于開元十二年（七二四）十二月六日，「嗣子刑部員外郎濛、少子大理評事潤」。

張景淑（卷三，一〇五頁）　御考列爲無考之人。　邙洛一五一頁唐殷善徵墓誌，「萬年尉張景淑文」，葬者開元十八年（七三〇）十一月十日。蒐佚三册六九九頁唐故吏部常選丹陽伯殷府君（咸宜）墓誌銘并序：「公諱咸宜，字伯禄，陳郡人也。……夫人張氏，故殿中侍御史景淑之女。」殷咸宜卒於天寶八載（七四九）六月二日。

康雲開（卷三，一〇七頁）當作「康雲間」，御考已徵引舊唐書食貨志上、廣異録證之，今據墓誌又得一證。彙編下册一九〇二頁有唐山南東道節度使贈尚書右僕射嗣曹王（皋）墓銘并序：「王在温州時，歲凶多殣，發倉庫以賑之，苟活於人，無避於法，可不謂仁乎？又嘗與刺史康雲間攻袁晁，寇淩我騎，雲間之馬踣焉。」

氾雲將（卷三，一〇八頁）彙編下册一七四八頁鄭齊冉撰大燕故朝議郎前行大理寺丞司馬府君（望）墓誌銘并序：「出納使殿中侍御史氾雲將□□□□□□□□□□斤斧所施，繩墨所持。」司馬望於顯聖元年（即唐肅宗上元二年）（七六一）六月十九日葬。

李挺之（卷三，一一五頁）御考無注，當爲「無考」之人。新唐書卷七二上宰相世系二上：淄州刺史亨孫、太子右贊善大夫成性子挺，監察御史。補遺第六輯一〇四頁鄭式瞻李氏幼女（繡衣）墓誌銘并序：「李氏幼女繡衣，大曆十四祀（七七九）十月十八日，遇疾夭歿，時年十三。考監察御史府君挺，祖贊善大夫成性，曾祖淄州刺史亨，姑臧公之後也。」　釋録二七五頁李漸撰唐故監察御史李府君（挺）墓誌銘并序：「公諱挺，其先隴西成紀人，西凉武昭王暠十一代孫。曾祖正基，朝散大夫、太子舍人，碩行顯德，郁爲人表。祖亨，正議大夫、淄州刺史，清識曠度，雅居物先。皇考成性，太子右贊善大夫、贈曹州刺史。……公即贊善第二子。……弱冠進士舉，再賦登科。釋巾授同州河西縣主簿。……授河南府參軍兼水陸判官。……公玉立無玷，首膺嘉薦。恩敕，起拜大理司直。山南西道節度張尚書獻誠又奏，充節度判官。制授監察御史裏行，以雄轅門也。」　葬於大曆六年（七七一）五月十一日。李挺即李挺之，唐人名常加「之」字。

邢巨（卷三，一一五頁）　河洛上册三〇九頁蕭昕撰唐監察御史邢府君墓誌銘并序：「君諱巨，字巨，河間人也。……弱歲進士擢第，拔萃授秘書校書郎，改汴州尉氏主簿。應文詞雅麗科，授大理評事，貶宣州當塗縣丞，移揚州司户參軍，轉登封、咸陽、渭南三縣丞，再授監察御史。……以開元二十六年（七三八）十二月三日卒於東都福善里，時年五十七。」

尹中言（卷三，一一六頁）　蒐佚續編三册八一〇頁尹國均撰大唐故信王傅尹府君（中庸）墓誌銘并序：「公諱中庸字中庸，天水人也。……長兄國子司業，幼弟監察御史，二朱紱，一繡衣，顧步鴛行，聯騫雁序，每至歲時伏臘，傾朝拜親，入室生光，舉代稱美。」葬于天寶十三載（七五四）正月二十五日。據姓纂卷六户部尚書。恩貞「生中和、中庸、中言。中和，庫部郎中、國子司業。……中言，京兆府司録」。據此墓誌所言「幼弟監察御史」，乃中言也。

李抗（卷三，一一六頁）　大唐西市中册五九三頁蘇顔大唐故濛陽郡司户參軍趙國李君（抗）墓誌銘并序：「子諱抗，字播，趙國贊皇龍門人也。弱不好弄，藴老成之風。多識前言，偏詳舊史。年卅明經高第，補國子大成。黨序傳經，南庠擅美。尋授睢陽參卿事。滿歲，從調□濛陽郡司户參軍。」卒于天寶十一載（七五二），春秋四十有八。

吕指南（卷三，一一八頁）　彙編續集五七〇頁（上泐）衛中郎郭府君墓誌銘并序，「殿中侍御史吕指南撰」，開元二十七年（七三九）十月一日葬。

崔芃（卷三，一二二頁）　彙編下册一九三二頁唐故中散大夫使持節台州諸軍事守台州刺史上柱國賜紫金魚袋潁川陳公墓誌銘并序，「故吏浙江東道都團練副使、朝議郎、殿中侍御史内供奉、賜緋魚袋崔芃撰」，貞元二十年（八〇四）二月十五日葬。芃芃形近，未知孰是，然此當是一人。

趙良器（卷三，一二七頁）　彙編上册一二三一頁唐故朝請大夫行晉州洪洞縣令敬公墓誌銘：「公諱守德，其先平陽人也。……秩滿後歸閑養疾，至開元八年（七二〇）歲次庚辰正月戊子朔十二日己亥，終於河南□從善里，時年六十有八。其年二月十五日，葬於洛陽之邙山北原，禮也。……公有一子洪奴，年甫齠齔，故喪事所給，皆在公之甥殿中侍御史趙良器之弟良弼。」

房休（卷三，一三五頁）　蒐佚三册七五一頁大燕贈中散大夫太子左贊善大夫嚴公（希莊）墓誌銘并序，「朝議大夫守中書舍人房休撰」，葬於大燕聖武二年（即至德二年）（七五七）十月五日，房休官監察御史約在天寶間，安史之亂後附逆，朝散大夫守中書舍人，即是仕僞燕之官。撰寫墓誌之十月二十一日，誌主之兄嚴莊降唐，房休亦不知所終。

鄭日進（卷三，一三五頁）御考列爲無考之人。補遺新千唐專輯二一八頁崔顥撰唐故太子洗馬滎陽鄭府君（齊望）墓誌銘并序：「惟唐六世開元八載（七二〇）夏六月廿有三日，太子洗馬滎陽鄭公終於長安崇德里之私第，春秋卌有五。夫人博陵崔氏，開元三載十二月十有五日，先公而終，春秋廿有五。至天寶九載（七五〇）冬十一月廿有四日，嗣子監察御史日進，將合祔於河南府偃師縣首陽鄉之原，從其大塋，以順先志。」

崔郾（卷三，一三七頁）　蒐佚四册九九二頁令狐綯撰唐故淮南節度副大使知節度事管内營田觀察處置等使紫金光禄大夫檢校司空兼揚州都督府長史御史大夫上柱國清河郡開國公食邑二千户贈司徒崔公（郾）墓誌銘并叙：「唐昭獻皇帝得賢相清河公諱郾字晉封……貞元十九年（八〇三），權文公德輿司貢籍，擢公登進士上第，調補秘書省正字，再調以書判入高等，授渭南縣尉。李大夫脩廉浙右，辟公爲觀察推官授監察裏行，旋徵，入拜正監察，轉左補闕，遷起居舍人，改司勳員外郎、刑部郎中。」

劉元質（卷三，一三八頁）　彙編下册二一八三頁故天水姜夫人誌銘：「大唐故駙馬都尉天水姜慶初女嫡故殿中侍御史劉元質，享年七十三，于開成三年（八三八）十月一日殁于鄂州私第。」

裴復（卷三，一四〇頁）　彙編下册一九六五頁唐故河南少尹裴君墓誌銘：「公諱復，字茂紹，河東人。公舉賢良，拜同官尉，僕射南陽公開府徐州，召公主書記，三遷至侍御史，入朝歷殿中侍御史，累遷刑部郎中。」卒於元和三年（八〇八）四月，享年五十。

于申（卷三，一四〇頁）　彙編下册一八七六頁于公異撰唐故朝議郎行尚書屯田員外郎上柱國梁縣開國子賜緋魚袋河南于君（申）墓誌銘并序：「維唐貞元九年（七九三）歲次癸酉八月十三日，尚書屯田員外郎于君歿於開化里私第，春秋卌。嗚呼哀哉！君諱申，字伯厚，河南洛陽人也。……十八擢進士上第，授校書郎、櫟陽尉、監察御史，轉殿中、京兆府户曹，又拜左臺監察御史，轉殿中，遷屯田員外郎。」

裴次元（卷三，一四一頁）　蒐佚三册八四六頁唐故遂州都督府司馬上柱國賜緋魚袋孫府君（宥顔）墓誌銘并序，「將仕郎、守監察御史、賜緋魚袋、河東裴次元撰并書」，貞元十六年（八〇〇）正月十日葬。

崔師本（卷三，一四一頁）　補遺第八輯一一八頁唐故河南府偃師縣主簿韋府君（河）墓銘并序，「前殿中侍御史内供奉崔師本撰」，元和八年（八一三）十一月廿三日葬。

孫景商（卷三，一四二頁）　彙編下册一八八九頁唐故滑州白馬縣令贈尚書刑部郎中樂安孫府君（起）夫人贈隴西縣太君隴西李氏遷祔墓誌：「太君李氏……二子，長曰霸，不育；次景商，今任殿中侍御史。」「嗣子、朝議郎、行殿中侍御史、上柱國景商撰書」。李氏卒於貞元丙子（七九六）十一月十二日，葬於開成庚申（八四〇）十一月廿四日。又同書二三四四頁蔣伸撰唐故天平軍節度鄆曹濮等州觀察處置等使朝請大夫檢校禮部尚書使持節鄆州諸軍事兼鄆州刺史御史大夫上柱國賜紫金魚袋贈兵部尚書孫府君（景商）墓誌銘并序：「公諱景商，字安詩，樂安人也。……大和二年，清河崔公鄲下擢進士甲科……御史丞得其名奏爲監察，歷殿中侍御史，益有名。入尚書省爲度支員外郎。」

張士階（卷三，一四二頁）　彙編下册二〇二一頁唐故邕州刺史兼御史中丞張公（士陵）墓誌銘，「弟、殿中侍御史、賜緋魚袋士階奉述」。張士陵葬於元和十二年（八一七）八月三日。

裴冕（卷三，一四三頁）　彙編下册一六〇八頁韋述撰大唐故少府監范陽縣伯張公（去奢）墓誌銘并序（天寶六載十月七日），「承議郎行監察御史裴冕書」。

張莒（卷三，一四六頁）　彙編下册一九五一頁唐故左屯營進奏判官游騎將軍守左武衛中郎將賜紫金魚袋左龍武軍宿衛弘農郡楊府君（擇文）墓誌銘并序，「承務郎、前行邢州南和縣尉吴郡張莒撰」，元和元年（八〇六）七月廿九日葬。

長孫繹（卷三，一四七頁）　大唐西市上册二五一頁大唐故均州司户參軍柳君夫人長孫氏墓誌銘并序：「夫人諱某，字某，河南洛陽人也。父繹，皇朝散大夫、洛州長水縣令、安州都督司馬，識用閑明，風儀朗潤。」夫人春秋四十有六，上元元年（六七四）十一月十二日卒，永淳元年（六八二）十一月十三日葬。

王沭（卷三，一四七頁）　彙編續集七一〇頁唐王鈞墓誌云：「唐故遂州長史王公名鈞，太原祁人也。……享年八十一，以大曆十一年（七七六）歲次丙辰二月己未朔十五日癸酉窆於東都北邙原牛保舊塋東三里。……長子淇，時危遇害。二子沭，監察御史。」御考列二條史料：一爲新表之琅邪王氏，祖籍、父名、時代均不合，爲另人。二爲寶慶四明志貞元四年明州刺史王沭，此王沭時代較近，然是否爲監察御史之王沭，且沭沐兩字形近，當有一誤。猶待深考也。

鄭繁（卷三，一四七頁）　補遺第九輯四〇九頁周敬復撰唐故朝請大夫使持節金州諸軍事守金州刺史上柱國張府君（知實）墓誌銘并序，據誌張知實葬於大中三年（八四九）元月二日，墓誌書者「滎陽鄭繁」。又唐代墓誌彙編續集一〇三六頁唐故銀青光禄大夫檢校户部尚書使持節鄆州諸軍事守鄆州刺史充天平軍節度鄆曹濮等州觀察處置等使御史大夫上柱國弘農郡開國興食邑二千户弘農楊公（漢公）墓誌銘并序，「將仕郎監察御史裏行鄭繁書」，葬於咸通二年（八六一）十一月二十日。

參考文獻

〔一〕岑仲勉撰金石論叢元和姓纂所見左司郎官及三院御史，上海古籍出版社，一九八一年。
〔二〕清朱楓撰雍州金石記惜陰軒叢書本。

人名索引

凡　例

一、本索引收録《唐尚書省郎官石柱題名考補考》和《唐御史臺精舍題名考補考》中的郎官、御史人名。

二、人名下數字，是該人見於本書的卷號、頁碼。

例如：張莒

4/67

305

表示張莒見於本書卷4第67頁和305頁。

三、凡有其他姓名或各書記載姓名不同，今選擇一人名爲主目，其他姓名爲參見條目，以便查索。

四、姓名缺字用□表示，排列在姓氏或姓名之最後。

五、索引按四角號碼排列，後附姓氏之"筆畫檢字與四角號碼對照表"，以便不熟悉四角號碼者查索。

0022_3齊

0022_7高

0023_2康

0023_7庾

0026_7唐

0040_1辛

0040_6章

0070_4雍

0128_6顔

0742_7郭

0864_0許

0968_9談

1010_4王

1010_8 豆

1020_0 丁

1021_1 元

1173_2 裴

1241_0 孔

1249_3 孫

1314_0 武

1710_7 孟

1712_7 鄧

1742_7 邢

2590_0 朱

2600_0 白

2610_4 皇

2641_3 魏

4050_6 韋

4460_0 苗

4474_1 薛

4490_1 蔡

4491_0 杜

4491_4 權

9022_7 常

筆畫檢字與四角號碼對照表

二畫

丁 1020_{0}

三畫

于 1040_{0}

四畫

王 1010_{4}
元 1021_{1}
孔 1241_{0}
尹 1750_{7}

五畫

司 1762_{0}
白 2600_{0}
氾 3711_{2}
申 5000_{0}
田 6040_{0}
丘 7210_{2}
令 8030_{7}

六畫

任 2221_{4}
朱 2590_{0}
呂 6060_{0}

七畫

辛 0040_{1}
豆 1010_{8}
邢 1742_{7}
何 2122_{0}
岑 2220_{7}
宋 3090_{4}
沈 3411_{2}
李 4040_{7}
杜 4491_{0}
吳 6043_{0}

八畫

武 1314_{0}
孟 1710_{7}
邵 1762_{7}
房 3022_{7}
來 4090_{8}
明 6702_{0}
長 7173_{2}
周 7722_{0}

九畫

皇 2610_{4}
侯 2723_{4}
韋 4050_{6}
姚 4241_{3}
封 4410_{0}
范 4411_{2}
苑 4421_{2}
苗 4460_{0}
胡 4762_{0}
柳 4792_{2}

十畫

高 0022_{7}
唐 0026_{7}
夏 1024_{7}
班 1111_{4}
孫 1249_{3}
奚 2043_{0}
倪 2721_{7}
殷 2724_{7}
徐 2829_{4}
逯 3730_{3}
袁 4073_{2}
馬 7132_{7}

十一畫

康 0023_{2}
章 0040_{6}
郭 0742_{7}
許 0864_{0}
張 1123_{2}
崔 2221_{4}
魚 2733_{6}
寇 3021_{4}
莫 4443_{0}
尉 7420_{0}
陸 7420_{0}
陳 7529_{6}
陶 7722_{0}
常 9022_{7}

十二畫

庾 0023_{7}
喬 2022_{7}
程 2691_{4}
馮 3112_{7}
温 3611_{7}
彭 4212_{2}
賀 4680_{6}
費 5580_{6}
陽 7622_{7}

十三畫

雍 0071_{4}
賈 1080_{6}
鄒 2742_{7}
源 3119_{6}
達 3430_{4}
楊 4692_{7}
敬 4864_{0}
路 6716_{4}

十四畫

齊 0022_{3}
爾 1022_{7}
裴 1173_{2}
熊 2133_{1}
褚 3426_{0}
赫 4433_{1}
趙 4980_{2}

十五畫

談 0968_{9}
鄧 1712_{7}
蔣 4424_{7}
慕 4433_{3}
樊 4443_{0}
蔡 4490_{1}
劉 7210_{0}
鄭 8742_{7}

十六畫

盧 2121_{7}
衡 2122_{1}
穆 2692_{2}
蕭 4422_{7}
獨 4622_{7}

十七畫

戴　4385_0

韓　4445_6

薛　4474_1

十八畫

顏　0128_6

魏　2641_3

歸　2712_7

邊　3630_2

二十畫

竇　3080_6

蘇　4439_4

嚴　6624_8

二十二畫

權　4491_4